U0943012

房地产金融风险管理研究

曹全旺　著

责任编辑：黄海清
责任校对：潘　洁
责任印制：陈晓川

图书在版编目（CIP）数据

房地产金融风险管理研究（Fangdichan Jinrong Fengxian Guanli Yanjiu）／曹全旺著．—北京：中国金融出版社，2017．7
ISBN 978－7－5049－8495－1

Ⅰ．①房…　Ⅱ．①曹…　Ⅲ．①房地产金融—金融风险防范—研究—中国　Ⅳ．①F832．45

中国版本图书馆 CIP 数据核字（2016）第 080949 号

出版发行　中国金融出版社
社址　北京市丰台区益泽路 2 号
市场开发部　（010）63266347，63805472，63439533（传真）
网上书店　http：//www．chinafph．com
（010）63286832，63365686（传真）
读者服务部　（010）66070833，62568380
邮编　100071
经销　新华书店
印刷　北京市松源印刷有限公司
尺寸　170 毫米×240 毫米
印张　22．75
字数　343 千
版次　2017 年 7 月第 1 版
印次　2017 年 7 月第 1 次印刷
定价　60．00 元
ISBN 978－7－5049－8495－1

序　言

房地产市场运行及其金融风险，既是一个世界性难题，也是我国经济领域中比较突出的一个难点问题！2015 年 12 月 14 日中共中央政治局召开的分析研究 2016 年经济工作的会议和 12 月 18 日中央经济工作会议均提出，要化解房地产库存。此问题上升到了国家有关高层会议上，表明该问题目前已严重影响到我国国民经济的稳定协调发展。

按照国家统计局公布的数据显示，截至 2015 年 11 月底，全国商品房待售面积已达 6. 96 亿平方米，较上月末新增 1004 万平方米。超大的库存，疲软的市场，由于房地产与金融已经密不可分，这意味着房地产金融风险在累积扩大。美国次贷危机的沉痛教训犹然在目，尽管经济发达、市场成熟如美国等一些国家，也都没有解决好房地产金融风险问题，该问题的复杂性及其难度可见一斑。2016 年 9 月召开的杭州 G20 峰会认为，世界经济直至今天依然没有从 2008 年的金融危机中走出来，世界经济低迷疲软状态还要延续下去。根据这个判断，这就不难理解了，为什么对此问题国家如此高度重视。

我国房地产市场的问题全社会高度关注，多年来一直在着力解决，但其市场风险和金融风险不断波动起伏，一方面说明该问题确实很复杂，另一方面说明该问题的内在规律的一般性和特殊性我们还需要进一步学习，对此并没有完全认识，掌握和运用它还需要一个过程，究其原因就是对这个重大问题的深入研究还很不够，既包括实证研究也包括理论研究，两方面研究所下的工夫都不到位。

摆在我案头的这本书稿，是我的学生曹全旺的博士论文。论文于 2015 年 3 月成稿，2015 年 5 月顺利通过中国社会科学院研究生院组织的博士论文答辩，受到到会答辩专家的好评。

作者本来考虑要对论文进一步充实资料，增加数据，完善背景知识，以使该成果更加贴近读者，贴近现实。但是，目前的房地产市场风险和金融风险现状，迫切需要加大理论研究力度，促使作者调整了思路，加快了出版进程，先将其论文的研究成果提供给社会，以其一孔之见，抛砖引玉，他山之石也可以攻玉，供大家研究此问题时参考，以期深化对此问题的研究。

本书选题紧密结合国家经济发展的实际状况，针对房地产金融风险这个当前最迫切需要回答的问题，展开深入论述，由于针对性较强，因此其成果就显得格外珍贵和具有较突出的实用价值。

关于对我国房地产金融风险问题的研究，近年来虽然也出现了不少成果，分别从不同角度进行了研究和探讨，但专著不多。本书与同类研究存在四个明显的差异：一是时代背景不同，当前我国经济处于经济发展新常态及房地产市场出现调整、风险增大的新形势下，本书适应了房地产市场重大转向的新背景；二是研究视野不同，本书将研究视野拓展到了包括房地产民间金融在内的广义风险；三是研究的重点不同，本书提出了具有建设性的比较系统的房地产金融风险管理的未来中国目标模式，以及要实现该目标模式，作者同时又提出了一整套有针对性的对策建议；四是理论观点不同，以往的研究基本上是遵循传统的理论范式，而本书的研究则突破了传统理论的束缚，如本书认为风险与泡沫并不一定成正比例关系，而是具有阶段性特征等。

全书在绪论部分总结了当前对该问题研究达成的共识和存在的不足，在此基础上，从以下六方面展开了本课题研究：

第一章是对指导本书研究的理论基础进行概述，重点考察了金融不稳定假说、资产泡沫化理论、混合经济理论和转轨时期的社会主义双重经济体制理论、制度变迁理论、市场冻结下公共干预理论等五个方面的六大理论。这些理论对于此后各章内容均具有较强的指导意义，如金融不稳定假说和资产泡沫化理论对第二章的一般机理研究，提供了深刻的理论指导；转轨时期的社会主义双重经济体制理论和制度变迁理论，指导第三章揭示出住房市场化与土地非市场化之间的矛盾是导致房地产市场失灵的关键，揭示出土地非市场化的根源在于政府职能定位出现了偏差；金融不稳定假说的政策主张对第四章中深刻理解美国、日本等国需求管理的宏观经济政策的副作用等，具有重要指导作用；混合经济理论和转轨时期的社会主义双重经济体制理论，在第五章中指导在实践上如何确立总目标模式，以及实施总目标模式需经历三个阶段、四个分目标，随着经济发展，它们如何划分和界定；在第六章，混合经济理论和转轨时期的社会主义双重经济体制理论、制度变迁理论、市场冻结下公共干预理论等，为加强和完善房地产金融风险管理的系统性对策建议的形成提供了理论基础。不论是一般研究，还是具体实证研究、国际比较研究、政策研究等，都离不开理论支撑。上述理论均经历了长期的学术探讨和实证研究，具有广泛的认可度。

第二章是对房地产泡沫及金融风险的一般模式研究，重点剖析了房地产金融风险的形成机理。在金融不稳定假说、资产泡沫化理论的指导下，探讨了房地产价格泡沫以及由此带来的房地产市场内部的波动性，它是导致房地产金融风险的最主要诱因。针对不少学者所认为的“房地产市场不符合商品供求规律”、而应是遵循金融市场“买涨不买跌”规律等观点，作者从经济学原理关于“需求与需求量”的关系辨析入手，揭示了房地产市场“买涨不买跌”的现象依然符合普通商品供求关系规律，将分析问题的基点从所谓的“心理因素”拉回到了经济规律框架内，从而确立了以房地产市场供求关系规律一以贯之的分析框架，为市场机制发挥资源配置的决定性作用奠定了基础。作者认为，如果需求属于客观存在的，那么供给因素就成为决定市场价格走势的重要方面。由于过去房地产市场供给因素往往都是由政府所主导，由于政府不能完全代替市场，所以政府过度越位，必然导致市场失灵，因此解决政府失灵，应按着市场需求方向，改善供给管理，则是化解房地产价格泡沫的根本性措施。本章的抽象性研究，为下一章结合中国实际的具体研究打下了理论基础。

第三章是对中国房地产泡沫及金融风险的具体研究。以上一章的理论研究成果为基础，通过实证检验和理论分析，证明中国房地产价格泡沫形成的最主要原因，在于长期供给不足。在转轨时期的社会主义双重经济体制理论指导下，发现土地供给制度和效率等因素，是影响房地产市场供给的决定性因素；借助制度变迁理论的指导，发现现行的一些政府职能是导致土地垄断、金融垄断进而导致房地产供给不足的主要原因，要彻底解决问题，必须实施政府职能转变和土地垄断制度的改革。作者在研究中还发现，当前中国房地产金融风险具有阶段性特点；房地产金融面临的最大风险，并不是房价下跌的风险，而是人为维持市场表面稳定、实则很可能导致市场出现无法出清的风险。这些都是传统理论无法解释的。当前存在引发金融风险的条件，风险一旦爆发，危害严重。如何化解当前中国房地产金融风险？既需要在理论中寻找答案，也有必要在国际上一些有关国家的成功做法中寻找借鉴和启示。

第四章是对房地产金融风险管理的国际比较研究。重点研究了日本、美国、德国、新加坡四个国家。这些国家既有成功做法，也有失败教训。如日本较好地解决了住房短缺问题和住房保障问题，值得我们借鉴。其房地产泡沫的破灭和金融危机爆发，主要源于政府在经济增长下行的压力下有病乱投医，在经济结构失衡的情况下匆忙扩大国土开发和基础设施建设、盲目实行金融自由化、对不动产投机缺乏有效制约、被动实施超宽松货币政策等多方面严重失误。美国次贷危机，主要是美国政府不切实际地将房地产视为经济增长的“救命稻草”的结果，在实施了诸如纵容金融机构随意放宽住房贷款条件、放松金融监管、支持政策性住房金融机构扩大对低收入阶层次级贷款的收购和资产证券化、长期实行需求管理的宽松货币政策，以及部分州政府对建设用地的管制等，这些因素交织在一起，金融危机就成为必然。美日给我们提供了反面教材，教训是深刻的。德国房地产金融市场管理的最大特征是，将房地产价格泡沫消灭在萌芽状态，从根本上消除房地产金融风险的诱因。但是，德国经验并非是管制模式，而是一种充分发挥市场化决定资源配置的模式。新加坡模式的成功，并不单单是政府组屋制度的成功，也不仅仅是中央公积金制度的成功，而是两者有机结合的成功，并且还有赖于政府部门的高效、廉洁的工作作风，以及作为一个城市型国家管理成本低、捕获信息成本低等特殊优势的支撑。该书认为，新加坡模式对像中国这样的发展中国家并不具有较强的借鉴意义。

第五章是中国房地产金融风险管理目标模式的研究。在学习借鉴国际经验教训的基础上，在混合经济理论、转轨时期的社会主义双重经济体制理论以及金融不稳定理论指导下，本章提出未来中国房地产金融风险管理的总目标模式，它是建立保障性住房市场与商品住房市场隔离运行、建立由市场决定资源配置的商品房市场、坚持以法治和诚信体系保障市场健康运行、政府主要在市场调节不了、市场调节不好、市场失灵方面发挥作用等全新模式，尤其是提出房地产金融市场在房地产市场资源配置中将是决定性因素，即房地产市场最终将实现金融化。实施总目标模式，作者设置了由低到高的四种分目标，基于正在从不完全市场条件下向完全市场条件下改革的现实，提出近期目标模式以政府调控为主、市场机制为辅，中期目标模式以政府调控与市场机制共同主导，远期目标模式以市场机制为主、政府调控为辅。在此基础上形成从实现最低目标、次低目标、次优目标到最优目标的渐进式优化升级的推进思路。这些都为下一章实现目标模式的对策建议提供了理论依据。

第六章是搞好中国房地产金融风险管理如何实现未来目标模式的对策建议。对于如何应对当前房地产金融风险威胁，作者建议以梯若尔公共干预理论为指导，不应该人为维持尚未合理回归的房价，政府应该以合理低价收购部分商品住房，以政府之手促房价合理回归，根据商品价值规律、市场供求规律、公平竞争规律促市场有效出清，帮助市场恢复良性循环，这是治标之策。在未来目标模式指导下，作者提出了比较系统的治本解决方案。如建议实行土地供给制度改革，实行土地供应的市场化；建议完善房地产税制，并规范小产权房的管理；建议实行房地产供给管理制度改革，扩大有效供给主体；建议改革政府直接建设保障房的传统做法，建立全新的住房储蓄银行体系，并且将政府住房保障功能嵌入住房储蓄制度中，形成政府保障、社会互助、住房保障与住房金融相结合、住房储蓄银行与开发企业相结合的全新的模式，同时应该做好做大保障房市场并将其独立运行，以隔离房地产金融风险；建议尽快建立和扩大房地产金融二级市场，扶持房地产信托投资基金（REITs）的发展；建议尽快取消对房地产开发的诸多行政管制、确立合理的住房政策目标、引导社会大众树立住房理性消费观念、政府调控应该法治化和制度化、政府与市场应该划分合理边界、房地产业不应该超过自身能力去承担过多经济增长功能等；建议尽快出台我国第一部《房地产金融法》和《住房保障与住房金融法》，同时加强社会诚信体系建设，借鉴美国有效做法，建立统一的公民信用记录平台，以法治和诚信为基本手段，保障房地产金融市场的健康发展。

本书写作中运用了抽象分析方法。“分析经济形式，既不能用显微镜，也不能用化学试剂。二者都必须用抽象力来代替”①。作者采用了从一般分析到具体分析、从中国具体到国际具体、从国际具体到具体目标模式、从具体目标模式再到具体对策建议，遵循了从一般到特殊、从抽象到具体的逻辑顺序，前一章为后一章承上启下，后一章为前一章不断深化，结构严谨，各章紧密相连，自成体系。在一般分析中，能够深入问题实质，分析事物内在规律和运行机理；在具体分析中，能够通过现实经济活动和经济现象，分析各个因素的内在联系和相互作用中的主导因素。作者不是单纯地就理论分析而理论分析，而是与具有接地气的实践活动即活的具体情况相结合；同样，作者也不是单纯地从实践分析到实践分析，而是在具有一定深度的理论指导下进行分析，因此，所得出的结论对解决现实问题具有较重要的参考价值。

该书的一个突出特点是，能够面对一些现实热点问题，根据经济现象表现，通过理论深入分析，详细谈出自己对这些问题的观点和看法，以及解决这些问题的基本思路和详细对策，作者坚持独立思考，坚持理论联系实际，坚持实践是检验真理的唯一标准，不跟风，不搞人云亦云，例如：

关于防范房地产金融风险。作者认为，“现阶段我国房地产金融风险，主要面临的是销售低迷、资金链断裂的风险。相对而言，房价下跌的风险，倒不是主要风险。”“从中国房地产金融风险所表现的阶段性特征来看，中国目前房地产金融面临的最大风险，本书认为恰恰是维持目前房地产市场的稳定状态！”作者认为主要原因是，多数城市的房地产市场存在房价涨幅过高、供大于求、泡沫严重等问题，如果要人为去维持房地产市场稳定，反而更容易导致房屋滞销，这是因为“若要维持市场的稳定，即意味着维持泡沫的继续

① 马克思：《资本论》第一卷，第一版序言，第8页，人民出版社，2004。

存在，维持房价的继续高位运行，真实消费需求被高房价挡在门外，投资性需求不再盲目进入，可能还是缺乏足够的接盘者，市场仍然无法出清，不能顺利实现良性循环，金融机构的到期贷款继续存在不能按时收回的信用风险。当信用风险成为普遍现象时，金融机构的流动性将出现困难，一旦传递到存款人，挤兑等系统性风险也可能发生。”因此对于如何调控和主动释放房地产金融风险，作者认为，“按照经济学理论，泡沫最终都会破灭，严重的房价泡沫对经济的负面影响非常大。因此，在当前潜在风险的威胁下，政府应该主动采取干预措施，引导市场尽快出清。通过上述分析，发现只有对泡沫采取‘创造性破坏’，主动挤出泡沫，才能将风险降至可控限度以内。因此，本书大胆设想，可以对房地产泡沫实施外科手术般的‘创造性破坏’。如果能够在很短的时间内，摸清各主要城市的房价底部，也就是人们愿意而且有能力购买的、市场合理价位区间，在这个底部政府机构可以大量收购托底，引导供给者主动将房价一步降价到位，引导新的接盘者踊跃进入市场，促进市场在短期实现良性循环。一次性调整到位的策略，实施成本最小，收益最大，风险可控，理论上是可以实现的。”

关于房地产市场去库存。作者认为，“考虑到我国人口老龄化因素，未来空置、闲置住宅将越来越多……总体而言，去库存压力不容小觑。当前，房地产市场供给增加的因素还继续存在……导致商品房市场已经相对过剩。”为此作者建议“以政府之手促进房地产市场出清，从而恢复市场正常的交易活动。一是尽快出台指导性意见，明确以促进市场出清为目标的指导思想，统一安排部署各地的公共干预行动。其实，住建部已经于 2014 年底前出台政府可以收购部分商品房作为安置性住房的政策，李克强总理也在 2015 年的全国两会报告中予以重申强调，但是对于国家这样一个符合实际的措施安排，地方政府却没有几个能做到这一点，从而贻误了解决房地产风险问题的最佳时机。二是由于各地情况不一，应该允许各地方政府有权根据当地实际情况，进行有针对性的干预。三是尽快制订房地产金融风险应急处理预案，以备局部金融危机发生时进行紧急处置，尽量将负面影响降至最低程度。四是在中央政府层面建立危机救助基金，以及时救助发生问题的准入类金融机构。五是采取适度宽松的货币政策和稳定的信贷政策，协调金融监管部门和各商业银行总行，不允许各地商业银行不负责任的争相抽贷行为，而应该在各地金融办和银监局的统一协调下，进行资产的保全行动。六是及时公开信息，及时总结各地成功做法，并在适合的范围内进行推广。”“地方政府不要简单救市，房地产市场的正常交易行为不是靠政府救市就能恢复的，购房人必须等到房价回落到合理价位以后，才会逐渐入市购买。仅靠市场自身调节的探底往往会经历复杂的过程，而且在底部常常会盘整相当长的时间，这时，供给方开出的房价跌无可跌，投资者大部分持币观望，这种状况就可以认定为梯若尔理论中的市场冻结。对此，梯若尔开的药方是，政府应该以高于市场价的价格收购市场中最差的资产，引导投资者恢复正常交易，恢复市场的正常功能。”政府该出手时就要坚决果断出手，这样才能更好地发挥政府的作用。虽然对梯若尔①的理论不能照搬照抄，但他的某些论述对减少房地产库存还是具有一定的参考价值。

关于推进供给侧结构性改革。在房地产领域，如何进行供给侧结构性改革，本书多处均有论述。“土地垄断最严重的后果是，通过控制土地供给进而人为制造了房地产市场的非理性繁荣，吸引社会资本源源不断流入，造成社会财富过多沉淀在物化的不动产上。”作者建议，“首先，应该废除地方政府对城市建设用地和农村集体建设用地事实上的征收储备垄断。取消强制性土地征收储备制度以后，如果政府为了公共利益以及平抑土地市场非正常波动，需要储备土地，那么政府就可以成立土地银行，以发行债券的形式筹集资金，以市场公允价值为基准从土地占有者手中购买使用权。其次，为了避免政府在不对称信息条件下实施类似股票市场‘内幕消息’式的突击征收，避免政

① 让·梯若尔，法国著名经济学家，在产业组织理论、政府规制理论、博弈论、不完全契约理论、金融规制理论等领域，均成果丰硕，因在市场力量与监管领域研究所取得的突出成就，获得2014年诺贝尔经济学奖。与本书相关的金融规制理论方面，梯若尔认为，由于金融机构存在很强的外部性，政府有必要加强监管以稳定金融体系、避免金融危机，并保护存款者。金融机构预期在发生危机时会得到政府救助，因而存在道德风险——进行冒险活动的激励。为此，梯若尔重点研究了如何设计最优规制机制，提出应该在事前实施宏观审慎监管，危机发生时进行选择性救助，但重在前者，以在有效监管或救助的同时缓解道德风险。

府在土地征收以后随意改变城市规划来使土地升值，这就需要与城市规划的法制化、程序化相结合，必须制定长远规划，向社会公开发布，短期调整必须经过人民代表大会和政协委员会充分调研、讨论，然后再形成法规公布，这样，城市规划才具有权威性。应该容许集体土地自主决定入市，给予集体土地完整的权益。”“应该允许集体用地和城市国有非建设用地在符合最新城市规划的前提下，通过政府土地管理部门备案登记后，自主在各地的土地交易中心公开挂牌出让。在此基础上，建成城乡统一的土地要素供给市场，实现农村集体土地与城市同类型土地的同权、同价，实现一元化的土地管理制度。在新的制度框架下，所有土地均纳入土地交易市场公开交易，真正实现以市场机制决定土地资源的配置。”“最后，中国未来的房地产市场应该实行全新的供给制度模式。第一，立法先行，实行负面清单管理，以规范的房地产开发建设法规，促进市场供给主体有序进入和退出。第二，政府有计划地扶持尚未成长壮大的弱势供给主体，如合作建房、互助建房、代理建房等的市场新主体，为他们平价提供土地，减免税收，提供监管服务。第三，必须坚持对建筑质量严控严管，以法律责任和高额罚款对质量违法者予以严惩。”

关于鼓励发展住房租赁市场。作者认为，“一个与经济发展同步、价格稳中有升的住房市场有助于良好的房屋租赁市场的形成。在此情况下，买房与租房的成本与收益差别不大。消费者在工作事业未稳定之时，宁愿选择租房而不购房，因为租房相对于购房来说，其自由度更好……一个发展良好的房屋租赁市场也非常有利于房屋产权市场价格的稳定。人们在租房时如果也能拥有稳定的住房预期、舒适的生活品质、便利的生活配套等服务，就不会急于购房，而是会等待事业稳定、上学稳定、合意的住房出现以后，才会选择购房，而且这时候购房者的住房消费能力也提高了，有助于风险的降低。研究表明，欧洲国家的住房自有率与房价上涨存在正相关关系。德国、美国都拥有发达的房屋租赁市场，对于住房价格的稳定发挥了积极的作用。相反，爱尔兰和西班牙的房屋租赁市场非常落后，对促进其房价泡沫的形成起到了相当大的作用。”

关于发展成果由人民共享，对此，本书多处均有表述。作者在否定有关专家学者提出的关于建立“国家住房银行”的建议后，针对中国国情，根据改革实践和理论创新的要求，提出创建中国版的嵌入住房保障功能的住房储蓄银行制度：“第一，新的住房储蓄银行体系的运作方式可以借鉴德国“合同约定、存贷对等、存贷定息、政府补贴、封闭运行”的具体做法，其资金来源以目前存量住房公积金存款为主，国家适当注资。第二，将个人住房公积金账户直接转移至住房储蓄银行，承接原住房公积金由个人和单位同时缴存的制度，单位和个人继续缴纳，个人可以额外多存，何时存足约定的额度何时可以获得贷款。第三，关于国家补贴，德国采取住房储蓄奖励和储蓄购房奖励同时发放的政策，对年收入在一定标准以下的个人或家庭，奖励标准大约分别为个人储蓄存款额度的10%左右，上有封顶。借鉴这项制度后，国家不必再大规模建设公共住房，而是以购房或租房补贴的形式替代。购房补贴通过住房储蓄银行体系向应保障群体发放，租房补贴需要另外的渠道解决，这里就不展开论述了。购房补贴标准按照居民家庭年收入不同而有区别，凡是没有住房的家庭，不分户籍，只要在当地有固定工作和缴纳一定年限的个税，一律享受购房分级补贴，凡是政府补贴支持下购买的商品住房，对其转让必须实行严格的限制。第四，实施封闭运行，该体系一方面可以发挥资金和利率优势，可以指定开发商或代理建房团队为其量身定做项目，取得房屋成本优势；另一方面，政府应该提供成本价的土地，加上以减免税的方式提供政策救助，就构建了完美的政策性住房金融与住房保障相结合的模式。居民可以在住房储蓄支持的项目中自主选择购房，取得福利最大化。这样，既实现了对低收入家庭的住房救助，也为中等收入家庭提供了住房扶助。”

上述一些举例只是选择其几个主要的侧面来介绍本书内容，很可能会挂一漏万，难以让读者一窥见全貌。但是总的来说，它们体现出了作者追求创新发展、民本发展、均衡发展、共享发展的价值取向。可以看出，形成于2015年初的本书，其基本理论观点，完全符合2015年底的中央五中全会、中央经济工作会议等指导思想的要求。由于现实当中各种复杂的经济现象都是受一定的经济规律所支配，本书正是作者面对当前难点问题，尊重客观经济规律，研究客观经济规律，按照客观经济规律要求，理论联系实际谈自己的观点、寻求新的有效对策、不断深化理论研究和探索的必然结果。这种学术研究精神值得提倡。也从另一个侧面说明，本书的理论观点，具有前瞻性、针对性、可操作性，具有一定的学术价值和实践意义。

中国经过三十多年改革与发展的成功实践，为符合中国国情、解决中国实际问题、体现中国特色的中国经济学理论体系的形成与创新，提供了丰富的土壤和鲜活的案例。理论一旦为人民群众所掌握，就会变成强大的物质力量。理论创新是时代的需要，是中华民族复兴的需要。希望作者能够从中国实际的国情出发，继续沿着学术研究的崎岖之路不断探索，不断创新，不断攀登，不断取得新的研究成果。这个目标虽然很高，道路相当漫长，但是只要沿着这个目标方向，长期坚持不懈，毫不动摇地走下去，这个目标就一定能够达到。对此，老师充满了信心和期待！

中央政策研究室经济局原局长、博士生导师、教授 **李连仲**

2016 年 9 月 8 日

目　录

绪　论

第一节　研究背景和研究意义

第二次世界大战以来世界各国发生的金融危机，几乎都与房地产价格泡沫的破灭有关，如亚洲金融危机、日本20世纪80年代末期的房地产金融危机、美国次贷危机等，都造成了严重的后果。尤其是次贷危机，最终演变成了全球性的金融危机和经济危机，从美国扩散到世界各国，从金融领域蔓延到实体经济，导致了全球性的经济衰退。次贷危机的扩散效应和危害性远远超出了人们的正常预期，使人们不得不对房地产金融风险重新进行审视。

房地产价格泡沫是房地产金融风险的重要诱因，房地产价格的剧烈下跌和销售量的急剧下降往往是房地产金融风险的导火索。次贷危机让人们看到房地产业与金融资源相结合可以产生巨大的力量：长时间低利率水平的维持造就欣欣向荣的房地产行业，金融机构不断推高经济中的杠杆水平，一方面赚到丰厚的利润，另一方面将房地产泡沫不断推向高潮，进而使每个主体都成为帕累托改进的受益者—包括政府机构。而一旦利率水平上升，这个本已脆弱的利益链条便瞬间断裂，设计复杂的次级贷款衍生品使得金融机构自己在危机到来时都难以估算损失，这时房地产行业与金融业又出现了互动—方向相反的互动—资产价格下跌，银行收紧流动性，资产价格进一步下跌，违约逐渐增多，一方面银行坏账增加，另一方面参与投资次级贷款证券化的金融机构则要承受大量损失或者资不抵债，甚至破产，房地产价格的大幅下跌与金融机构资产负债表的恶化不断相互加强，影响最终波及整个宏观经济体系。

随着经济全球化与金融国际化，房地产金融风险和危机再也不是一个国家自己内部的事情了，已经成为世界性的公害，也是各国共同面临的问题，次贷危机提供了最为生动的案例。就连日本、美国等经济最发达的国家也难以幸免，说明房地产金融风险的防范已经成为世界性的难题和亟待解决的问题。尽管学者们从没有停止理论研究，政府也没有停止防范手段的探求，但遗憾的是，大多数国家迄今仍然还没有找到一套完整的有效理论做指导，当然也就没有找到成熟的应对办法。

中国房地产金融市场也面临着同样的威胁。十几年来，“房地产”几乎成了中国社会关注度最高的话题，一路走高的房价也一直为社会所诟病。但是，自 2014 年第一季度以来，新常态形势下的房地产市场又有了新情况、新变化、新问题、新特点。一是房价由升转跌，下跌城市有蔓延之势。按国家统计局的数据，从 2014 年 3 月起到 2015 年 2 月，长期跟踪的 70 个重点大中城市，绝大多数城市房价环比和同比都呈下降趋势。二是包括北京、上海等一线城市在内的大部分城市住房成交量大幅萎缩。三是开发商跑路、项目危机频频发生，并且不乏大开发商的身影。同时，一些地方频频爆发房地产民间融资偿付危机，如 2014 年 9 月下旬，《华夏时报》、《每日经济新闻》、《新京报》等媒体相继报道了河北邯郸、河南南阳市、信阳市、洛阳市、焦作市、湖南娄底市、株洲市等多个城市发生多家开发商跑路、房地产民间融资到期无法偿还的事件，已经造成了投资人群体性围堵开发商、围堵政府、阻断道路甚至自杀身亡等极大的不稳定状况，对当地经济、金融和社会生活带来伤害。若按目前现状持续下去，还会有更多的城市发生此类危机，处理不慎，就会演变为重大的社会问题及金融风险。四是商业银行不良贷款率上升，房地产信托计划违约现象屡有发生，据中房协金融委最新发布的《2014 年度中国房地产金融报告》透露，2013 年至 2014 年的两年间，已经有 23 款房地产信托计划所投的房地产开发项目发生危机，出现到期难以兑付的流动性风险。房地产金融风险已经在更大范围内显现。

按照传统理论，房地产金融风险与危机，往往是在房价泡沫严重膨胀直至难以为继的情况下，泡沫破灭并且与金融流动性收缩形成相互强化、房价大幅下跌所致。但是，中国的房地产金融风险首先在房价并不过高、泡沫并非最严重的三四线城市爆发，以作为房地产金融之一的房地产民间融资风险的形式表现出来。现有诸多相关理论，在当前中国房地产金融风险的现实表现目前，显得软弱无力，无法作出具有说服力的解释。时代呼唤房地产金融风险管理理论，更需要与中国国情实际紧密结合的理论，政府需要运用它来化解风险，金融机构需要以此规避风险，社会大众需要它来发现风险。为帮助正在房地产金融风险旋涡边缘徘徊着的我国尽快走出风险威胁积极建言献策，正是激发本书研究的初衷。

前事不忘，后事之师。当前，中国房地产金融市场存在引发金融风险的条件和环境，理论上也存在引发金融风险的可能性。现实中，一旦爆发风险，已经具有巨大规模的中国房地产金融市场必将遭到毁灭性的打击，后果不堪设想。对于经济快速增长、城市化进程迅速推进的中国来说，房地产及相关行业将在相当长的一个时期中保持一个较快的增长速度。另外，房地产信贷余额也呈逐年增加的态势，从 1998 年的 2455 亿元上升到 2007 年上半年 43000 亿元，年均增长保持在 30% 以上，虽然经历了 2008 年次贷危机的影响，但是房地产行业的增速仍然非常可观，根据人民银行公布的数据，截至 2014 年末，房地产贷款余额已经达 17.37 万亿元人民币，占到全部贷款余额的 21% 以上，如果考虑到房地产相关的上下游产业，以及影子银行体系的房地产融资，那么这一数字还要更高。因此对房地产金融风险进行关注和研究不仅对于房地产及金融行业具有重要意义，而且对于整个国民经济的平稳运行都具有重大意义。本书将通过系统研究中国房地产价格泡沫引发房地产金融风险的机理，以及借鉴国外房地产金融风险管理的成功经验，提出中国房地产金融风险管理的系统性目标模式，并据此提出构建房地产金融市场健康发展长效机制的政策建议。

第二节 目前国内外研究房地产金融风险的文献综述

一、房地产金融风险的国外研究文献综述

（一）资产泡沫的相关文献

2008年席卷全球的金融危机向世人生动地展示了资产泡沫，尤其是房地产泡沫如何将风险从实体经济转移到虚拟经济中，而金融衍生工具复杂性的增加与交易量的持续扩大使得实体经济的风险数倍放大，金融风险的破坏力甚至延伸到那些资本市场不够开放的国家。从三百多年前的郁金香泡沫，到两百多年前的南海泡沫，再到大萧条前的美国股市泡沫，一直到今天影响尚未完全褪去的2008年金融危机，每一次泡沫的产生及破裂都与金融危机紧密相连。

学术界对“泡沫”一词并没有确切一致的定义，但是一般来说，当资产价格出现持续、迅速上升，从而远远高于资产的基本价值（fundamental value）的时候，泡沫就出现了，随着资产价格的不断攀升，泡沫终将破裂。存在众多关于泡沫的理论模型，大体上可以分为以下四类：

1. 理性泡沫。投资者的预期都是理性的，同时拥有相同的信息。理性泡沫理论以有效市场为前提，主张金融资产的价格一方面反映了资产本身的基础价值，同时也包含着理性泡沫的成分，这种泡沫并不是非理性行为的结果，而是在理性预期的支配下行为人做出的反映未来情况的决策。Blanchard 和 Watson（1982）提出了一个理性泡沫模型，在他们的模型中，泡沫在每一期持续存在的概率为 π，泡沫破裂的概率为（$1-\pi$），如果泡沫要持续下去，那么就必须以 r 水平的预期增速快速增长。Blanchard 和 Watson 的主要研究结论是，在许多市场中，泡沫与理性都是一致的。用 Kindleberger's（2000）的话来说，只要投资者认为他能将资产转卖给另一个更傻的投资者（a greater fool），那么他就是理性的，而这种泡沫也就是理性泡沫。

2. 非对称信息泡沫。在非对称信息泡沫的情况下，投资者拥有不同的信息，因此，泡沫存在与否此时并不是一个共同知识（common knowledge）。比如，投资者可能都了解到资产价格已经远远超过资产的基本价值，但是投资者个体并不知道其他投资者是否了解泡沫存在的事实，正是这种高阶共同知识（high－order mutual knowledge）的缺乏导致了泡沫的产生（Allen，Morris和 Postlewaite，1993）。

3. 有限套利（limited arbitrage）导致的泡沫。有效市场理论的支持者认为泡沫不可能持续，因为拥有良好信息的投资者的行为会抵消非理性投资者行为产生的价格效应，因此，理性投资者在泡沫产生之前就会采取相关行动。有限套利理论则对这一观点提出了挑战，认为由于以下几种原因，泡沫能够持续存在：（1）理性投资者面临着噪音投资者风险（noise trader risk），即使泡沫已经出现风险，非理性噪音投资者也可能在未来进一步推高资产价格，而进行短期交易的理性投资者则往往关心近期的价格风险，因此只能部分地修正过高的价格（DeLong 等，1990；Shleifer 和 Vishny，1997）；（2）理性投资者面临着同步风险（synchronization risk），任何单个投资者都不能依靠自身力量打压市场，因此理性投资者之间的协作就成为消除泡沫的必要条件，这就是同步性问题，然而每个理性投资者都面临着困难的权衡：如果打压泡沫太早，那么就损失了由那些非理性投资者行为所导致的价格上升带来的收益，如果打压行为太晚，那么理性投资者就很有可能在泡沫破裂中受损，因此每个投资者都试图预测其他理性投资者的行动，但他们并不清楚自身在泡沫中所处的位置，因此这将导致泡沫是否存在成为一种个体知识，而不是共同知识（Abreu 和 Brunnermeier，2002，2003）。

4. 异质性信念导致的泡沫。投资者的异质性信念加上卖空约束额能导致泡沫的产生，Miller（1977）的研究表明，如果投资者的信念是异质性的（heterogeneous），同时市场上存在卖空（short－sale）约束，那么乐观投资者的行为将会不断推高资产价格，而悲观投资者则不能抵消乐观投资者的行为，因为悲观投资者面临着卖空约束，而这将导致泡沫的产生。这种观点得到了其他研究的支持，比如 Scheinkman 和 Xiong（2003）的研究表明，异质性信念泡沫伴随着巨大的交易量和资产价格的高度波动，Ofek 和 Richardson（2003）用 20 世纪 90 年代的互联网泡沫验证了这种观点，他们发现，资产价格甚至能超越那些最乐观的投资者的估值水平。

学术界发展了众多关于泡沫的理论模型和实证模型，但仍有许多疑问尚未得到解答，比如，截至今天仍然没有一个模型能够令人信服地解释泡沫何时产生，为何产生。此外，在现实中泡沫并不是瞬间破裂的，而是要经过几个星期或者是几个月的时间，这与理论模型并不一致。另一个尚未解决的重要问题是，关于理性投资者为何难以消除错误定价，这方面的研究已经取得了很多进展，但是关于行为偏差、异质性信念等问题仍未得到很好的理解。

（二）泡沫与金融危机

大萧条的经历催生了宏观经济学的诞生，也正是从大萧条开始，经济学家开始关注周期性金融危机的发生机制。凯恩斯（1936）构建了现代宏观经济分析的理论框架，其主要观点可以总结为，有效需求的不足是导致大萧条的主要原因，虽然在《就业、利息和货币通论》中凯恩斯指出了金融因素——“流动性偏好”的作用，但凯恩斯分析的重点并不是信用，而仅仅是货币因素。

明斯基（Minsky，1975）在凯恩斯投资融资理论的基础上提出了著名的“金融不稳定假说”。该理论认为，信用创造活动，尤其是商业银行等金融机构的业务特点和机构特性使得周期性金融危机和银行破产浪潮成为必然现象，市场在其繁荣时期就已经播下了金融危机的种子。明斯基利用收入—债务关系，将融资行为分为三种类别，并用三种类别企业的演化过程来解释危机的爆发。三类融资分别是抵补性融资、投机性融资和高风险的庞氏融资。在市场的新周期的初始阶段，大多数融资者都是低风险的抵补性融资，随着经济进入繁荣阶段，企业的预期利润逐渐上升，因此扩大借款规模，而此时投机性融资和庞氏融资的比例越来越高，资产泡沫逐渐累积，当预期反转或者出现其他冲击之后，资产价格泡沫将会迅速破裂，金融危机在所难免。关于明斯基的理论学说，本书还将在第二章第二节中展开比较详尽的论述。

（三）信息经济学与金融危机

信息经济学起源于 20 世纪 40 年代左右，在 50 ~ 60 年代得到了迅速发展，到70年代基本发展成熟。信息经济学的核心概念是信息不对称，也就是说某些行为人掌握着与之有相关利益的其他行为人所没有的一些信息，而这些信息可以让拥有信息的一方获得一定的收益。在信息经济学中，掌握信息多的一方往往被称为代理人，而掌握信息相对较少的一方称为委托人，委托人希望代理人的行为能实现委托人的利益诉求，但委托人无法直接观察到代理人的全部行为，只能掌握有关代理人的部分信息，正是由于信息的不对称，代理人有进行机会主义行为的强烈动机——逆向选择与道德风险是两种主要的机会主义行为。机会主义行为虽然使得代理人获得了一部分收益，同时也提高了交易成本。

应用到金融市场中，信息不对称将会导致“融资约束”的出现。正是基于信息经济学的发展，经济学家们再次关注起经济周期中的金融因素。比如，Kiyotaki 和 Moore（1997）认为，资产价格与信贷约束之间存在着相互影响，一方面，资产价格与信贷约束的程度呈反向关系，信贷约束程度越高，资产价格上升的速度越慢，信贷约束程度越低，资产价格上升的速度越快，泡沫就越容易产生；另一方面，资产价格与信贷约束之间的相互作用会使得经济中的货币冲击的效果成倍放大，从而使“金融加速器”（financial accelerator）的作用得以显现。

（四）有关房地产金融风险防范的研究文献

金融风险生成过程的一个关键特征是，资产价格与金融系统流动性供给之间存在着互动行为。金融系统的流动性供给对于房地产泡沫的生成起着至关重要的作用，房地产市场的周期与信贷市场的周期互相强化，持这种房地产金融风险观点的有 Gorton（1988）、Allen 和 Gale（1998）等。

Winston 等（2005）考察了20世纪90年代亚洲部分国家的房地产泡沫的生成与破裂过程，其主要观点是，由于行为性原因（behavioral causes），比如借款者的乐观情绪以及可能存在的缺乏关于市场崩溃的远见，或者是由于借款者对市场激励因素的理性反应，比如存款保险、银行股东的有限责任等，这些因素都会导致金融机构对风险的定价偏低。Winston 等人的研究表明，泰国、马来西亚和印度尼西亚的金融机构在20世纪90年代都存在风险定价过低的问题，因此相比中国香港和新加坡，这些国家经历了更加严重的资产价格缩水，而中国香港和新加坡之所以能够做得更好，是因为存在着强力的政府干预、更加合理的市场激励机制。

二、房地产金融风险的国内研究文献综述

（一）对房地产金融风险形成机制的研究

房地产投资不同于其他投资的关键一点是，房地产兼具实物资产和金融资产两种特点，因此对于房地产相关问题的解释也比较复杂。

房地产金融风险产生的一个重要原因就是存在于借贷双方之间的信息不对称。比如，苏爱军（2004）从信息不对称的角度考察了房地产金融风险的产生，主要表现在商业银行客户财务信息的“失真”，银行对房地产行业缺乏整体认识而使泡沫不断恶化，房地产开发企业高杠杆经营，由房地产行业过热导致的非房地产行业的资金、人力的过度投入，以及“假按揭”等都是导致房地产金融风险形成的重要原因。

张晓晶、孙涛（2006）探讨了中国房地产周期与金融稳定之间的关系，作者将驱动中国房地产周期的因素概括为三方面：（1）增长面因素，中国经济增长是驱动房地产行业起伏的关键原因，一方面是城市化进程的作用，另一方面是居民收入得到显著提高促进了住房支出的增长；（2）宏观面因素，这主要体现在扩张性的宏观经济政策与外资的大量流入；（3）制度面因素，对于中国房地产行业来说，制度扭曲一方面体现在投融资渠道比较单一限制了居民进行投资组合的能力与范围，另一方面体现在地方政府的扭曲行为上，在以 GDP、财政收入、就业等为考核标准的体制下，地方政府有着很强的投资冲动，而土地则成为地方政府扩大财政收入的捷径，另外某些地方政府还通过强行推进城镇化人为地扩大了对房地产的需求。

与张晓晶和孙涛的观点类似，黄少安等（2012）通过考察房地产发展与地方政府财政收入的关系发现，在短期中存在一种“租税替代关系”：政府来自房地产的租金收入越高，来自其他行业的税收收入就越低，对于地方政府热衷于发展房地产行业以及地产行业的片面发展对实体经济的不良影响，作

者认为当前的财政体制、政府官员的短期行为以及官员考核体系的不合理是背后的真正原因。

还有些学者从房地产金融整体的角度来考察房地产的金融风险问题，比如许昭晖（2008）从房地产金融市场结构、房地产金融交易主体、房地产金融生态运行环境等三个方面探讨了中国房地产金融生态系统存在的主要问题，由于房地产金融生态是一个相互影响、相互作用的动态平衡系统，因此，防范、化解房地产金融风险就必须从三个方面同时着手，进而解决相关问题。

（二）对中国房地产金融风险的现状和特点进行的研究

1. 中国房地产金融风险特点方面的研究。鉴于中国存在的投融资体制导致的居民投资结构单一以及地方政府的扭曲行为，中国房地产行业的金融风险有其自身特点，与发达国家房地产泡沫的形成机制有很大差别。

许昭晖（2008）将房地产金融系统看做一个动态平衡系统，认为中国房地产金融生态系统中存在以下几个主要问题：（1）房地产开发的融资手段比较单一，主要体现在对债务性融资的依赖性很强；（2）房地产贷款的供给结构严重失衡，四大国有银行集中了房贷的绝大部分，中小银行的房贷余额很低；（3）金融资源集中在少数房地产开发商手中，尤其是有国有企业背景的地产企业；（4）银行利润对房地产贷款的依赖性较强；（5）房地产金融运行的法律环境尚不完善。

陈淮等（2008）的研究认为，中国房地产市场的各种风险包括房地产金融风险，均集中于交易环节，这种现象的形成，主要是由于房地产业市场体系和机制不完善、土地和资金等要素供给的市场化程度不高所导致。另外，近年来消费者“买涨不买跌”的购房行为、开发商的“囤地”行为、土地出让中“地王”频出的现象均源于此。

胡俊（2010）在总结房地产金融风险分类后，认为我国房地产金融主要面临操作风险和信用风险两大类。我国房地产操作风险主要体现在宽松的贷前审查和粗放的贷后管理上，信用风险主要集中在开发贷款领域。因此，要避免过度乐观，加强监管，防范信贷的过度扩张。

鉴于中国房地产行业集中度比较高，少数房企掌握着大部分金融资源和土地资源，尤其是大型国有企业的深度参与等特点，房地产企业作为一个特殊的利益集团，其行为如何影响政府行为，如何“俘获”地方政府官员，如何导致房地产价格飞涨，都是值得深入研究的问题。杨帆、卢周来（2010）采用“中国地方政府公司化”和“特殊利益政治”的分析框架，对中国地方政府政策在扭曲中央政府房地产调控中的作用进行了探讨，其主要结论是：中国目前存在的利益冲突多为“特殊利益问题”，包括房地产企业在内的特殊利益集团拥有大量经济、社会甚至政治资源，加上地方政府部门和官员存在权力失范现象，这些特殊利益集团能够显著左右政府决策。此外，中国的“特殊利益集团”的俘获行为致使中央旨在抑制房地产的宏观调控政策失效，而这种成本要由普通民众承担。

在抑制房地产投资与房价过快增长的过程中，中国政府多次运用货币政策，但效果并不明显。这方面的研究主要包括郭科（2006）、张涛和龚六堂（2006）、梁云芳和高铁梅（2006）、宋勃和高波（2007）、丁晨和屠梅曾（2007）、邓富民和王刚（2012）等，相关结论并不一致，包括货币政策的影响方向，货币供应量和利率调控手段影响效果的相对强弱等。

2. 中国房地产金融风险现状方面的研究。中国的市场经济体制尚不完善，在许多行业中竞争并不完全，信息不对称情况也比较普遍，资源有限但错配问题严重。这些非均衡特征也表现在房地产市场上。童光毅和刘星（2008）从土地的二重性出发，在非均衡分析框架下对中国的房地产市场进行了实证分析，作者认为，转型时期中的中国房地产市场是不完善的，市场失灵将长期存在，表现在垄断、价格刚性、土地资源稀缺，通过将体制、预期、房地产特征等因素引入到模型中，综合影响房地产价格的基本面因素与预期因素，其模型很好地解释了中国房地产价格持续大幅度上涨的原因。

中国房地产行业的非均衡性还体现在地区差异上。梁云芳和高铁梅（2007）考察了中国各地区房价的波动情况，发现房价波动具有明显的地区不平衡性，究其原因，作者认为，造成各地区房价波动差异的主要原因是货币政策效应的区域差异：无论是长期趋势还是短期波动，信贷规模对东、西部地区的影响比较大，而对中部地区的影响比较小，而人均 GDP 可以解释中部地区的房价变动。类似的还包括沈悦和刘洪玉（2004）、周京奎（2005）等基于部分城市的研究。

地方政府的土地财政战略一方面使地方的财政获得了解放，为地方公共建设提供了大量资金，同时也让地方政府对土地财政的依赖性越来越强，而这种情况是难以长期持续的。比如，夏斌（2014）的研究指出，地方政府以土地为杠杆，撬动金融，拉动以投资为主的经济增长。当前房地产市场处于缩量下跌，将导致土地出让金收入下降，地方政府债务问题凸显。同时带来金融机构不良资产上升，信贷活动趋于收紧，最终自然会形成整个社会债务处于自我紧缩的恶性循环困境，从而诱发房地产金融风险。

张孝德（2014）认为，当前中国房地产过剩远比产能过剩严重，尽管无法确定房地产泡沫何时破灭，但可以肯定的是，房地产泡沫破灭的时间离我们越来越近，已处于破灭的前夜，中国经济面临系统性风险和金融风险，应该尽快制定应对系统性风险的预案。

从源头上说，房地产金融风险不仅涉及金融活动，还与房地产企业自身的投入效率有关，罗迈（2014）的研究让我们在这个问题上不容乐观。应用数据包络法，罗迈对中国35个大中城市房地产企业的投入效率进行了研究，时间跨度是2003～2012年，研究结论表明，中国房地产行业投入效率总体偏低，不同城市间的效率存在较大差异，作者建议政府应该发挥在土地市场和房地产市场中的重要作用，加强调控的力度，对不同城市实行差别化管理，引导房地产企业合理配置投资规模。

（三）对防范和化解中国房地金融风险对策的研究

理论和经验证据显示，房地产价格的波动受多种因素的影响，比如人口因素、金融政策、居民收入、对房价的预期等，因此防范和化解房地产金融风险就必须综合考虑这些因素。在这些因素中，预期具有非常重要作用。史永东和陈日清（2008）构造了一个随机最优控制模型，分析了在不确定性环境下房地产价格的决定因素，其主要结论是，由于居民适应性预期的作用，房地产价格自身的冲击变动是导致房地产价格上涨的主要因素，虽然居民收入也有一定作用，但相比预期，其作用很小。因此，在防范和化解房地产金

融风险的过程中，关注居民预期，引导居民预期是一项十分重要的工作。

胡俊（2010）认为，从短期来看，建立审慎的经营和监管制度是防范我国房地产金融风险的根本途径。从长期来看，完善风险共担的房地产金融两级市场是分散房地产金融风险的有效手段。拓宽一级市场企业融资渠道的可行选择是发展房地产投资信托基金，为此，我国需要明确法律及监管框架、实现税收“中性”、放松机构投资者的限制和培养专业人才。发展房地产金融二级市场（即资产证券化）可以降低银行的流动性风险，分散银行信用风险，提高银行的资本充足率。

在防范房地产金融风险方面，谭晓红（2012）认为，加快保障性住房建设是稳定房地产价格、纠正我国房地产市场失衡的首要措施。在保障房供给短期内还远不能满足需求、相当一部分需求仍需要在商品性住房市场解决的背景下，也必须加强对商品性住房市场的调控，规范各关联主体的市场行为，深化土地管理和房地产税收等方面的改革，多管齐下促进房地产业健康理性发展。通过拓宽房地产业融资渠道、完善银行自身风险管理来加强金融系统的风险防范和控制。

政府，尤其是地方政府行为，是中国房地产价格居高不下的主要因素，这一观点为许多学者所支持。王立平（2014）运用极值边界分析法，检验了中国30个省级区域2000～2009年度中房地产价格的“稳健性”影响因素，为防范与化解房地产金融风险，作者提出三条政策建议：（1）政府必须适时加强对房地产行业的调控，一方面要采取稳健的货币政策防范恶性通货膨胀，引导居民形成理性预期，另一方面要培养多元化的金融市场，进而丰富居民的投资渠道，分散资金压力；（2）大力开发安居房、廉租房等保障性住房，降低居民对商品房的过度需求；（3）建立配套改革措施，在增加供给的同时制定一系列其他调控政策，如开征房产税、试点遗产税等。

改革政策性住房金融机构以稳定房地产市场，化解房地产金融风险，也是近年来研究的重点。张其光等（2015）认为，由于房地产业在中国经济总量中占有相当大的分量，如房地产开发投资占GDP的15%左右，占固定资产投资的30%；房地产需求占总需求的约四分之一，加上关联产业占GDP比重逾三分之一；房地产占社会融资的30%，家庭财富的70%，地方财政收入的50%，因此正陷入深度调整困境中的房地产市场，存在引发地方政府债务风险、影子银行风险等金融风险的条件，应该予以重视并采取得力措施加以防范。同时提出将住房公积金职能转变为国家住房银行，加大对中低收入者购房贷款的支持力度，以稳定房地产市场。

三、当前国际国内研究取得的积极成果与存在的不足

（一）当前国内外房地产金融风险形成机制的研究所取得的成果

国外对房地产金融风险的研究，主要集中在资产价格泡沫的形成原因，以及资产泡沫破灭状态下金融风险发生的机理方面，运用理论模型与实证研究的方法，取得了丰硕的研究成果，当前的研究达成许多共识：第一，金融体系与生俱来的脆弱性是房地产金融风险形成的基础。第二，房地产价格泡沫是导致金融风险的主要源泉。第三，乐观情绪下的盲目自信、对政府和监管部门的信任是投机猖獗、债务杠杆率过高现象产生的心理条件。第四，信用膨胀、金融支持是导致房地产价格泡沫的物质条件。第五，周期性波动是各国房地产市场存在的普遍规律。

国内对房地产金融风险的研究，则主要是基于中国现实进行的。研究取得了三方面的成果：一是从信息不对称及中国房地产周期与金融稳定之间的关系等方面，对中国房地产金融风险形成机制进行了研究，得出土地财政、制度因素、宏观经济景气及城市化等因素是推动房地产价格泡沫生成的主要原因，信息不对称是银行面临较大风险的主要原因。二是对中国房地产金融风险特点和现状的认识有了阶段性的成果，如陈淮认为风险集中于交易环节等。三是对中国房地产金融风险防范的手段进行了诸多研究，认为应该从引导预期、加强金融监管、提高住房保障程度、发展金融二级市场、拓宽居民投资渠道等方面予以防范和化解。

（二）当前研究存在的不足

尽管当前国际国内对房地产金融风险的研究已经硕果累累，但是有四个现象是既有理论所无法解释和涵盖的，一是按照既有理论观点，房地产金融

风险爆发的前提条件是房价泡沫严重膨胀，但是中国当前的实际情况是，房地产金融风险首先发生在房价泡沫并不严重的三四线城市，其主要表现形式是房地产市场深度调整、开发商大量跑路、民间借贷出现偿付危机、为数众多的投资人围堵政府等过激行为，已经严重影响到了社会稳定。二是现有理论并没有涵盖对房地产民间金融风险的研究，在这方面存在空白。民间融资体系也是房地产金融的重要组成部分，同时也会引发严重的房地产金融风险。因此，对于中国房地产金融风险管理的研究，不应该忽视民间融资体系的因素。三是按照现有研究，是泡沫破灭、房价下跌引发金融风险，但是处在城市化尚未完成阶段的国家，其房地产金融风险的诱因并非只有房价崩溃这一个方面，当前房价并未大幅下跌、但是持续的销售低迷导致房地产企业民间融资体系崩溃的现象，也是现有理论所无法解释的。四是中国在 2007 年以后经济增长速度逐渐回落，按照既有理论观点，具有强烈“顺周期”特征的房地产市场也应该呈现增速回落甚至调整的态势，房价至少应该表现得更加平稳一些。但是，中国房地产价格反而形成了螺旋式、加速度的上涨，甚至使用飙涨才能更恰当描绘出当时的情形。当前的房地产金融风险理论对上述现象缺乏足够的解释力。其他不足还有：

1. 对房价泡沫的成因分析上，大多数观点认为是金融支持过度才导致泡沫。这与历史上早期发生的泡沫成因不符，如历史上著名的荷兰郁金香泡沫、英国南海泡沫、美国佛罗里达地产泡沫等，就不存在金融支持。实际上，金融支持只是房地产价格泡沫形成的充分条件，而非必要条件。但是现有文献中几乎没有对房地产价格泡沫必要条件的研究，对中国房地产泡沫的原因分析也仅仅停留在影响因素的列举上，基本上没有对生成泡沫的各种原因进行主次之分，更没有对最根本原因进行深入研究。

2. 缺乏从房地产市场供给约束制度视角对房地产金融风险的研究。当前的研究，大多是从市场需求角度着手的，而鲜有从市场供给角度进行研究的。市场供求就像人的两条腿，缺一不可，而且讲究平衡，否则就难免有失偏颇。

3. 研究视野存在局限性。对房地产金融风险的研究方面，大都局限于具体的融资工具的风险，有技术性报告的倾向，并且大都是静态数据的堆砌，尚且没有对动态演变的研究和关于社会融资风险方面的研究，也缺乏对小产权房所引致房地产金融风险的研究。

4. 对如何防范中国房地产金融风险，大多数文献研究的重点是通过金融创新分散风险而非化解风险。对如何从根本上化解问题和矛盾如蜻蜓点水，缺乏系统和深入的研究，更缺乏现实的可操作性。对策建议方面的研究多集中于政府政策和解决对策方面，在理论依据方面有待深化。

5. 还存在其他一些遗憾。如陈淮等虽然指出了房地产市场风险与金融风险集中在房地产交易环节，但是没有进一步论证房地产金融风险发生的条件和机理。王志伟的失衡论尽管是正确的，但是没有分清内因与外因的界限，没有区分主要矛盾和次要矛盾，难以形成可操作性的结论。但是，这些欠缺并不影响此类文献的积极意义，他们都为本书的研究提供了有益的指导，或者说，本书的研究是站在这些伟大理论发现的基础上，继续加以深入研究的。

第三节 研究思路与研究方法

一、本书拟研究解决以下主要问题

在理论层面上研究房地产价格泡沫形成的原因、破裂的条件和机理；研究房地产金融风险的形成和爆发机制。

在实证研究层面重点回答几个问题：当前中国房价是否存在严重泡沫？导致房价过快上涨的主要原因、最根本原因是什么？当前中国房地产金融面临的主要风险是什么？当前存在房地产金融风险爆发的环境条件吗？如何从根本上化解房地产金融风险？

在比较研究层面，通过国际比较研究总结相关经济体在房地产金融风险管理方面的成功经验与失败教训，从中获得启示，并以此指导中国构建符合经济规律和本国国情的目标模式。

在政策研究层面，提出我国房地产金融风险管理和构建房地产金融健康发展长效机制的政策建议。

二、研究思路与写作框架

与本书课题类似或接近的关于对中国房地产金融风险问题的研究，近年来也出现了不少成果。他们分别从不同角度对中国房地产金融风险问题进行了卓有成效的研究。本书的研究，与这些同类论文具有非常明显的差异，具体表现在：一是时代背景不同，当前处于经济发展新常态及房地产市场出现调整、风险增大的新形势下，房地产市场从一路走高到发生了缩量下跌的重大转向。此前的研究并没有经历这个转变。二是研究视野不同，前者的研究基本上集中在银行为主的金融领域，基本上是就风险论风险，属于狭义的金融风险范畴。而本书则将视野拓展到了包括房地产民间金融在内的广义风险，并且将风险防范的根本归结在防范房地产价格泡沫的膨胀机制。三是研究的重点不同，前者的研究主要集中在问题的研究，重点是解决“为什么”的问题，而对“怎么办”

则相对缺乏系统的研究。本书在充分研究国内国际房地产金融风险管理的基础上，提出了具有建设性的系统的中国目标模式，以及丰富的对策建议，不但着力解决“为什么”的问题，还着力解决“怎么办”的问题。四是理论观点不同，前者的研究，基本上是遵循传统的理论范式，即房地产金融风险是由于房地产泡沫所导致，泡沫大则金融风险大，泡沫破灭、房价大幅下跌会导致金融风险的爆发。而本书的研究则打破了这种传统理论的束缚，认为风险与泡沫并不一定成正比例关系，即泡沫大的城市金融风险并不一定就大，金融风险并非主要由房价大幅下跌引发，而是主要由成交量下降所引发。理论观点的不同，其结论也不同。一般来讲，理论研究应该来源于丰富的实践，缺少实践基础的理论也难免脱离实际。本研究的特点，就是首先经历了长期的实践活动，在具体实践中研究理论，发展理论，又通过理论总结实践经验，指导实践活动，“从实践中来，到实践中去”，从而为解决实践中的现实问题提供了接地气的依据。房地产金融是一个高度实战化的跨学科、前沿性的领域，房地产金融风险问题的存在，就更需要理论研究者站在新常态的高度，通过丰富的实践基础，以实践发展理论，提高理论，以理论总结实践，指导实践，才能在研究中认识内在规律，掌握规律。

本书的研究共分六个部分。

绪论部分，重点对国际、国内现有房地产金融风险的相关研究成果进行了梳理，总结了当前研究达成的共识和存在的不足，厘清了本书研究的重点和方向。

第一章是对本研究课题的理论基础进行概括，重点考察了六个对本书写作具有直接指导作用的相关理论。一是金融不稳定假说对金融脆弱性的理论解释及其对市场调控的政策含义；二是资产泡沫化理论模型对房地产价格泡沫的形成和破灭所做出的理论解释；三是“混合经济”理论对建立中国市场经济管理模式所提供的理论依据；四是“转轨时期的社会主义双重经济体制理论”对转轨期间由于市场不统一导致的一系列问题的原因所做出的理论解释；五是制度变迁理论对中国土地制度变迁及其路径依赖的理论解释；六是市场冻结情况下公共干预理论对解决当前中国房地产金融风险所提供的理论依据。

第二章是一般理论研究，在金融不稳定假说和资产泡沫化理论的指导下，本章重点剖析了房地产金融风险的形成机理。研究发现，房地产价格泡沫以及由此带来的房地产市场内部的波动性，是导致房地产金融风险的最主要诱因，因此也是本章研究的核心。研究显示，房地产市场也遵循市场供求关系规律，因此供求关系的失衡才是房地产价格泡沫形成的主要因素。自此，市场供求规律就成为本书从一而终的分析框架。房价长期处于上涨趋势是世界各国的普遍规律，经济景气周期是房价泡沫形成的环境条件，房地产的多重属性是其容易形成价格泡沫的内在因素，政府失灵导致的供应不足是房价泡沫形成的必要条件，信用膨胀、金融支持及社会流动性追求投资收益等外部因素是房价泡沫形成的充分条件。在需求属于客观事实的前提下，供给因素就成为决定市场价格走势的主导力量。由于市场供给因素往往都是由政府所主导，抑或市场失灵的因素也只有政府能够解决，所以解决政府失灵，是化解房地产价格泡沫的根本性措施。房地产金融风险的形成，首先表现在房地产价格泡沫的不断膨胀，在房地产价格存在刚性、与实体经济相互正反馈、房价上涨激励供应加大、投资成本升高、外部冲击等因素的影响下，泡沫膨胀到难以为继时必然破灭，引发房地产金融风险。

第三章是实证研究，对中国房地产泡沫的现实表现、形成原因进行了分析，对中国房地产金融风险阶段性特征、爆发的条件、传导的路径、可能造成的危害进行了研究。本章通过实证检验和理论分析，证明中国房地产价格泡沫形成的最主要原因，在于长期供给不足。在“转轨时期的社会主义双重经济体制理论”的指导下，发现土地供给制度和效率、房地产开发管理制度和效率、房地产项目审批制度和效率、房地产金融政策和效率、房屋开发建设效率、项目销售审批制度和效率、政府对房地产市场供给方面的调控政策效应等，都是影响房地产市场供给的主要因素，其中土地供给制度和效率是最主要的决定性因素。借助制度变迁理论的指导，发现现行政府职能是导致土地垄断、金融垄断的主要原因，要彻底化解房地产金融风险，必须实施政府职能转变和土地垄断制度的改革。本章发现，由于当前中国房地产市场处于增量房主导的阶段，房地产价格泡沫与金融风险并不完全对等，金融风险并不主要取决于泡沫的大小，而是取决于市场去化能力；房地产金融面临的最大风险，并不是房价下跌的风险，而是人为维持下房地产市场表面稳定、实则运行不畅带来的流动性风险，这与传统理论并不相符。按照梯若尔公共干预理论，化解当前中国房地产金融风险，绝不应该以小幅刺激的政策维持市场稳定，而是应该采取“创造性破坏”的措施，引导市场短期完成出清，以恢复市场自身的良性循环。

第四章是国际比较与借鉴研究，重点研究了日本、美国、德国、新加坡四个国家在房地产市场管理和房地产金融风险防范等方面的成功做法及失败教训，以此形成对我国防范和管理房地产金融风险的启示。日本通过三大住房政策支柱和与之配套的特殊投融资体制，对高、中、低端各类群体都分别给予了住房扶助、资助和救助，建立了高度覆盖的住房保障体系，非常好地解决了住房短缺问题和住房保障问题，也保持了房地产金融市场的阶段性稳定。只是因为政府在面临经济增长压力的形势下病急乱投医，在经济结构失衡的情况下匆忙扩大国土开发和基础设施建设、盲目实行金融自由化、对不动产投资投机缺乏有效制约、被动实施超宽松的货币政策等多方面的失误，才导致房地产泡沫的破灭和金融危机。美国以其发达的房地产金融市场和政策性住房金融职能，有力地支持了住房市场供应和需求，以其发达的房屋租赁市场、健全的房地产税收体制、完善的社会信用管理机制、眼花缭乱的法律责任不确定性、市场化的住房保障制度等一系列制度安排，曾经非常好地维持了住房市场价格的稳定。只是政府不切实际地将房地产视为经济增长的“救命稻草”，并且实施了诸如纵容金融机构随意放宽住房贷款条件、支持政策性住房金融机构扩大对低收入阶层的住房贷款的收购和资产证券化、长期实行需求管理的宽松货币政策，以及部分州政府对建设用地的管制等，这些因素交织在一起，导致房地产市场泡沫及破灭，次贷危机爆发。德国房地产金融风险管理的最大特征是，将房地产价格泡沫消灭在萌芽状态，从根本上消除房地产金融风险的诱因。除了传统的四大住房政策即促进社会住房建设、租金及房价地价管制、促进自有住房建设、住房补贴等措施，还有如嵌入国家住房储蓄补贴政策的住房储蓄银行体系、地上权保护制度、社会法团及协会评估“合理价格”的机制、发达的租房市场、合作建房模式等，都对房地产市场的稳定发挥着积极作用。需要注意的是，德国经验并非是管制模式，而是一种真正的市场决定资源配置的模式。新加坡模式的成功，并不单单是政府组屋制度的成功，也不仅仅是中央公积金制度的成功，而是两者有机结合的成功，并且还有赖于政府部门的高效、廉洁的工作作风，以及城市国家管理成本低、捕获信息成本低的优势。上述经验教训的总结，均对中国目标模式的创建提供了理论依据。

第五章是防范和管理中国房地产金融风险现实问题的具体探讨。在“混合经济”理论、“转轨时期的社会主义双重经济体制理论”以及金融不稳定假说的指导下，提出中国房地产金融风险管理的总目标模式，是建立保障性住房市场与商品住房市场隔离运行、建立市场决定资源配置的商品房市场、主要以法治和诚信体系维持市场健康运行、政府起弥补市场失灵作用的制度。实施总目标模式，需要设置由低到高的四种分目标，基于正在从不完全市场条件下向完全市场条件下改革的事实，提出近期以政府调控为主、市场机制为辅，中期以政府调控与市场机制共同主导，远期以市场机制为主、政府调控为辅，从实现最低目标、次低目标、次优目标到最优目标的渐进式推进思路，

第六章进一步提出中国房地产金融风险管理所必须进行的制度建设方面的对策建议，以构建房地产金融健康发展的长效机制。从化解当前中国房地产金融面临的风险方面、深化房地产市场改革方面、加快住房保障制度和政策性住房金融制度改革方面、完善房地产金融市场方面、规范房地产市场调控方面、加强房地产金融法治建设方面等六个方面提出了对策建议。

写作框架图如下图所示。

三、研究方法

（一）从具体到抽象进行研究和从抽象到具体进行论述的方法

房地产金融属于实用性领域，要使理论研究能够指导实践，首先必须了

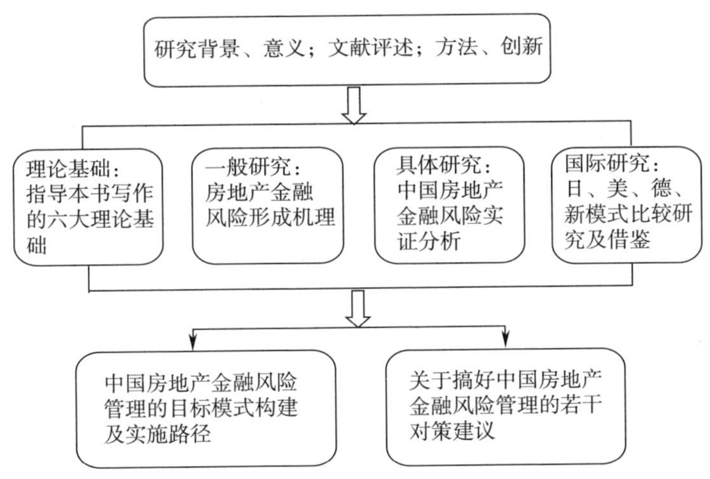

写作框架图

解实践，熟悉实践，掌握实践，才有可能总结实践，然后通过实践发展理论，提高理论。本书作者曾在银行工作 18 年，后又在房地产开发企业担任总经理 8 年，具有丰富的房地产行业及金融行业从业经历，对金融业与房地产业都有较高的熟悉程度，在经过三年的经济学系统理论学习以后，具备了进行具体研究的理论储备，因此，首先在实践层面上对房地产金融风险管理进行了研究。

按照马克思的研究，事物发展都有其内在运行规律，人们只有先认识其规律，发现其规律，才能找到掌握规律的钥匙，进而掌握解决问题的方法。作为全人类共同面临的威胁，房地产金融风险的内在规律我们尚未发现和认识，因此，遵循实践—认识—再实践—再认识的方法，是本书研究的主要方法。相应地，本书的论述，在重要理论的指导下，遵循了从一般研究—中国具体研究—国际具体研究—目标模式—对策建议的逻辑思路。全文采用房地产供求关系规律作为统一的分析框架，分析的重点始终围绕房地产价格泡沫是形成金融风险的源头、必须对房地产价格泡沫加以防范和抑制这个主题展开探讨，以国外成功做法及失败教训作为指导中国目标模式构建的依据，以目标模式作为对策建议的依据。

（二）规范研究与实证研究相结合的方法

经济学研究的两种基本方法就是规范研究和实证研究，前者解决“应该

怎样”的问题、后者解决“是什么”的问题。本书的研究遵循了理论研究—实证分析中国房地产泡沫形成的原因；房地产金融风险爆发的条件、表现形式、传导危害—国际成功经验总结与汲取失败教训—解决中国实际问题这样的研究思路，以理论和国外成功经验为指导，规范性地提出中国“应该怎样”管理房地产金融风险的目标模式。

（三）国际比较研究与案例研究相结合

现有国家中，既有长期保持房地产市场平稳发展、没有发生过房地产金融风险的，也有房地产泡沫破灭引发金融危机的案例，对他们的比较研究，可以给我国有效管理房地产金融风险提供可资借鉴的宝贵经验。一方面通过对国外成功做法进行分析，对比发现中国存在的问题，另一方面通过国外失败的教训，给我们提出警示。为构建中国市场经济条件下有效管理房地产金融风险的目标模式提供有力的依据。

第四节　本书的创新与不足

一、可能的创新点

（一）本书发现中国当前房地产金融风险存在显著的阶段性特征，即房地产市场在增量主导下，其成交量的下降带来的金融风险要远远大于房价下跌造成的风险。相应地，房地产金融面临的最大风险，并不是房价下跌的风险，而是趋于市场冻结即现行房地产市场表面稳定、实则运行不畅带来的流动性风险。对此，绝不应该以小幅刺激的政策维持市场稳定，而是应该采取“创造性破坏”的措施，引导市场短期完成出清，以恢复市场自身的良性循环。这才是符合经济规律的解决之道。

（二）本书发现中国城市房价的高低、涨幅的大小、泡沫的程度与房地产金融风险并不完全对等，房价涨幅过高、泡沫严重并不必然说明金融风险大，相反，房价低、涨幅低、泡沫小也并不表明其金融风险小。决定金融风险大小的核心因素是市场去化能力。

（三）本书首次提出将房地产民间融资偿付危机纳入房地产金融风险研究的范畴，从而摆脱了现有研究常常蜕变为商业银行风险技术分析的误区，并且更加真实反映出房地产金融市场面临的风险程度，以有助于国家高层做出更加科学合理的决策。

（四）本书在学习借鉴外国成功经验的基础上，结合中国房地产金融发展的国情现实，提出了中国房地产金融风险管理的系统性目标模式，同时提出实现方式应该是从最低目标、次低目标、次优目标、到最优目标的渐进式推进。基于正处于转轨时期的现实，提出近期以政府为主、市场为辅，中期以政府和市场共同发挥作用，远期以市场为主、政府为辅的思路，经过近期、中期、远期三个阶段的分步实施，最终建立房地产金融市场对房地产市场资源配置起决定性作用、政府起弥补市场失灵作用的总模式，相关配套制度必须符合市场化总模式的要求。

（五）本书提出构建中国房地产金融风险的关键，是将保障性住房市场与商品住房市场隔离运行，两者并存发展，保障房建设应当增量占优、存量壮大，最终达到一定比例，才能起到稳定整个房地产市场作用的具体思路。

（六）对政策性住房金融制度的模式改革方面，本书提出了将现行保障性住房制度、住房公积金制度改革为全新的具有政策性职能和互助功能的住房储蓄银行体系，变实物保障为货币补贴保障，在提高保障效率的同时，可以有效降低寻租腐败及不公平现象，具有创新意义和可操作性。

二、本书存在的不足之处

本书主要的欠缺与不足，在于数理分析和数据应用不足。鉴于房地产价格与金融定价方面的参数难以穷尽收集，而数理分析要求所有参数必须准确、规范、假设条件符合实际，如果应用的数据不足或错误、假设条件不完全符合实际情况，就有可能得出不正确的结论，如本书在第三章也举例说明了数理分析所导致的与实际并不相符的观点。同时，数据采集客观上存在比较大的困难，再加上写作时间紧张，因此本书并没有将数理统计作为重点，为此存在缺憾，这是作者以后在继续研究的过程中需要加强和改进的地方。

第一章

指导本书研究的主要理论基础

房地产金融研究具有跨学科、前瞻性、应用型的特点，研究的要求高，即必须对实践活动有指导意义，不能空对空；研究的难度大，即理论必须符合实践，还要高于实践；研究的范围广，既涉及房地产领域，又涉及金融领域，还涉及风险管理和制度重建领域，而且房地产包括住房保障范畴。但是，当前的既有研究成果，不是偏重于房地产研究，就是偏重于金融研究，而将两者紧密有机结合的研究成果寥寥，这既是本书选题的初衷之一，也决定了本书必须在更大范围内寻找理论做指导。前人的研究成果，可以给后来者提供指导、借鉴与启发，具有不可替代的作用。

第一节　金融不稳定假说及其对本书的指导作用

一、金融不稳定假说基本概括

明斯基（Minsky，1975）在凯恩斯投资融资理论的基础上提出了“金融不稳定假说”。明斯基认为，信用创造活动，尤其是商业银行等金融机构的业务特点和机构特性使得周期性金融危机和银行破产浪潮成为必然现象，市场在其繁荣时期就已经播下了金融危机的种子。明斯基认为，市场经济是一个不断进行投资的经济，市场经济中金融制度的存在，使得越来越多的投资活动会采用融资的方式，为投资和资本资产使用权进行融资。通过将融资企业分为三种类别，并用三种类别企业的演化过程来解释危机的爆发。三类企业分别是抵补性企业、投机性企业和高风险的庞氏企业，其中，抵补性企业（hedge - financed firm）根据自己的现金流来进行融资，是风险较低的借款者，投机性企业（speculative - financed firm）的现金流不足以偿还借款，但可以偿还利息，而风险最高的庞氏企业（ponzi firm）连利息都难以支付。

在经济增长新周期的初始阶段，大多数企业都是低风险的抵补性企业，随着经济进入繁荣阶段，企业的预期利润逐渐上升，随之扩大借款规模，此时投机性企业和庞氏企业的比例将越来越高，资产泡沫逐渐累积，当预期反转或者出现其他冲击之后，资产价格泡沫将会迅速破裂，金融危机在所难免。

在经济向上扩张中，人们发现借债投资盈利的成功者越来越多，激励越来越多的人愿意承担风险，借债投资，从而融资的基本态势必然发生变化，保守的抵补性融资比重逐步降低，相对激进的投机性融资和庞氏融资的比重则不断升高。社会的债务率随之提高，风险同时加大。融资行为一方面产生了货币支付承诺，即合同约定的现金流。另一方面，如果经济保持连贯运行，其价格体系必须在完全补偿成本的基础上，还必须包含利润，这样才能保持资金链的连续性。要做到这点，就有必要让现在持有资本资产的所有者所获得的收入来证明其过去的投资获得了收益。因为只有过去的投资被证明是有效的，才能期望用未来证明现在的投资和融资决策是有效的，否则就很少有人再去投资了。在经济处于稳定向上时期，发挥作用的市场力量会激励每个人都变得更加乐观，更加愿意追求风险，更加愿意加大杠杆，致使社会信用膨胀，这样周而复始地循环，其结果是资本资产价格只能不断地被抬高，产生价格泡沫，最终游戏玩不下去，资产市场泡沫破裂，金融风险爆发。因此，明斯基认为，稳定最终是不稳定的，为投资而进行的融资必然成为金融不稳定的来源。

明斯基的理论隐含了经济景气周期阶段是资产价格泡沫形成的重要环境条件。充足的流动性及人们强烈的投资欲望，只有在经济周期的上升阶段才会出现。在经济上升阶段，普遍存在投资收益不断增加的现象，投资者普遍会产生风险偏好，自然会加大投资力度。对金融机构贷款等外源性融资的需求必然加大。由于存在信息不对称情况下的逆向选择问题，金融机构往往会将更多贷款投向可以接受更高利率的投资人，从而出现了融资市场上类似“劣币驱逐良币”的现象，即高风险投资人逐渐挤占低风险投资人的融资机会，于是“庞氏融资”越来越多，比重越来越高，使金融机构所面临的风险也越来越大，资产价格也将被不断推高，形成价格泡沫，一旦市场逆转或宏观调控力度加大，资产价格将会快速下跌，泡沫破灭，金融机构不良资产急剧增加，金融危机难以避免。

明斯基认为，稳定是不稳定的起点，因为稳定状态容易导致资产价格泡沫和信用泛滥。当资产市场和金融市场处于稳定状态时，市场机制会通过利益导向促进人们追逐更高收益机会的投资，这时候的资产市场更容易给投资人带来相对更高的收益，因此容易吸收更多资金，也容易出现价格泡沫，进而使得风险偏好提高，债务杠杆率也将随之提高，促使市场偏离均衡，带来资产市场和金融市场同时面临风险增大的威胁。因此，明斯基建议，一是反对完全自由的市场经济，因为市场机制会引导市场进入无序调整，带来的危机和危害是经济系统难以承受的。二是需要政府适当干预以解决市场失灵，但是反对凯恩斯主义的需求刺激政策和过度福利政策。认为反周期的调控不可能使经济稳定，依靠扩大投资拉动经济增长容易引发通货膨胀和加大经济波动，过分强调福利会在总产出并未增加的情况下增加总需求，导致通货膨胀率的提高。三是反对为了维持稳定而出台微调政策。因为微调所取得的稳定状态是暂时的，这种在危机尚未发生就被成功解除的政策，客观上纵容了投资冒险行为的“有效性”，这将为此后可能引发更多激进的投机活动，以及更自由的金融信贷活动埋下伏笔，为更加剧烈的金融危机种下祸根，因为泡沫总有破灭的一天。为此，明斯基的政策主张是，应该鼓励增加最终消费、增加就业、鼓励股权投资、发展中小银行、依靠制度和监管来制约高风险的融资行为以抑制不稳定倾向，等等。

在明斯基所阐述的周期性金融危机过程中，泡沫的产生是由于实体经济部门的盈利能力在经济繁荣的过程中增长有限，而信贷资产的扩张则受到很少的约束，因此，随着预期的不断改善，信贷资金将会越来越多地流入到投机性活动中，而不是满足实体经济投资的需要。Tobin（1965）的观点与明斯基的观点有相似之处，Tobin 提出一种负乘数效应：任何资金都可以用于实物资产的投资，也可以用于金融资产的投资，一旦金融资产的收益高于投资于实物资产的收益，那么投资于生产性活动的资金就会越来越少。

金融不稳定假说为我们描绘了市场经济国家常见的场景，即经济景气上升—需求扩大—商品和资产价格上涨—赚钱效应出现—扩大投资—需要融资—债务增加—资产市场投资—取得投资收益—银行鼓励企业和个人借款—投资者增加投资，同时增加融资—再投资于以房地产和股票为主的资产市场—短期高额收益吸引更多银行增加信贷投放—投资者以资产（可能是以贷款购买的）做抵押再次融资—推高资产价格形成泡沫甚至膨胀—过高的价格缺乏接盘者—市场开始滞胀—银行面临信用风险，理性收紧信贷—缺少融资支持的资产价格不可持续，开始下跌——进入螺旋式下跌旋涡，直至市场崩溃，爆发金融危机。美国次贷危机、日本地产泡沫引发的金融危机，都是在这样一种机制下发生的，因此，明斯基金融不稳定假说对现实问题具有很强的解释力。

明斯基金融不稳定理论经历了从 20 世纪 50 年代到 80 年代的不断充实与完善，在此期间，世界经济也经历了从稳定到不稳定甚至出现金融危机的变化过程。第二次世界大战以来，凯恩斯主义登上历史舞台的中心，成为各国政府普遍推崇的政策主张，为包括美国在内的传统自由市场经济国家实施政府干预提供了充分的理论依据。凯恩斯需求管理的政策主张在各国政府眼里成了财政赤字和宽松货币政策的代名词。于是，资本主义世界政府干预经济的手段普遍被采用，经济在度过前二十年左右的快速而稳定的增长后，于20世纪60年代开始，经济系统的波动性越来越显著，尤其是美国遇到20世纪70年代的严重经济滞胀，以及20世纪80年代初期遭遇金融危机的威胁。明斯基研究发现，为扩大投资而产生的融资活动是经济系统不稳定的根源，这一点与凯恩斯的观点是一致的。但是明斯基明确反对凯恩斯主义关于对总需求进行反周期的宏观调控、增加投资、增加福利的政策主张。

金融不稳定假说在当今时代具有较高的理论价值和现实影响。美国次贷危机的爆发，向主流经济学观点提出了巨大的挑战，而明斯基的“金融不稳定假说”因其对本次金融危机所作出的极富解释力的分析，促使人们又不得不重新审视明斯基的金融不稳定理论。美国次贷危机的发展进程，更像是对金融不稳定假说的一次实战演习。在危机的萌芽状态，次级借款人即低收入群体，在政策性住房金融机构的担保帮助下的贷款购房行为还是比较谨慎的，而且其为购房所做的融资并非零首付，属于低杠杆的，应该归为抵补性融资。其后，在金融机构宽松的鼓励下，低收入者开始接受零首付的贷款购房政策，融资行为变为了投机性融资。再后来，房地产市场的持续火热使包括金融机构在内的几乎所有人都产生过度乐观情绪，债务融资也变得越来越大胆，甚至有的以贷款买来的已经升值的住房再次抵押进行融资，就变为庞氏融资行为了，不断推高房价泡沫，风险已经难以避免，最后以强制性调整即金融危机的方式了结。明斯基的理论得到了越来越多的认可，以至于人们常常将基于资产泡沫破灭引致的金融危机称为“明斯基时刻”①。

金融不稳定假说存在一定的局限性。如理论没有具体分析导致金融支持不断扩大、债务不断向高风险融资者转移的原因及条件，没有分析资产价格

① 吴晓灵：《稳定不稳定的经济》中文版序言，清华大学出版社，2010。

泡沫维持下的流动性风险所带来的金融风险情形，也缺乏对微观主体在信息、行为、心理等方面差异性的具体分析，也就是说，缺乏一定的微观基础，因此被称为“假说”。

二、金融不稳定假说对本书的指导作用

中国当前正在进行市场经济改革的深化，以市场机制起到资源配置的决定性作用、更好发挥政府作用作为改革的最终目标。正如明斯基所述，市场经济是不断投资、追求循环收益的机制，而投资不可能仅仅依靠自有资金，必须增加融资，融资的不断增加就会抬高社会债务杠杆，进入双向强化的过程中，从而使不稳定因素上升，金融风险和经济风险增加。市场经济机制本身难以克服内在的波动性。因此，中国房地产金融市场客观上也面临着进入“明斯基时刻”的威胁。学习和借鉴明斯基理论及其政策主张，对中国房地产金融市场防范风险、保持健康发展，具有重要的现实意义。在将地方债务、民间融资、影子银行融资等方面的资金考虑在内，中国房地产业集中了过多的社会资金，形成了过高的债务杠杆，客观上存在巨大的金融风险。明斯基理论对于从整体视角理解中国房地产金融面临的风险，具有极其重要的理论指导意义。

明斯基反对自由市场经济，认为政府适当干预存在合理性，但是反对凯恩斯主义的需求刺激政策和过度福利政策，反对为了维持稳定而出台微调政策。他主张应该鼓励增加最终消费、增加就业、鼓励发展直接融资和股权投资、发展中小银行、加强金融监管，等等。这些主张，对应中国的现实问题，非常具有针对性。回顾 2008 年以来，为了抵御国外金融危机的不利影响和维持经济增长速度，中国政府实施了至少三次经济刺激计划，从财政和货币政策联手应对经济下滑，虽然起到了保持经济增长速度的作用，但是也带来了极大的后遗症。明斯基主张，给我们更好理解包括房地产价格泡沫在内的刺激政策后遗症，提供了有力的理论指导。当前中国面临化解房地产金融风险的政策选择，到底是刺激救市，还是坐等市场机制自发调节，抑或是以适当的方式积极干预，手段不同，其结果必然不同。重要的是，我们的目的或出

发点到底是什么。明斯基的政策主张，给出了有意义的提示。

明斯基的理论观点，对于深刻认识一般意义上的房地产金融风险、认识中国房地产价格泡沫形成的主要原因、认识日本金融危机和美国金融危机的教训、中国房地产金融风险管理的目标模式构建、中国房地产金融风险管理的对策建议等，具有很强的指导意义。可以说，正文的很多重要部分，都受到了明斯基理论或政策主张的影响。如本书在第二章第二节有关房地产周期与经济周期的关系部分、第三节有关房地产金融风险形成机理的部分，均借助了明斯基的理论作指导。明斯基反对凯恩斯式的反周期应对政策，这种理论观点，对本书第三章第三节、第五章关于化解当前中国房地产金融风险的论述，具有指导作用。

第二节　资产泡沫化理论及其对本书的指导作用

一、资产泡沫化理论基本概括

艾伦和盖尔（Allen 和 Gale，2000）在对 Blandchard 和 Watson 模型进行修正后建立的资产泡沫化理论模型，居于有关房地产金融风险理论中的重要地位。

该理论认为，经济活动中存在着两个正反馈过程。在经济增长的向上周期，乐观的预期推动社会投机活动增多，股票和房地产等资产市场表现活跃，金融机构在监管放松情况下将大量资金投向资产市场领域，推动资产价格不断上涨。资产价格的上涨，又使得金融机构表面状况向好，鼓励金融机构进一步加大投资力度，资产价格泡沫形成，这是第一个正反馈过程；第二个正反馈过程是，一旦资产价格泡沫破灭，价格的快速下跌导致所有参与资产市场的金融机构承受信用风险和流动性风险，其资产相对于负债的减值又迫使金融机构减少贷款，收缩信用，同时为应付存款人的取款需求，被迫无奈抛售资产或处置抵押物，导致资产价格进一步下跌，从而使流动性危机演变成清偿性危机，爆发金融危机。

该理论是在第一代金融危机模型——国际收支模型和第二代金融危机模型——银行挤兑模型的基础上逐渐发展形成的[①]。国际收支模型是克鲁格曼（Krugman）于 1979 年提出的，该理论模型主要基于国际收支角度，认为国家扩展性的宏观经济政策与固定汇率之间的冲突，容易被投机活动所利用，从而诱发货币和金融危机，但是该模型对大部分金融危机的案例缺乏解释力。为了增强理论与实践的契合度，奥布斯·特菲尔德（Obsffeld）、戴蒙德（Da－mond）和戴维伯格（Dybvig）等人在克鲁格曼理论模型的基础上，提出了银行挤兑模型。该理论认为，投资者恐慌性预期可以导致银行挤兑危机，

---

① 陶海波、楚东坡：《房地产价格泡沫与金融危机关系的理论分析与现实考察》，载《贵州财经学院学报》，2010（2）。

银行的挤兑危机又会引发金融危机，因此，即便没有扩张性的财政政策和货币政策，固定汇率制度也可能崩溃。因此，建立存款保险制度，明确央行作为最后贷款人的职责，是防范金融危机的重要途径。

尽管大部分货币危机可以被第一、二代金融危机模型来解释，但面对日本房地产泡沫破灭危机和亚洲金融危机等类型的金融危机，此两代理论模型均显示出局限性。近年来发生在各国的金融危机，基本上都有相同的背景和情形，即国内实行金融自由化、外资过度流入、货币政策宽松、银行信用过度扩张、股票及不动产等资产领域投机猖獗以至于形成泡沫化、金融监管过于放松等。其中重要的一个因素是，国家为银行提供显性和隐性担保会纵容银行的投机冒险行为，诱发道德风险，从而导致资产泡沫。资产泡沫膨胀到难以为继时，资产价格下跌难以避免，给银行带来大量坏账，从而引发金融危机。在此背景下，逐渐形成了被称为第三代金融危机模型的资产泡沫化理论模型。

不同的是，前两代理论主要关注的是汇率机制、货币政策、财政政策等宏观经济政策领域，缺乏微观基础，因此存在较大的局限性。而第三代理论模型将分析的重点转移到了不对称信息条件下金融中介、资产价格等微观经济活动主体上。在资本充足率低、缺乏审慎监管的情况下，银行普遍存在信用扩张的冲动和行为，诱发投资者过度投机、过度负债、风险偏好提高、房地产及股票价格过度泡沫化现象，资产泡沫难以为继情况下的破灭与银行危机形成相互促进效应，容易将金融危机推向深入。

从已经发生的房地产金融风险和金融危机来看，无一例外都是房地产价格泡沫膨胀到了难以为继的程度后破灭引发的。当前一个基本的共识是金融机构提供了过多的流动性，但是对于房地产等资产泡沫形成的具体原因，则有两种主要不同的解释。一种是基于信息不对称所产生的泡沫与金融风险，以艾伦和盖尔（Allen 和 Gale，2000）为代表，他们认为，在资产市场（主要是房地产和股票市场）上，大多数投资者都需要借助外源性融资，即主要从金融机构借款。由于普遍存在的信息不对称问题，金融机构比较难以发现投资存在的风险，就会出现逆向选择和道德风险问题，即金融市场上风险最高的借款人表现得最积极，承受的利率也最高。银行一般往往会将更多贷款投放给风险高的借款人，或者倾向于减少贷款，从而出现“融资约束”。但是，银行对于具有充足抵押物的借款人则会倾向于增加信贷支持。在经济处于上升周期，不动产就是最好的抵押物，因此在不断上涨的资产市场尤其是房地产市场进行投资的行为就相对容易获得贷款。对于借款人来说，贷款的取得会产生风险转移问题和激励不相容问题，即如果投资者敢于冒险，其获得的收益要远远高于金融机构的受益，而一旦投资失败，投资者可能的损失则远远低于金融机构的损失，从而激励投资者从事风险投资，推动资产价格不断上涨，出现价格泡沫，最后泡沫破灭引发危机。艾伦和盖尔（Allen 和 Gale，2000）认为，如果在银行等金融机构需要流动性时，能够在金融市场购买到充足的流动性，那么就可以避免被动抛售行为，缓解资产下跌的程度，有利于稳定资产市场，从而使金融危机的威胁降低甚至消除。另一种观点认为是存款保险制度导致了泡沫的形成。以克鲁格曼（1998）为代表，他们认为，由于银行存款有政府或保险机构做后盾，银行的经营行为往往不受市场规律的约束，风险意识不高，存在向市场投资投机行为给予信贷支持的冲动，于是容易导致资产价格泡沫。这种解释显然比较臆断，实证研究证明，发端于美国的 1929 年大危机，当时并不存在政府对银行的担保。因此，普遍认为，以艾伦和盖尔（Allen 和 Gale，2000）等人为代表所提出的信息不对称及激励不相容观点，对现实情况更具有解释力。

将资产泡沫化引发的金融危机局限在资产价格大幅下跌所致，体现出资产泡沫化理论模型也存在一定的局限性。客观现实具有相当的复杂性，不可能仅仅只有资产泡沫破灭这一种情形。一种可能的情况是，如果资产市场长时间处于僵持状态，即成交量下降但是价格不降或微降，也容易形成金融机构难以承受的流动性风险，以致催生以流动性风险为主要特征的金融危机。还有一个反例是，香港在遭受 1998 年亚洲金融危机时，其房价最高下跌达 70%，但是住房贷款并没有出现大范围的信用违约风险，金融体系得以保持安全。另外，该理论对资产供给因素和信息充分对称因素缺乏考虑。理论上，当一种资产如房地产的价格过分上涨时，市场机制必然会引导供给方及时加大供给，同时政府可以及时公布有关土地增加供应、房地产市场大幅度增加供给的信息，引导社会预期，有可能为市场降温，达到防范金融风险或危机的目的。因此，金融危机并非必然。

尽管存在着局限性，但是并不妨碍资产泡沫化理论模型成为目前认可度较高的房地产金融风险领域的主要理论。

为了进一步完善房地产金融风险理论，使得房地产金融领域出现的新情况、新特点能够得到更加合理的解释，需要理论研究者在前人研究成果的基础上，对客观现实进行更加细致的实践研究，同时再进一步进行深入的理论研究，由此得出更加科学的结论，以更好地指导实践活动。

二、资产泡沫化理论对本书的指导作用

资产泡沫化理论对于房地产金融风险的一般现象具有较强的解释力，这也是本书将其作为指导理论的主要原因之一。该理论描述的资产泡沫隐含了三个重要前提。一是资产泡沫的形成都是在经济周期的上升阶段。从目前爆发的房地产市场泡沫来观察，确实都是与经济周期的繁荣阶段相伴随的。大量实证研究显示，房地产市场也具有明显的“顺周期”特征，经济周期对房地产周期的形成有着直接的影响，两者存在高度相关的关系。该观点在本书的第二章，对于指导本书进一步研究房地产市场周期与经济周期的相互关系、房地产市场周期对房地产价格泡沫的形成所起的作用，具有重要的指导意义。二是金融监管的放松。无论是日本地产泡沫的形成，还是美国房地产市场的非理性繁荣，都是在金融监管松懈的情况下形成的。商业银行等金融机构存在追求高额利润的内在要求，加上房地产市场的持续繁荣，很容易诱导金融机构过度投资于房地产市场，催生房价泡沫。理论对现实具有较强的解释力。在本书的第四章解释日本、美国房地产市场泡沫的原因中，就运用了该观点进行解释。三是金融机构自身存在过多投资房地产市场的意愿。房地产具有的居住属性、投资属性、价值稳定性、不可移动性等特点，使其天然成为贷款的最佳抵押物，在所有的可抵押物中，金融机构最愿意发放以房地产为抵押物的贷款，这是其一。其二，个人住房贷款又具有业务办理的批发性、风

险的自然分散性等优势，常常成为商业银行竞争的领域。因此，金融机构都存在向房地产市场投放贷款的主观意愿。众多金融机构的信贷支持行为，往往会导致金融支持过度，推动房地产价格泡沫生成。对于本书的第二章如何更准确解释房地产价格泡沫生成和房地产金融风险的形成机理，具有非常重要的指导作用。另外，该理论的第二个反馈过程，论述了泡沫破灭导致金融风险的机理，显示金融风险存在流动性自我收缩、资产价格下跌存在自我强化的效应。这对本书第二章第三节的房地产金融风险形成机理起到了指导作用。

但是，正如前文所述，资产泡沫化理论对于中国当前房地产金融面临的风险特点及其表现形式，就显得缺乏解释力了。当前，中国房地产金融风险特点是，即便不发生房价泡沫破灭即大幅下跌，只要成交量持续低迷，购房者继续持币观望，就可能导致大范围的金融风险爆发。另外，按照资产泡沫化理论模型，金融风险应该首先在房价泡沫最严重的城市爆发，但是中国的现实是，风险已经在三四线城市爆发，即频频发生的民间融资危机。

第三节　“混合经济”理论和“转轨时期的社会主义双重经济体制理论”及其对本书的指导作用

一、“混合经济”理论和“转轨时期的社会主义双重经济体制理论”基本概括

（一）“混合经济”理论基本概括

“混合经济”概念首先由汉森提出，该理论后经萨缪尔森进一步发展完善。该理论认为，无论是不受管制的资本主义制度还是过度管制的中央计划体制，二者都不能有效组织起一个真正现代化的社会，这一点已经为经济史所证实。前者不可避免地会滋生收入和财富的极大不公平分配，而后者则会酿成经济停滞、供给短缺及消费者种种不幸后果。只有“有限的折中”，即实行“混合经济”，才有可能使经济达到理想的彼岸。理想的混合经济模式应该是由市场机制在资源配置中起到基础性决定性作用，政府在调节公平分配、维持市场秩序、监督市场运行方面起到重要作用。

美国著名的凯恩斯主义经济学家汉森早在 1941 年，就对“混合经济”概念进行了系统阐述，认为大多数资本主义国家的经济已经不再是单纯的自由市场经济了，逐渐变为了私人经济和国有经济并存的“公私混合经济”或者“双重经济”。后来，萨缪尔森在《经济学》和《谈效率、公平与混合经济》中进一步发展了“混合经济”。“混合经济”的特点就是以市场经济为主导，通过价格机制来解决生产什么和生产多少、如何生产和为谁生产的基本问题。而在市场机制出现错误时，则通过政府干预以提高资源利用的效率、增进社会平等和维持经济稳定和增长。政府应该发挥积极作用，在经济波动加剧时，通过财政政策和货币政策的转变来调节和干预宏观经济，以熨平经济波动，保持经济的均衡增长。总之，“混合经济”的实质就是以私人经济为基础、存在国家干预的市场经济。

凯恩斯主义为资本主义国家实行国家干预经济提供了理论依据，尽管凯恩斯学说在一定意义上与“混合经济”相近，但由于其实质是强调国家对宏观经济的干预调控，强调国家干预经济的主动性及合理性，因此与强调自由市场经济为主导、国家进行有限调控的混合经济模式，还是存在较大的差异。

混合经济是在国家垄断的基础上形成的。私人垄断和国家垄断的普遍存在，使资本主义国家的市场机制受到破坏，需要国家适当干预，以维持市场调节作用的正常发挥。萨缪尔森认为，世界各国的经济模式，存在着两个极端和其间的许多中间模式。纯粹自由的市场经济是一个极端，强调最小的政府职能。另一个极端来自高度集权的计划经济模式，个人主义是不存在的。中间还存在混合的资本主义、有管理的市场经济、社会主义及若干其他模式[①]。研究表明，两个极端都是行不通的，以市场经济为基础，混合了政府有限度干预的模式，证明是有助于提高效率、可以兼顾公平的行之有效模式。“混合经济”理论实质，并不是要求政府与市场共同发挥主导作用，也不是承认政府取代市场机制的合理性，而是在资本主义国家普遍采取过度自由的市场经济的背景下，为了避免市场“看不见的手”引导经济走向无序竞争，要求适当增加政府对市场的干预职能。其实质是市场与政府需要确定合理的边界，政府的作用应该注重于市场失灵的领域，应该帮助市场机制更好发挥作用，市场应该在政府的辅助下克服失灵问题，更好发挥资源配置的作用，引导经济走向帕累托最优状态。

苏联式社会主义计划经济之所以失败，斯蒂格利茨（2000）[②] 认为，至少存在两方面的原因，一是缺乏一系列必要的经济制度，如对管理者和劳动者激励的缺乏，对创新和经营指标激励的缺乏，竞争的严重缺乏，存在预算软约束，导致全社会普遍存在“干好干坏一个样”的心态，人们的经济行为是被迫所致而非主动所为，从而使经济缺乏增长的动力，缺乏创新的支撑。二是以高度集权的中央计划手段取代了市场机制，而计划的决策者显然无法掌握有效配置资源所需的全部信息，管理者也无法控制和管理企业按照其所

① 斯蒂格利茨：《经济学》，856～890 页，中国人民大学出版社，2000。

② 斯蒂格利茨：《经济学》，856～890 页，中国人民大学出版社，2000。

希望的方向发展。

同样，自由市场经济制度的国家也经历了种种失败，普遍存在垄断经营、市场失灵、贫富分化加剧、经济波动频繁发生等现象，尤其是1929年资本主义世界范围的大危机，重创了美国和资本主义国家的经济系统，使整个资本主义世界陷入衰退的泥潭，美国几百万人失业，大量工厂倒闭，大量金融机构破产，直到第二次世界大战爆发之时其经济发展都没有完全恢复到危机之前的水平。这也促使经济学家重新反思自由市场体制的利弊。

混合经济模式主要在于调控宏观，放开微观。第二次世界大战以后，基本上所有的资本主义国家都实行了混合经济模式，国家在经济领域的影响力越来越大，对经济生活的干预早已经不限于对经济波动的调节，政府干预逐渐成为日常工具，也常常成为政府实现政策目标的重要手段。实践证明，混合经济模式在维持一国宏观经济稳定方面发挥了重要作用，但是由于干预活动的日益频繁和常规化，所带来的后遗症越来越严重。如美国20世纪70年代出现的滞胀现象，就是国家扩展性的刺激政策所导致。次贷危机的形成，既与国家长期实行低利率政策有关，也与国家鼓励商业银行增加低收入者住房贷款、要求“两房”加大低收入者贷款担保力度有相当大的关系，也可以说，国家干预是这场危机的始作俑者。

混合经济模式在微观经济领域得到了积极的运用。发达国家混合经济模式在微观领域的实践，早已超越了混合经济模式本身的范围。一方面，政府对宏观经济的调节职能扩大到了对微观经济主体的直接干预上，如在次贷危机期间，美国以财政部注资的方式直接收购了包括花旗银行、房利美、房地美（简称“两房”）在内的许多问题金融机构的股权，丰富了政府解决危机的思路，有效控制了风险的进一步蔓延和扩大。另一方面，私人公司也将经营的触角伸向了政府公共领域，提供了许多公共产品，如德国、美国存在政府给私人公司提供资助，由私人公司建设公共住房的普遍现象，再如“两房”作为私人企业，就承担了政策性住房金融的职能，接受了政府给予的信用背书，在次贷危机中既起到了推动危机的作用，也在危机后商业银行由于“顺周期”不愿发放贷款时，发挥了作为政策性住房金融稳定住房贷款的作用。

可以发现，在微观经济领域，政府与私人经济的融合越来越具有创造力，利弊均存在，总体而言，利大于弊。

（二）“转轨时期的社会主义双重经济体制理论”基本概括

李连仲教授在1989年出版的《转轨时期的社会主义双重经济体制及发展趋势》① 中认为，转轨时期由于双重体制并存导致了两种相互对立的政策并存，不能形成完善的市场体系，生产要素不能自由流动，价格并非完全由市场机制所决定，不少生产要素由政府垄断，其价格主要由政府机构决定。各种生产要素之间并非孤立的，而是存在关联性。一部分要素价格由政府决定，另一部分要素价格由市场机制决定，在此情况下，不论是政府定价还是市场价格，都不会也不可能合理，作为计划经济后遗症的价格扭曲问题并没有得到解决。由于价格不合理导致竞争条件不平等，竞争条件不平等又削弱了市场机制作用的发挥，这就相当于两种矛盾的交通规则同时发出信号，时刻存在撞车的风险。

对于如何认识双重体制运行的规律，如何实施旧体制向新体制的转轨，如何确保新旧体制平稳过渡，李连仲教授提出：第一，双重体制运行存在明显的时空性，在空间上存在企业层次、市场层次、宏观调控层次和所有制层次等四个层次，在时间上必然经历三个阶段，即新体制启动、旧体制势强；新体制深化、旧体制势平；新体制形成、旧体制势衰。时空关系同步有序，彼此互为衔接协调，只有满足四个层次空间上的并存性与三个阶段时间上的继起性，才能确保双重体制转换的顺利实施。第二，双重体制转轨运行必须保持协同性。整个体制转轨如同一个整体战略，从长远角度看，必然存在个别层次和环节的超前改革，如果它有利于总体战略的实施，就有必要加快其他相关环节的进度以与之相适应；如果这种超前性不利于整体战略，则必须将其退回，个别超前必须服从于整体同步。第三，双重体制转轨应该设计阶段性目标，目标的设计应该考虑到各种经济主体的利益及逻辑关系，选择最优方案。第四，双重体制转轨应该坚持渐进性，一个阶段又一个阶段推进，

---

① 李连仲：《转轨时期的社会主义双重经济体制理论》，中国卓越出版公司，1989。

循序渐进，最终实现改革的总体目标。

“转轨时期的社会主义双重经济体制理论”的形成，具有坚实的客观基础。新中国成立以后，我们效仿苏联的经济管理模式，实行了高度集权的中央计划经济体制。在百废待兴之际，为了解决五亿人口的温饱问题，为了快速发展经济，为了尽快在面临资本主义国家围堵的恶劣条件下站稳脚跟，需要大力发展自己的民族工业，也需要大力发展自己的军事工业，计划经济手段因其可以高度集中统一调配各种资源，可以将有限的资源进行战略配置，配置在急需的地方，而不是最有经济价值的地方，因此计划经济体制存在历史的必然性与合理性，也取得了相当大的成就。但是，随着经济发展和社会进步，原有的计划经济体制暴露出越来越不适应甚至阻碍国民经济发展的弊端，一是计划经济管理手段的滞后性与人们生活水平提高后的消费多样性要求表现出越来越明显的不适应性；二是面对各种微观主体客观上的经济激励需求，计划经济手段表现得无能为力，导致包括管理者、经营者、普通工人在内的各类经济主体缺乏积极工作的动力和压力，从而使得经济增长缺乏增长的后劲；三是若要有效发挥计划经济手段的作用，在理论上需要穷尽各种信息，在技术上需要建立科学模型，在依据上需要确定精准的经济参数，才能计算出如何调配资源，使其达到帕累托最优。但是现实中根本做不到这一点，导致资源配置的低效率，甚至重复建设形成巨大浪费。按照马克思理论，生产关系必须与生产力相适应，才能促进生产力发展，否则就会阻碍生产力的发展。因此，计划经济体制越来越不适应经济发展的要求了，并且表现出越来越明显的阻碍作用。经济体制改革的必要性与紧迫性已展露无遗。

在改革开放总设计师邓小平同志指挥下，我国从 20 世纪 80 年代开始，就拉开经济体制改革的序幕。改革的导向经历了从建立社会主义商品经济体制到社会主义市场经济体制的逐渐演进过程。1992 年党的十四大报告中明确提出“我国经济体制改革的目标是建立社会主义市场经济体制”，从此，市场经济改革的取向得以确定。

李连仲教授在改革的大背景下，前瞻性地提出“转轨时期的社会主义双重经济体制理论”，理论系统地论述了在转轨时期中国双重经济体制所导致的种种弊端，阐述了经济转型必然会经历的三个阶段，以及改革应该坚持的制度协同性原则，都对经济体制改革的现实发挥了积极的指导作用。

对于如何推进新旧体制转轨，李连仲教授提出，经济转轨有以下客观要求，一是宏观调控方式由直接调控转变为间接调控必然要求经济参数实现规范化。只有规范化的经济参数才能准确反映市场供求关系和平等竞争原则。国家可以通过调节经济参数来改变经济领域的利益关系，以此引导企业投资和产出发生转变，促使企业目标与社会目标趋同，使资源配置达到符合社会偏好的最优状态。否则，就会重新出现资源配置扭曲的情况。二是经济参数规范化要求市场体系完善化。间接调控手段不再直接作用于微观经济主体，而是通过经济参数首先作用于市场，再由市场传导到经济主体。所以没有完善的市场，就没有合理的参数体系。一个完整的市场体系是经济参数规范化的前提性条件，经济参数规范化必须和市场体系完善化同步实现。三是市场体系完善化要求经济主体行为市场化。经济主体行为市场化的标志，就是企业等经济主体在实现短期利润最大化时注重长期利益。如果企业行为非市场化，没有追求利润的要求，那么利益约束对该企业就不起作用，市场价格调节也就失灵，生产要素不能流动，市场体系自然无法形成。所以企业竞争和生产要素在价格指挥下进行流动，是形成各种类型市场的前提，经济主体行为市场化则是市场体系完善化的重要保证。四是经济主体行为市场化要求所有权多元化。企业行为市场化，一方面要求有一个公平竞争的市场环境，另一方面要求企业内部的产权明晰，重新构造适合商品经济发展的所有制微观基础，这是保证企业行为合理化的重要条件。五是所有权多元化又要求宏观调控间接化。由于所有制改革目标是国家退出竞争性领域，迫使国家只能运用经济参数来调节利益关系变化，通过市场环节翻译成价格语言，调节经济主体的运行活动。企业成为真正的市场主体后，对利益关系调整变得很敏感，对市场价格信号反应很灵敏，这就为宏观间接控制提供了现实的可能性，因此，所有权多元化推动了宏观直接控制向间接控制方向的转化。

综上所述，五个环节之间是一个不断深化的循环过程。从五个环节横向联系和纵向关系的分析中可以看出，五个环节是从空间和时间两个角度来推动经济体制转轨的。通过横向关系看，这五个环节在空间上具有并存性，每一个环节都与其他环节发生密切的横向联系，彼此相互依存并相互制约。通过纵向关系看这五个环节在时间上具有继起性，每一环节转轨都带动下一环节随之转换，这是一种纵向不断深化循环的链条关系，缺少任何一个环节，那么经济体制运转就失去整体性。理论上，单项改革成果容易被传统体制同化，它难以同顽固性极强的旧体制相抗衡。只有把所有链条统一在一起，才能形成合力，新体制才会有生命力，才能完成对旧体制的取代。在中国市场经济尚不发达的现状下，只有通过五个环节同步转轨才能完成新旧体制转换的历史任务。所以，中国双重体制运行模式应选择同步主导型，以此来推动体制转轨，协调双重体制运行，向市场经济目标体制推进，这是比较适合中国国情的思路。

关于“混合经济”与社会主义国家在经济体制转轨过程中双重体制的异同，李连仲教授也进行了深入的研究。认为，二者在形式上具有很多相同点，即国有经济成分与私人经济成分并存，国家调控与市场调节并存，垄断和竞争并存。但是，二者在内容上具有极大的差异性。混合经济是以私人经济成分为主体，以市场调节为主导，以垄断性竞争为主要特征。而双重经济体制则是以公有制经济成分为主体，以国家和政府调控为主导，以行政性垄断为主要特征。最根本的，双重经济体制是一种过渡性的产物，社会主义市场经济体制一旦建立，双重体制必然消失。而混合经济是个别无序的私人经济与社会化大生产之间矛盾调和的产物，是市场经济发展的必然结果和趋势。

二、“混合经济”理论和“转轨时期的社会主义双重经济体制理论”对本书的指导作用

“混合经济”理论是对众多发达国家成功经验的抽象总结，是在发现依靠凯恩斯主义国家宏观干预政策普遍出现诸多负面作用的条件下，提出现代经济必须坚持以市场价格机制自由调节为主的政策导向。理论具有普遍的指导意义，它带给人们的重要启发是，国家要想形成宏观经济稳定增长的同时增加微观经济的活力，就必须牢牢坚持市场机制这个核心。“转轨时期的社会主

义双重经济体制理论”与“混合经济”理论并非相互排斥的关系，而是存在高度的相关性及互补性，是对中国在现实国情条件下如何借鉴“混合经济”模式所做的超前理论探索，其所提出的许多理论观点，如两种体制并存所导致的“撞车论”、经济体制改革实施需要经历的时空上“四个层次三个阶段论”、改革必须坚持“协同性”、目标体制推进需要坚持“渐进性”等观点，深刻揭示了中国在转轨时期双重经济体制运行的特点和规律性。总之，两种理论的结合，对于正在进行全面市场经济改革的中国而言，具有极其重要的现实意义，尤其在房地产金融市场领域，给我们的改革取向提供了必要的理论依据。

第一，中国现行房地产市场管理制度，并不符合市场经济规律的要求。市场经济规律要求生产要素必须自由流动，各类经济参数市场化形成，市场主体行为必须实现市场化，国家调控必须实现经济化及间接化。但是，我国现行的房地产市场管理存在诸多有违市场经济规律的地方。各类经济参数如利率、汇率、土地价格等并非市场化形成，难以真实反映资源要素的稀缺程度。市场并不完善，房产市场已经实现了完全的市场化，但是土地市场处于垄断状态，价格机制和市场供求关系对土地资源起不到自动调节的作用。市场主体行为并没有完全市场化，房地产市场存在大量国有经济成分，普遍存在预算软约束现象，近年来土地招拍挂市场频频出现地价高于房价的“面粉贵过面包”怪象，就是缺乏预算约束的结果。重要的是，土地要素的垄断主体——地方政府成为市场竞争者，同时又作为市场裁判员，对所有市场主体都造成利益的侵蚀。该理论对本书第三章第三节具体分析房地产价格泡沫的推动因素部分，具有重要指导作用。要实现房地产市场健康发展的长效机制，就必须首先打破土地垄断，使房产市场与土地市场能够处于同一种“交通规则”的指挥下，避免撞车，形成有序的市场竞争格局。当然，政府应该辅助市场发挥作用，着力消除市场失灵，弥补市场缺陷。形成政府与市场有机结合、以市场机制为主导发挥作用的局面。

第二，“混合经济”理论对于指导新的住房保障体系具有重要指导意义。现阶段我国住房保障的主要做法是政府投入财政资金、组建政府开发公司进

行保障性住房的建设、分配与运营管理，普遍存在资金短缺、效率较低、腐败寻租现象严重、分配不公现象频出、保障效果不佳等问题。一方面，混合经济模式指导我们更好理解美国、德国在公共住房建设与分配、运营管理，以及市场化解决住房保障的做法的合理性。另一方面，也对借鉴混合经济模式进行我国住房保障模式的重建，具有非常及时的指导作用。因此，在住房保障领域也完全可以推行。

第三，“转轨时期的社会主义双重经济体制理论”要求，转型目标的推进必须坚持协同性。这一论断对本书的第三章具有重要指导作用。反观我国房地产金融领域的改革，一方面，住房供应被完全推向市场，而土地要素、资金要素却没有同步市场化，尚处于垄断或相对垄断状态，导致了房价泡沫不断膨胀、民间融资体系崩溃等比较严重的后果。民间融资的泛滥，客观上与金融垄断有相当大的关系。一是金融垄断导致金融服务供给不足，逼迫中小开发商只得去民间融资市场高息借贷，背负高额资金成本。二是金融垄断导致民间投资渠道狭窄，逼迫民间资本只得冒险投资于不规范的开发项目。三是金融垄断导致本来可以也应该阳光化的民间融资体系成为金融监管的真空，从而使民间融资体系最终失去控制，滑入危机的深渊。

第四，“混合经济”理论和“转轨时期的社会主义双重经济体制理论”对本书第五章目标模式的设计、第六章政策建议，具有重要的理论指导。中国经济改革的最终目标，是建设中国特色的社会主义市场经济体制，市场机制在资源配置上发挥决定性作用，更好发挥政府作用。“混合经济”模式主张给予了理论上的有力支持。在房地产金融风险管理方面，总目标设计也应该和必须坚持市场化改革为导向，科学划分政府与市场的边界，以法治、诚信作为维持市场秩序的基础，政府发挥弥补市场失灵的作用，以长效机制建设作为房地产金融风险管理的治本之策。具体实施需要在“转轨时期的社会主义双重经济体制理论”的指导下，按照分目标、分阶段、由低到高的渐进式原则，有序整体推进。

第五，“混合经济”理论对于拓宽民间资本投资渠道、分流房地产市场资金压力具有重要指导作用。事实上，全国目前正在公共建设领域大力推行混合所有制经济（即 PPP 模式），以民间资本投资公共领域建设、政府给予资助、政府给予运营方面一定年限的特许经营权为主要模式，其实就是一种混合经济的具体实践。政府向市场购买公共服务，也是混合经济的大胆尝试。逐步打破垄断，在更多领域向民营经济开放，大力发展混合所有制经济，对于加快实施“大众创业、万众创新”战略、提高经济增长的质量和效益，具有重大的实践意义。

第四节　制度变迁理论及其对本书的指导作用

一、制度变迁理论基本概括

新制度经济学是在对新古典经济学批判的基础上继承和修正而产生的，“继承了新古典经济学的理论内核：稳定性偏好、理性选择、相互作用的均衡结构”①。新制度经济学通过引入交易费用理论、产权理论、企业性质理论、制度变迁理论等理论工具，运用传统的成本—收益分析方法对经济制度做出局部均衡分析和比较静态分析，在强调经济绩效的前提下，提出了制度变迁产生的原因和制度变迁的依据。新制度经济学“虽然在一些细节上受到一些批评，但是新制度经济学对于制度绩效静态比较的研究范式却一再地被模仿，并且取得了大量的理论成果”②。

制度包括正式规则与非正式规则两种，正式规则即法律、政策、制度、产权、合同等，非正式规则是指传统文化、习俗等。通常所指的制度变迁是正式规则的变革。

制度变迁理论属于新制度经济学的核心范畴，新制度经济学摒弃了新古典经济理论关于“经济人”的假定和制度环境不变的假定，认为制度决定经济绩效，制度在经济增长和经济发展中具有十分重要甚至决定性的作用。市场机制作为人类创造的最伟大的制度之一，被认为是有效的，如果没有政府的干预，理性人之间的合作和竞争会将交易费用降到最低水平。斯蒂格利茨（2000）也认为，“市场经济的成功取决于一系列花长期才能建立的制度，而不仅仅是抽象的市场概念”③。

制度变迁理论的代表人物是美国诺贝尔经济学家诺斯。诺斯认为，制度变迁就是新制度取代旧制度的过程，是由效率较低的制度向效率较高的制度

① 埃格特森：《新制度经济学》，10～11 页，商务印书馆，1996。

② 荣兆梓：《新制度经济学的理论范式为什么是适用的》，载《经济学家》，2004（2）。

③ 斯蒂格利茨：《经济学》，873 页，中国人民大学出版社，2000。

动态演进的过程，其诱因在于主体期望通过制度变迁获取在现行制度下所无法实现的利润，即潜在利润。如果在现行制度下存在尚未实现的利润，那么表明当前的资源配置并非帕累托最优，存在帕累托改进的可能。通过制度优化来挖掘潜在利润，正是制度变迁的动力所在。制度变迁所产生的影响与参与者的意图有一定的相关性，因此最终结果往往是经济和政治的混合产物。推动主体必定是能够通过制度变迁获得潜在利润的那些个人、社会团体或者政府。一个好的制度能使参与者通过质量和价格而不是通过非生产性手段进行竞争，市场机制就可以更好发挥作用[①]。

洞察世界范围内国家间成功与失败的案例，可以发现，良好的制度与政策是成功的关键。首先，必须有完整和稳定的宏观经济制度，如财政政策与稳定的货币政策，为经济发展创造适宜的环境；其次，必须以取消贸易保护、积极引进外资、鼓励扩大出口的制度促进对外开放，加强与国外的密切往来，有助于引进国外先进技术和经验，帮助落后国家加快赶超步伐，也有助于检验经济制度的有效性；最后，必须进行必要的改革，如土地制度、金融制度、投融资体制、普及教育等一系列制度改革，这些改革的实施，不仅能够促进发展，而且也有利于促进公平[②]。

制度变迁存在路径依赖，路径依赖是一个历史事实。简单地说，路径依赖主要是指过去的制度限定了现在的制度选择，是过去的历史经验施加给现在的选择集的影响。诺斯认为，路径依赖能够解释为什么对经济有阻碍作用的制度也能生存下来。原因是，在原有的制度面临变革时，依靠过去积累的制度而形成的组织，必然会动用一切力量来阻止那些威胁他们生存的变革。每一次的制度变迁，其参与者最终会受到路径依赖的约束——从过去继承而来的信念、制度和人造结构的组合对决策的约束[③]。

制度变迁有两种方式，即诱致性制度变迁与强制性制度变迁。诱致性制度变迁的原因是，当制度的变革或创新出现可能的获利机会时，一些个人或

① 道格拉斯·诺斯：《理解经济变迁过程》，72 页，中国人民大学出版社，2013。
② 斯蒂格利茨：《经济学（第二版）学习指导》，574 页，中国人民大学出版社，2000。
③ 道格拉斯·诺斯：《理解经济变迁过程》，48 ~ 71 页，中国人民大学出版社，2013。

组织就会自发推动制度变迁。通常情况下，这是一种由下而上的制度改革要求。强制性制度变迁是由国家或政府通过行政命令或法律强制推行，是一种自上而下的制度改革。由于制度属于公共品，存在“搭便车”的问题，因此诱致性的制度变迁客观上会出现供应不足，需要强制性制度变迁来补充。国家或政府的强制性制度变迁就成为必要。但是，强制性制度变迁也会产生成本—收益的问题，国家或政府需要通过制度变迁获得远远大于成本的净收益，收益可以是经济利益方面的，也可以是有利于国家的政治利益，如有利于国家治理的社会更加稳定，有利于扩大政府权力，或有利于主要领导人升迁，等等。如果制度变迁会威胁到国家权力的稳固或降低经济利益，那么即便现行制度是无效率的，也会得到维持。

新制度经济学在近年来之所以越来越受到日益广泛的认可，一方面在于发达国家更加频繁的政府干预以及经济活动政治化所带来的诸多问题，如经济滞胀、失业增加、环境污染、社会变革等，用主流经济学无法做出具有说服力的解释。另一方面，众多社会主义国家的经济改革也使制度变迁理论更加受人重视。新制度经济学理论以及其制度变迁理论较好地解释了国家之间存在的诸多差距及其根源。

二、制度变迁理论对本书的指导作用

从 1978 年在安徽首先实施的“家庭联产承包责任制”开始，三十多年来，中国经济所取得的一系列成就，都是改革和开放政策实施的结果。在从一个纯粹的中央计划经济向商品经济、最后向以市场经济为主导的经济体制转变的过程中，中国也不可避免地遇到了所有转型国家都会面临的诸多问题，如怎样向包括政府官员、企业经理人、工人在内的经济主体提供生产的有效激励？在大多数商品和要素价格并没有反映其稀缺性的情况下，如何纠正严重扭曲的价格体系并使其体现稀缺性？如何保持政府提供社会公共服务的积极性与财力？按照怎样的顺序推进改革？为了寻求解决问题的答案，新制度经济学的理论主张，就得到了中国社会上下的共同关注与重视。

在房地产市场及房地产金融市场，自 1998 年住房制度改革以来的 16 年间，制度变迁一直作为主基调，参与了房地产市场变化的全过程。最为重要的制度变迁，当属住房供应和分配领域由政府福利性质提供到市场化提供的变化，以及土地制度改革背景下政府对土地垄断权力的确立。当然，还有房地产税制改革、预售制度的确立、个人住房按揭贷款制度的引进、资产证券化制度的引进等制度变迁。基本上都是属于强制性制度变迁。因此，制度变迁理论对于中国房地产领域的诸多变化，具有很强的适用性。

在中国房地产价格泡沫生成的多种诱因当中，土地垄断制度被广为诟病。地方政府对土地的事实垄断，导致房地产市场上的土地供应不足，以及容易形成供给不足的预期，推动房价节节攀升，最终形成泡沫濒临破灭的风险。中国土地垄断制度形成的背后，存在制度变迁特征下的路径依赖。在计划经济时代，中国中央财政与地方财政的关系是“统收统支”的模式，各级地方政府实际上缺乏财政收入和支出的独立配置权力，因此不存在对于财政收入和税收扩大的冲动，实际上也没有权力独立追逐经济利益。1980 年的财政体制改革，才打破了地方政府“吃大锅饭”的传统格局，财政管理由集权开始走向了分权，地方政府这才逐渐拥有了独立的经济利益。从财政包干制度开始，地方政府逐渐拥有了一定的财政支配权，只要完成了财政上缴的任务，就可以自行支配财政资金。从此之后，地方政府对于预算外收入的开源表现出了前所未有的积极性，以扩大本级财政的实力。同时，中央政府对地方政府官员的绩效考核，事实上采取与当地经济增长挂钩的办法，而经济增长需要依靠雄厚的财力，不论是招商引资，还是改善城市环境，都需要地方政府先行投入巨额资金做基本的配套设施，因此就提高了地方政府追逐财政收入的内在动力。土地垄断制度的设施，客观上为地方政府采取“土地生财”的策略创造了条件。地方政府充分利用直接掌握土地权力的优势，借助土地垄断制度环境，追求自身经济利益和政治利益的最大化。制度变迁理论帮助本书在第三章很好地理解了中国土地垄断制度和房地产管理制度的由来。本书第三章在该理论的指导下，解释了土地制度变迁给地方政府带来了利益的提升，但是却损害了消费者的福利和社会福利，成为房地产价格泡沫的根源。

第五节　市场冻结下的公共干预理论及其对本书的指导作用

一、市场冻结下的公共干预理论基本概括

2014 年诺贝尔经济学奖获得者、法国经济学家让·梯若尔在《克服逆向选择：公共干预如何恢复市场功能》① 一文中指出，市场冻结是最危险的一种市场失灵表现形式，逆向选择是导致市场冻结的共同因素。在此状态下，市场普遍缺乏对资产交易的信心、充斥着风险情绪，以及面临不公正评级带来的打击等，无法获得资产的准确信息，从而收缩投资，持币观望。要恢复市场的正常运行，必须使投资行为取得正的收益。政府干预的最优选择是以适当高于自由市场价的价格收购市场中的最差资产，以此支持持有资产的企业盘活存量，投资新项目，从而吸引投资资金进入市场，激活私人市场投资行为，促进市场的良性循环。政府公共干预必然带来多重成本，以及道德风险，因此干预机制的设计至关重要。该文还认为，上述干预不会对现存社会福利造成损失。

梯若尔理论中的市场冻结状态，是在假设完全市场条件下，由于市场自身调节机制在发挥作用，导致市场处于低谷，经济面临困难的境地。而仅依靠市场自身的力量，不可能在短期恢复市场正常交易行为。为了尽快帮助市场恢复其自身的良性循环，就有必要引入政府干预手段。

梯若尔认为，政府干预计划应该实行自愿参与的机制。政府干预的最优措施是首先收购市场上最差的资产，因为只有让市场主体在参与政府设计的干预计划时会获得超过市场交易的收入的情况下，市场主体才会有参与的积极性。但是政府应该清楚，如果实施资产收购计划，就有可能为自己制造出竞争者，即逆向选择问题会显现，拟接受该计划的市场主体由于预期到接下

① 让·梯若尔：《克服逆向选择：公共干预如何恢复市场功能》，董华然译，载《经济社会体制比较》，2014（6）：1~20 页；原载于《美国经济评论》，2012 年，102 卷，第一册，29~59 页。

来可能出现的市场反弹，一般情况下都会尽量坚持到政府收购价格足够高的情况下，才会参与政府的干预计划。为此，政府应该尽量减少逆向选择问题，合理制定干预收购价格，既要足以促进私人市场投资行为的恢复，也要注意控制政府干预的直接成本。

政府干预除了付出直接收购成本及其可能的损失外，还可能存在道德风险带来的成本和市场扭曲，因此必须对干预机制进行良好的设计。

政府干预的时机选择也非常重要。梯若尔认为，市场冻结是最危险的市场失灵之一，在这种情况下，任何有关经济方面的哪怕是极小的坏消息出现，都会强化市场冻结状态，市场极度缺乏信心和交易行为时，政府出手干预就非常必要。

梯若尔公共干预理论是基于2008年发端于美国的资本主义世界金融危机的解决方案而提出的。金融危机往往是由于关于金融资产价格的负面消息所引发，如这场危机就是由市场投资者对美国资产支持证券公允价值的认同感下降所致。由于逆向选择的存在，可能会导致金融市场资产交易活动大幅下降甚至停止，即出现市场冻结情况。其实，市场冻结状态下金融机构的危机，更多属于流动性危机，许多资产本身还是属于优质资产。金融机构为了应付存款人取款的要求，需要在市场上出售所持有的资产如债券或不动产，以换取流动性。由于信息不对称，市场认为金融机构对自己的资产价值具有完全的信息，而金融机构出售资产的行为会引起市场揣测金融机构可能掌握有关不利于资产价值的坏消息，从而怀疑出售资产的动机。金融机构无奈只得降价出售，此时即便资产质量优质的其他金融机构也会面临资产贬值的困境。于是，整个金融资产市场陷入螺旋式下跌、交易枯竭的局面，单靠市场自身的功能，显然已经无法恢复正常状态。于是，政府监管部门如美联储、财政部、欧洲央行等纷纷出手干预市场，收购资产，为陷入危机的金融机构注入流动性，以帮助市场摆脱自我收缩困局。但是，这种干预也有副作用，一方面将使公共财政面临损失风险，另一方面也会带来逆向选择，即拥有最差资产的金融机构最有动力参与。为此，梯若尔给出的最优解决方案是，政府收购最差资产，消除市场上信息不对称引起的疑虑；为中等资产的金融机构注入流动性，但把资产保留在他们的资产负债表中，待市场恢复正常后，有利于这些金融机构的正常经营。这时市场便只剩下最优资产了，市场的正常交易功能得以恢复。

二、市场冻结下的公共干预理论对本书的指导作用

中国当前房地产市场也出现了缩量下跌为表现形式的调整，许多城市尤其是三四线城市还频频发生民间融资不能按期偿付的危机，造成严重的金融和社会不稳定。大的金融风险也随时面临爆发的威胁。但是，中国房地产市场的问题与梯若尔理论背景下的市场冻结并不完全一致，一是由于市场性质不同，梯若尔理论中的市场属于完全的市场经济，而中国当前处于转轨期间，房地产市场并非完全的市场。二是所处的市场阶段不同，梯若尔理论中的市场冻结是市场已经运行于底部区域，而中国当前房地产市场尚未进入冻结状态，或者说市场还没有探明底部。因此，房地产市场状况与梯若尔市场冻结并不完全相同，不能完全照搬梯若尔公共干预理论中政府以高于市场价的价格收购市场最差资产的做法。梯若尔理论基于市场下跌过度仅凭自身机制难以恢复正常状态，这时候的公共干预就应该以高于市场价格收购不良资产，才能引导市场恢复正常交易。尽管中国房地产市场现实问题并不完全符合梯若尔公共干预理论的条件，即市场没有完全冻结，但是政府干预的原理是一致的，因此，梯若尔理论对于解决当前中国房地产市场风险，具有极强的适用性。但是政府干预的具体手段应该有所区别。

中国当前的房地产市场处于持续的调整状态，呈现出成交量下降、价格下跌的困境。经历了长达十几年的房价持续上涨，乃至形成了今天严重泡沫状态，以致走向了下行的调整态势。尽管房价的过快上涨形成了价格过高的局面，客观上需要经过一个价格下跌、回归理性的过程。但是，如果任凭市场自身机制进行调整，一是容易导致调整过度、下跌过度，二是调整时间过长，短期无法达到调整的均衡状态。在这种情况下，由于房地产与金融已经达到了非常高的融合程度，尤其是民间融资规模巨大，已经在多个城市爆发了民间融资不能按时偿还的危机，严重威胁着经济和社会的安全。因此，客

观上需要借助政府“有形之手”帮助市场尽快调整到位，以利于市场尽快恢复正常交易行为。虽然中国目前尚未实现完全的市场化，但是，梯若尔理论也给了我们非常现实的指导意义。该理论为本书第六章提出的化解当前中国房地产金融风险的思路，提供了有力的理论依据。

本章小结

上述五个方面的六个理论，是本书写作的理论基础，都对本书的相关章节，发挥了不可替代的作用。

本书对中国房地产金融风险管理的研究，需要在理论层面上研究房地产价格泡沫形成的一般原因和条件；以及在房地产价格泡沫形成的情况下，研究房地产金融风险形成的一般机理、发生的条件和爆发传导的途径。作为当前国际国内广为认可的金融不稳定假说和资产泡沫化理论，对此提供了有力的理论指导。明斯基的理论形成比较早，其理论解释存在缺乏必要微观基础的缺陷，但是其政策主张却是切中时弊，极具针对性和现实意义。这对本书更好理解美国、日本等国需求管理的宏观经济政策的副作用、针对我国近年来频频以刺激政策拉动经济增长并推动房地产价格泡沫的膨胀等现象，具有重要指导作用。资产泡沫化理论相对较明斯基理论而言，增加了信息不对称因素的解释，显得更加贴近现实，但是也存在局限性。不过，该理论也对本书关于加强金融监管、规范政府调控行为等方面，提供了信息经济学的视角，指导意义显著。

在实证研究层面上，需要重点研究当前中国房地产金融面临的几个现实问题，即是否存在严重泡沫、导致房价过快上涨的主要原因甚至最根本原因有哪些，当前中国房地产金融风险爆发的条件，以及如何化解房地产金融风险的威胁等问题。这些实证研究，也都需要在坚实的理论基础指导下进行。遗憾的是，不论是金融不稳定假说，还是资产泡沫化理论，面对中国泡沫的形成、膨胀、金融风险的存在形式与爆发条件等现实问题，均缺乏科学合理的解释能力，但却为我们提供了寻求新理论的思路和方法。现实需要呼唤符合客观实际、但又高于实践的理论创新，需要站在巨人的肩膀上进行发展巨人理论、超越巨人理论的探索。可喜的是，“转轨时期的社会主义双重经济体制理论”和制度变迁理论，为本书深入理解处于不完全市场状态下的中国房地产市场种种问题背后的根源，前者揭示出住房的市场化与土地的非市场化之间的矛盾是导致房地产市场失灵的关键，后者揭示出土地非市场化的制度根源，即政府职能定位出现了制度性的偏差。尽管“转轨时期的社会主义双重经济体制理论”形成于25年前，但由于当前中国仍然处于转轨期间，现实情况仍然符合该理论的条件，因此该理论也仍然具有强大的生命力。

在比较研究层面，需要通过国际比较，了解相关国家在房地产金融风险管理方面的成功经验及失败教训，从中获得指导中国建立房地产金融风险管理科学模式的理论依据，并以此构建符合经济规律和中国现实的目标模式。对此，金融不稳定假说及明斯基政策主张、资产泡沫化理论、“混合经济”理论及“转轨时期的社会主义双重经济体制理论”给予了指导作用。“混合经济”理论指导本书提出以房地产金融市场起到对房地产市场资源配置的决定性作用的理论观点。“转轨时期的社会主义双重经济体制理论”认为，旧体制向新体制转轨的过程，需要经过三个阶段，即新体制启动、旧体制势强阶段，新体制深化、旧体制势平阶段，新体制形成、旧体制势衰阶段。这个论断指导本书提出实施总目标模式需经历三个阶段，即近期以政府调控为主、市场机制为辅，实现最低目标和次低目标；中期以政府调控与市场机制共同主导，实现次优目标；远期以市场机制为主、政府调控为辅，实现最优目标，最终实现总目标模式的渐进式推进思路。

最后，在政策研究层面，需要对当前面临的房地产金融风险进行化解，并且提出我国房地产金融风险管理和构建房地产金融健康发展长效机制的政策建议。梯若尔的政府干预理论、金融不稳定假说及明斯基政策主张、“混合经济”理论及“转轨时期的社会主义双重经济体制理论”提供了具有说服力的理论依据。

经济学理论范围宽泛，博大精深，可以对本书发挥指导作用的具体理论当然不止上述六个理论，还有不少理论观点也对本书的写作产生了相当大的影响，如新制度经济学中的交易成本经济学、市场供求规律理论、凯恩斯宏观经济学理论、经济周期理论、马克思经济学理论、市场失灵与政府失灵理论、公共物品理论等诸多理论。这些理论或给予启迪，或直接给予答案，或提供研究的方法，或帮助打开思路，像一盏盏指路的明灯，为本书的写作提供了重要的指导作用。

第二章

房地产金融风险形成机理的理论分析

本章主要是一般研究，对房地产的基本规律进行了分析，对房地产与金融的内在关系进行了剖析，在此基础上，主要以资产泡沫化理论及明斯基金融不稳定假说为指导，重点对房地产价格的决定机制、对房地产价格泡沫的生成机制、对房地产金融风险的形成机理进行深入的研究。第一节是一般性概述，介绍了房地产金融的基本概况、定义、特点、金融风险的类别等常识性内容，为深入研究房地产价格泡沫及金融风险提供了必要的知识准备。第二节主要研究房地产市场风险与金融风险的内在关系。第三节是本章的重点，主要研究房地产价格泡沫是金融风险的主要诱因、房地产价格泡沫的易生性及其内在逻辑、房地产金融风险形成机理，最后对本章进行了小结。

第一节　房地产与金融的关系

房地产对于大多数人来说，已经非常了解，本书就不再泛泛而论了，只针对重点问题展开讨论。在没有特指的地方，本书所指房地产与住房可以同义使用。

一、房地产的基本概况

（一）房地产的特点

房地产是土地、建筑物和产权的统称。房地产既可以满足生活居住需求、生产需求（如厂房、写字楼、酒店、商场等），还可以满足投资需求，因为产权可以交易生财。因此房地产具有消费商品、生产要素和资产三重属性。房地产的消费属性是指购买住房自住自用或租赁居住使用。房地产的投资属性是指把购买房地产作为一种资产来投资，主要期望出租收益或升值后出售获益。因为房地产在长期升值的可能性较大。

（二）房地产市场分类

房地产市场其实是一个多维度的市场概念。从形态属性可分为房产市场与地产市场；从社会属性可分为保障性住房市场与商品住房市场；从资产属性角度可分为房地产的资产市场和房地产的实物市场；从使用属性角度可分为住房市场、商用房市场；从所有权角度可分为房地产租赁市场、房地产产权交易市场。本书的研究重点在于住房市场和产权交易市场，或者也可以说住房产权交易市场。在大多数情况下，本书中的房地产市场与住房市场的表述可以通用。

（三）房地产市场的主要特征

第一，属于不完全竞争市场。其一，房地产商品具有异质性、固定性特征。其二，房地产属于资金密集型产业，开发企业进入市场门槛较高。具有一定程度上的自然垄断特点。其三，房地产市场信息不对称，市场交易不一定能够反映其真实价值。

第二，属于区域型或城市型市场。房地产商品的异质性和不可移动性决定了房地产市场不可能是全国统一的大市场，因为不同区域内的房地产市场之间具有明显的差异，即便是同一区域内的不同城市，抑或同一城市的不同城区地段，差异也很大。房地产的投资属性，可以解释为什么区域之间、城市之间、不同地段，房价会有那么大的差异，因为收益存在差异。

二、房地产市场运行的特殊性

房地产市场运行在总体上符合供求关系决定下的市场规律，关于其原因，本书将在下一节展开论述。这里需要重点强调的是，房地产的住房市场还有其特殊性规律，影响和改变着正常的供给和需求的对比关系，从而成为左右市场走势的重要力量。笔者参考相关文献并据现实观察，认为住房市场的特殊性规律主要表现在：

（一）不可移动性下的非贸易品

普通商品可以自由流动，在市场机制这只“看不见的手”的指挥下，会自动从价格低的区域流向价格高的区域，从而实现全国基本统一的价格基础。但房子是不可移动的，具有鲜明的地域特点，属于非贸易品，不可能形成全国统一的大市场，甚至在同一个城市，由于资源分布的不均衡，地域差距也很明显，因此房地产市场是地方性的，而不是全国性的，房价只能由每个地方的因素决定。调控政策不应该全国“一刀切”，不应该以行政手段为主，而应该以市场机制调节为主，行政手段为辅。

（二）不可替代性

住房作为生活必需品基本无替代品，在最基本的自住性需求得到满足之前，明显缺乏弹性。加拿大经济学家歌德佰戈根据经验数据计算出住房需求弹性绝对值为 0.75，国内一项研究表明，我国商品住房的需求弹性仅为 0.34。也就是说，相对于价格上涨或下降 1 个百分点，需求下降或上涨仅为

0.34，明显低于日常消费物品的弹性①。大部分学者一般认为，住房供给在短期内基本无弹性，但实际情况是，相对于供给短缺条件下的需求而言，不论是新房还是二手房，均具有一定的弹性，即开发商的投资建设进度是可以调节的，房产业主也可以根据房价高低自主选择上市时间，因此住房供给并非缺乏弹性，相对于庞大的需求而言是富有弹性的。住房需求弹性小，说明供给量应当适应需求量，其他调控手段都不能逆转这一基本的规律。长期的供不应求，极易导致持续上涨的预期，引导人们产生“迟早得买、迟买不如早买”的购房心理。如果供应充足，价格稳定，年轻人反而不急于买房了。

（三）消费、投资、生产要素三重性

源于其效用的长期性。住房的居住功能，具有与普通商品一样的甚至更大的使用价值，能够为居住者带来长期效用，体现消费功能。由于住房作为实物资产，可以出租取得长期收入，又可以通过买卖赚取差价，起到保值、增值的作用，因而作为消费品的同时也是非常好的投资品。另外，商用房是经营活动不可或缺的生产要素，即便是住房，其实也是劳动力再生产的要素。马克思剩余价值理论指出，劳动力再生产必须消耗一定的生活生产资料，构成劳动力价值的生活生产资料也随社会的发展而变化，在人们生活水平提高的同时，劳动力再生产所需的生活资料范围在扩大，质量在提高，价值在提升。独立住房作为劳动力再生产的必要生活生产资料，也会随着经济增长而逐渐进入到家庭中，为社会创造更优质的劳动力价值。生产资料本质上属于资本品，对资本品的购买本质上也是一种投资行为。因此，社会对房地产的需求必然会超越正常的消费品的需求规律，房产的投资性将随着收入的提高得到进一步的拓展。应该拓宽居民的投资渠道，同时相应减少住房的投资收益。

（四）存在供需时间错配的矛盾

住房的生产周期较长，供给存在开发建筑时滞、而需求不存在时滞，其本期产量主要决定于前一期的价格，而影响本期需求的是当前的价格。当前

---

① 董鸿波、李倩：《房地产税收转嫁及其对房地产价格的影响》，载《哈尔滨市委党校学报》，2007（1）。

的价格影响的是以后的供给，开发商根据当前的价格及供求关系判断以后的市场走势，据此作出投资决策。因此需求的即时性与供给的滞后性之间存在错配的矛盾，适用蛛网模型理论对其进行解释。在中心城市，需求弹性小于供给弹性，蛛网模型是发散型的，即非稳定性的；在大部分中小城市，由于人口增长率的下降及人口吸引力的减弱，刚性需求容易得到满足，其需求弹性大于供给弹性，表现在蛛网模型上是收敛型的，即稳定性的。要想取得蛛网模型稳定性的效果，必须改变需求弹性小于供给弹性的现状，加大供给量，从而减少恐慌性需求，提高需求弹性，使需求弹性大于或至少等于供给弹性。

（五）发展的超前性

曹振良教授发现住房发展呈现一个“倒 U 形曲线”规律，意即一个国家经济起飞之后，房地产作为主导产业在一定时期内将以高于 GDP 的增长速度持续增长；随着 GDP 的进一步增长，房地产业持续增长的速度将逐渐减弱，直到与 GDP 的增速相同，甚至低于 GDP 的增速①，这种发展和变化反映了人们的居住需求由生存需求向改善需求的变动。应该承认房地产发展适度超前的合理性，土地供给方面应该满足这种超前性的合理需求，而不应该以抑制需求来取得临时性的效果为政策目标。

（六）房价是“心理支撑的价格系统”

房地产价格具有自我实现、自我增强的效应。边际收益递增或正反馈是其运行特征，这就增强了房地产价格的敏感性或易变性②。极端情况下，房地产虽然有价值，但是可以是零价格。如美国底特律，其房价一度跌到象征性的一美元即可购买一套房子。持续的经济衰退、人口流出、财政困难、公共服务不足、社会治安混乱等因素，导致人去楼空，大量房屋成了累赘，房屋业主不但没有收益，反而要承担物业税，以及不确定性带来的法律风险。因此，一美元的房屋价格在经济学意义上是可以解释的。

（七）均衡价格不易自动恢复基准价格

房地产市场是短期供给刚性的市场，在短期无法实现供给的自动调节。

---

① 崔裴：《中美房地产业比较研究：内涵、属性与功能》，31 页，光明日报出版社，2010。

② 主父海英：《金融负外部性研究》，辽宁大学博士论文，2010。

同样作为可重复交易的资产，房价与股价的波动规律并不相同，相对而言房价的波动性弱，并且缺乏自动恢复机制，主要是因为房地产流动性较差，交易成本高，且持有阶段具有消费报酬的效用，因为其具有长期出租或居住消费的效用，而且不担心过期变质或企业倒闭破产，因此不像股票那样频繁交易，而是可以长期持有，价格不达心理价位就不愿意出手，导致房价存在价格刚性或黏性。已购房业主对房价有着强烈的维持意愿，使开发商对后续楼盘难以通过降价来达到大规模促销的目的。没有卖空机制，拥有者只能通过房价的上涨获利，因此具有持续向上的动力。另外，房地产开发成本中土地成本增加的幅度一般要大于房价增加的幅度，因此房价涨上去却不容易降下来。

（八）房地产是一个人人关注的市场

人们买了家用电器等耐用消费品，大都不会再去关注这些商品是涨价还是降价，价格与拥有者再无多大关系了。甚至人们购买豪华汽车以后，也基本上不再关注其价格的涨落变化。但是房地产就不一样，人们购买以后还会继续关注其价格的变化，这一点与股市投资有相同之处。购房者中，有为了自己居住的，有为了长期出租收益的，有为了涨价后再卖出而获利的。投资型购房者和投机性购房者继续关注房价是可以理解的。自住型的购房者，购房后的房价涨落，与其财富增减也无多大关系了（指的是相对财富），但还是会关注和关心房价。这是因为，其一，自住型的购房者，其实也是一种投资行为，而并非简单的购买行为，投资的成功与否，对人的心理具有正反两方面的激励作用，不难理解为什么人们更多的是向别人赞美自己所居住的小区，而对问题轻描淡写。其二，房地产价值量大，使用期长，是能够重复交易的长期保质物品，社会整体房价的涨跌，当然对以后卖出时的价格有直接关系。

上述现象揭示，住房市场既是一个商品市场，必须按商品的供求规律办事；又是一个特殊的商品市场，必须顺应特殊规律。

三、房地产与金融的关系

（一）房地产具有虚拟资产属性

首先，土地表现出了典型的虚拟资产属性。马克思指出，土地本身是没有价值的，但土地有价格，土地价格不过是资本化的地租。魏埙等①根据马克思的虚拟资本理论，延伸出对虚拟资产的定义：在市场经济中，所有没有价值但有价格的、其价格在本质上是某种收入的资本化的资产。虚拟资产包括所有的金融资产，以及房地产市值中减去建筑成本的价值部分。尽管当今的房地产建设用地大部分都是熟地，即大都拥有水、电、道路等配套设施，也凝结了人类劳动，因此也具有价值。但由于其定价机制不是按其价值、而是按其预期收益作为衡量基准，预期收益就是资本化的利润。因此土地的虚拟资产属性就成为其主导属性。其次，房地产也具有典型的虚拟资产属性。房地产虽然作为实物资产而存在，但是其定价机制也是以预期收益作为衡量基准。

房地产具有金融资产属性。首先，房地产市场的交易，是产权的让渡和实物的占有相结合，其本质还是权证的交易，必须以一系列的法律和制度作为前提条件，这与金融资产的交易属性相一致。其次，房地产市场的发展离不开金融市场的支持。房地产业是资金密集型产业，无论是房地产建设开发，还是房地产投资消费，所需时间周期长，所需资金占用非常大，决定了房地产业必须依靠金融杠杆的作用，才能正常发展。最后，房地产是非常适合投资的资产。作为不动产，没有变质的风险，便于保存，从世界各国的历史来看，贬值的概率小，保值增值的概率大，这就使得房地产成为一种极佳的投资资产，投资资产的实质就是金融资产。即便是自住型的购房行为，其实也是在进行一种投资。

（二）金融业在房地产业发展的情况下也拓宽了业务空间

金融业的发展也离不开房地产业的支撑。首先，房地产因为具有价值稳定性、不可移动性及长期升值趋势等优势，是银行业务非常理想的抵押品，因此房地产业是金融业开展对公业务和个人业务竞相竞争的领域。其次，房地产的产业链很长，可以为金融业提供广阔的业务空间。最后，房地产也是非常适合金融业进行长期投资的资本品，如国外盛行的房地产信托投资基金

① 魏埙等著：《政治经济学》，陕西人民出版社，2005。

(REITs）的发展，以及金融二级市场的发展，就得益于房地产业的发展。

（三）金融对房地产业的支持是多方面的

信贷资金方面的支持，可以同时满足供求双方的资金需求，也在促进着供求双方的均衡；房地产保险为市场主体提供了增信服务；金融多元化可以满足企业和居民多种需求，如倒按揭可以满足养老服务。

房地产金融化是市场经济发展的趋势性规律。房地产开发的实质，就是在进行房地产投资。因为在房地产预售制度下，房地产的建设及交付使用与资金的投入产出是相分离的，也就是说，房地产的实体经济部分与虚拟经济部分是可以分离的，投资及其收益的实现是可以不完全依靠房屋的进度而实现。投资，是更接近于金融本质行为的活动。房地产的预售制度和商业银行的按揭制度相结合，更是房地产金融化的加速器，帮助房地产企业提前实现投资回报，促进了房地产市场从开发到消费的良性循环。今后，随着房地产投资基金（REITs)、房地产抵押贷款证券化的普遍实施，房屋资产的绝大部分权益是属于金融投资者的，房地产中的金融成分将越来越高，房地产金融在全国经济中的比重越来越高，房地产金融市场成为决定房地产资源配置的最主要力量，房地产金融产品被越来越多的普通人所参与，最后是金融控制了房地产，房地产实现金融化。

四、房地产金融的定义、特点、分类

（一）房地产金融的定义

房地产金融是房地产与金融两个概念的融合，泛指与房地产领域投资、建设、交易、消费有关的金融活动，以扩大融资、扩大杠杆为主要特征，其实质是信用资本杠杆化循环增值运动，是产业资本和金融资本的融合，是房地产的金融化过程或实物资本虚拟化过程。具体指为房地产市场进行的筹集资金、融通资金、清算资金及其他金融服务，包括房产金融和地产金融。

房地产金融是个非精确概念，广义的概念不但包括房地产业全过程的资金依赖、融资活动及其他金融活动，还包括其作为投资品的金融资产属性。国际资本市场上常用的产业分类将房地产业归于金融行业，美国的产业分类体系（NAICS）也将房地产业归为金融业。需要注意的是，我国房地产业的界定与美国略有不同，但并不妨碍对房地产业金融属性的认知。

狭义的房地产金融则指房地产运动中的资金融通活动。通俗地讲，就是在土地开发整理、国有土地使用权买卖、房屋建设、房屋销售、二手房交易等环节中，资金的筹资与融资活动统称为房地产金融。一般来说，资金的供应方主要是商业银行、农村信用社、住房资金管理中心、信托公司、证券公司、保险公司、金融租赁公司、基金公司、小额贷款公司、典当行、民间机构等，融资方式可分为间接融资、直接融资，还可分为股权融资、债权融资、夹层融资。资金的需求方主要是房地产开发公司、地方政府的城投公司、建筑公司、主要原材料供应商（如钢材、商业混凝土、电梯等）、购房人等。本书讨论的主要是狭义范畴的房地产金融。

（二）房地产金融的特点

房地产金融一般具有以下几个特点：

第一，一般情况下房地产金融具有金额大、期限长的特点，如土地储备贷款和房地产开发贷款，金额都很大，期限最短的也要两到三年，个人住房贷款期限最长的可达30年。

第二，融资抵押品是不动产，实物固定和价值相对固定，具有“无转移抵押”特点①，即抵押并不发生实物的转移，原产权人仍然拥有房屋的使用权和剩余索取权。

第三，个人按揭贷款业务具有类比效应，能够满足金融机构批量操作的需求。一个楼盘必然有很多的购房者需要申请按揭贷款，由于都是以相同的实物和价值比较稳定的房屋作为抵押物，因此这类贷款在审核时就相对简单，具备批量办理的条件，可以形成规模效应。

第四，具有杠杆效应，能够帮助消费者突破自身财力限制，促进跨期消费的实现，增加消费者福利；也能够帮助开发商做成单靠自身实力无法完成的事情，从而将供给和需求实现的时间都大大向前推进了许多年，增进了整

① 陈玉京：《中美住房金融理论与政策：房地产资本运动的视角》，37页，人民出版社，2009。

个社会的福利。

第五，具有鲜明的“顺周期”特征，当经济处于景气阶段时，房价的上涨会带来更强的融资能力，信用被扩大，推动房价继续走高；当经济下行阶段，信贷的可得性下降，房地产市场也会顺势调整，进入循环收缩中，往往拖累房价下跌超出预期。

（三）房地产金融的分类

1. 从职责属性角度可分为政策性房地产金融与商业性房地产金融两类。政策性房地产金融：是指不以盈利为目的、承担中央政府或地方政府对房地产市场进行支持扶持职责的房地产金融体系，以国家或地方政府的信用背书，主要是以住房体系的政策性业务为主，包括担保、贷款等业务，其经营行为受政策约束，如美国的政策性房地产金融主要通过为低收入家庭的住房贷款提供担保来体现国家政策工具的，不直接提供贷款。新加坡的政策性住房金融承担的职责更大，通过强制性的公积金制度安排，范围涵盖为受保障家庭购房提供首付款、提供房租、提供贷款后的月供、提供社会保险、医疗保险等，已经成为国家稳定、人民安居乐业的最重要基石。

商业性房地产金融：是指除政策性房地产金融以外的、从事房地产金融业务的、以盈利为目的的金融体系，主要包括为房地产行业提供融资及其他金融服务的商业银行、保险公司、信托投资公司、证券公司、小额贷款公司、典当行、互联网金融、担保公司等。

2. 从业务属性角度可分为经营性房地产金融与消费性房地产金融。经营性房地产金融是指为购物中心、商铺、写字楼、宾馆、度假村、开发园区等经营性房地产项目的开发建设、销售、经营、租赁等环节提供金融服务的金融活动的总称，由于属于经营性物业，所以基本上不存在政策性金融的参与，主要还是商业性金融范畴，既包括为房地产企业开发建设商业性房地产项目提供融资和其他金融服务，也包括为单位和个人购买、经营这类物业提供融资及其他服务。既包括间接融资，也包括直接融资。

消费性房地产金融主要是指住房金融，主要是通过金融体系为住房的开发建设、居民家庭购买住房等提供服务的金融活动。既包括政府通过政策性

金融机构对"公共住房"的开发建设提供优惠贷款、担保等方式支持住房市场供给，政策性金融机构提供优惠贷款或担保支持中低收入家庭解决住房问题，也包括商业性金融机构对住房开发建设及居民消费提供金融支持的活动。

（四）房地产金融体系

房地产金融体系的基本要素包括房地产金融主体、金融市场、制度（交易规则）、金融机构、金融工具等五大类。

房地产金融主体包括地方政府、房地产开发商、购房者、金融机构等。

房地产金融市场是一个特殊的金融市场，它总体上符合一般金融市场的运行规律。但是由于房地产市场的特殊性，因此房地产金融市场也有自己的特殊性。房地产金融市场包括房地产金融一级市场和二级市场。房地产金融一级市场是指房地产市场的供给者或需求者直接通过金融机构或资本市场进行融资的市场，包括房地产贷款、新的房地产证券发行、房地产投资基金融资等。房地产金融二级市场是指房地产融资工具的再交易和再流通市场，主要包括房地产抵押贷款证券化市场以及房地产证券化工具的再交易市场等。

房地产金融制度。新制度经济学认为，制度也是一种要素，而且是制约经济发展效率、关系到结果公平与否的关键因素。房地产金融制度主要是指决定该领域要素流动的法律、法规、规则、制度等一系列规定。

房地产金融机构。从机构属性层面上，包括政策性房地产金融机构、商业性房地产金融机构两大类。政策性房地产金融机构包括住房公积金机构、住房储蓄银行、土地银行、住房置业担保公司等，商业性房地产金融机构包括商业银行、信托投资公司、基金管理公司、房地产信托投资基金、保险公司、金融资产管理公司、金融租赁公司等。

房地产金融工具。主要分为直接金融工具和间接金融工具两大类。直接金融工具是指房地产公司直接在资本市场发行股票、债券筹资，或金融机构直接向房地产公司进行投资并参与或监督房地产项目的开发运营，如房地产信托投资基金（REITs）。间接金融工具是指金融机构作为中介参与的融资活动，一般有金融租赁融资、银行贷款、住房公积金贷款、信托贷款、保险资管计划、券商资管计划、委托贷款、地产基金融资、房地产抵押贷款证券化等金融工具。

第二节　房地产市场风险与金融风险的内在关系分析

一、房地产市场风险与金融风险概述

（一）房地产业属于高风险行业

房地产市场风险指由于房地产市场供求关系的变化所引起的风险总称，体现在遵循市场机制所导致的市场价格波动。房地产企业和购房者双方都会面临这种风险。购房者以投资为目的进行买卖时，在价格大幅度波动情况下承受相应的投资风险。生产资料的上涨导致建造成本的增加使开发商承受相应的利润风险，房价的下跌和成交量的下降会引致巨大投资风险。能够对房地产市场风险产生影响的因素很多，主要的因素有经济周期的影响、宏观经济政策变化的影响、产业政策的影响，以及金融支持力度变化的影响等。房地产业是顺周期行业，房地产周期与经济周期高度相关，经济周期对房地产市场的影响巨大。宏观经济政策主要指财税政策和货币政策，国家实施宽松还是紧缩的政策组合，对房地产市场的需求有非常大的影响。产业政策主要指土地政策、房地产行业政策，主要通过影响房地产市场供给，对房地产市场产生直接影响。房地产市场对金融业的依赖程度在不断加深，金融支持的力度对房地产市场的供求关系有非常大的影响。

（二）金融业更是高风险行业

金融风险是指银行等金融中介具有天然的脆弱性，主要原因是由于它们普遍存在经营方面的高杠杆率、资金来源与资金运用的期限不匹配（所谓短存长贷现象）、债务兑付的刚性与债权实现的弱刚性、资金来源的分散性与资金运用的集中性等特性，因此金融中介本身与生俱来就是高风险的行业。客观地看，银行等金融机构生存和发展的基础，就在于它们对风险的识别和管理能力，以及对信息不对称问题的有效化解。可以认为，银行本身就是经营风险的行业，其面临的风险属于客观存在。因此，只能对风险进行管理，而不可能消灭。由于金融业自身的经营特点使其具有先天的脆弱性，而房地产业又存在较大的市场风险，两者的结合将使房地产金融风险变得具有易发性。房地产与金融的天然融合决定了房地产金融风险必然存在。

二、房地产市场风险与金融风险的内在关系

（一）房地产市场风险向金融风险传导的直接性

由于房地产是人们生活的必需品和良好的投资品，只要经济继续增长，人们的收入水平不断提高，房地产市场就必然会得到持续发展的空间。由于房地产与金融相互依存的关系，形成天然的融合，金融在房地产市场发展的过程中，必然会不断加大包括信贷投放在内的各种金融支持。通过金融的资金支持，房地产企业的债务杠杆放大，由此也增大了房地产市场的波动，放大了房地产市场风险。在房地产市场融资主体无法消化市场风险时，就必然向金融风险传导，引发房地产金融风险。因此，房地产市场风险可以直接引发金融风险。

（二）金融风险向房地产市场风险传导的间接性

金融风险甚至金融危机的发生有多种形式，如以资本市场崩溃为先导的1929 年美国金融危机、2008 年由美国次贷危机引发的欧洲债务危机等，房地产金融风险只是其中的一种。非房地产行业的金融风险发生并不会直接导致房地产市场风险，但往往会通过拖累实体经济下滑而使经济周期步入下行区间，从而会对房地产市场间接产生不利的影响，如随着债务的增加，社会流动性的减少，导致房地产市场接盘者减少，引发房地产市场出现回落调整。因此，金融风险对房地产市场风险的传导是间接的。但是特殊情况下，如发生大面积系统性的金融风险，往往会直接传导给房地产市场，导致房地产市场风险的发生。

三、房地产金融风险的内涵及其分类

（一）房地产金融风险的内涵

房地产金融风险是指金融机构（包括各种民间融资机构）为房地产业提

供投资、融资等金融服务活动中，由于各种事先无法预料（即不确定）因素的影响，使其实际收益与预期收益发生背离，从而蒙受经济损失的可能性。房地产金融风险有多种分类，在大的层面上可分为主观风险与客观风险、宏观风险与微观风险等，具体的风险有道德风险、市场风险、流动性风险、信用风险等。各种风险其实也是互相关联和融合的。本书主要探讨的是在房地产销售下滑、房价下跌的市场风险下，房地产领域的借款人由于现金流无法满足按期还款付息的要求而导致贷款违约，从而给金融机构带来的可能性风险。本质上，这种风险属于市场风险下的信用风险，也是一种客观的流动性风险。房地产业占用资金量巨大，期限较长，特别是居民购房抵押贷款，期限最长可达30年。房地产的产业链很长，上下关联50多个行业，债权债务关系复杂。房地产的这些特点使得房地产金融与一般的金融活动存在重大差别，房地产金融中蕴含的金融风险也远非其他金融活动所能比。回顾历次房地产领域的金融危机，都与房地产价格泡沫的破灭有关。美国的次贷危机是一场真正由房地产市场风险引发的房地产金融风险，并进而引发大范围的金融危机。危机从实体经济领域传导到虚拟经济，又从虚拟经济蔓延到实体经济，从美国蔓延到世界各国，并导致严重的欧洲债务危机和全球性的实体经济衰退。这场危机的破坏性和传导速度远远超出了一般人的预期，引起了人们对房地产金融风险的高度关注。

房地产作为可投资的资产，资产投资原理是看预期收益，买涨不买跌，因此下跌预期一旦形成后，其跌势往往超出预期，往往不可控。这就决定了房地产金融风险与其他类别的金融风险差异很大。房地产与金融风险相互正反馈、你中有我我中有你的关系，波及面广、产业链长，与金融的融合度深，因此具有社会性、具有全局性，其传染性、破坏力大，也具有很强的负外部性。

（二）房地产金融风险基本类型

1. 从影响范围角度可分为宏观风险与微观风险，房地产金融的宏观风险是指从宏观角度衡量的存在于购房者整体、开发企业整体和金融机构整体中的由于未来不确定性所产生的总量风险[①]。

微观风险是指单个融资主体如单个开发商、单个购房者或单个金融机构等微观主体，由于自身的经营管理失误或其他自身原因所产生的个体金融风险。

2. 从主体行为角度可分为客观风险与主观风险。客观风险是指由于政策调整、经济波动等因素造成的，微观主体自身难以预测、不能左右的市场恶化风险。开发商、购房者处于这种风险之下，资金链或贷款偿还能力急剧恶化，导致客观上无法按期偿还金融机构贷款或民间融资等债务，从而使金融机构面临资产损失或偿付性风险。其实质属于宏观风险。客观风险包括市场风险、政策风险、流动性风险、信用风险等。

主观风险是指房地产市场融资主体或金融机构工作人员造成的使金融机构有可能蒙受损失的风险。既有因为私利的故意行为，也有因能力较低、信息不全等导致的失误。其实也是一种微观风险。主观风险包括操作风险、经营风险、道德风险等。

本书研究的重点，是由房地产价格泡沫引发的、房地产金融机构所可能面临的信用风险和流动性风险，本质上属于宏观风险和客观风险。

---

① 全国工商联房地产商会房地产金融课题组：《我国房地产宏观金融风险研究》，载《财贸经济》，2006（5）。

第三节　房地产金融风险的形成机理

一、房地产价格泡沫是房地产金融风险的主要诱因

（一）金融体系的脆弱性是房地产金融风险的根源

1. 金融中介本身与生俱来就是高风险的行业。明斯基金融不稳定理论显示，金融体系具有天然的脆弱性。银行等金融中介是为解决资金市场上信息不对称以及风险管理的需求而产生的。因此，经营及管理风险是其内生职责，风险集中是其经营特点之一。银行的资金来源和资金运用在期限上具有天然的不对称性，存在难以协调的矛盾。为了满足存款人随时提现的要求，按理银行应该将吸收的存款投放到低风险且具有高流动性的资产上，但这种资产的收益往往非常低；为了生存和发展的需要，银行有获取更高收益的激励，因此银行又必须将贷款投放给那些缺少资金、流动性较低、风险较大的资产上。两者之间权衡的结果，常常是收益的追求被置于更重要的地位。通常情况下，银行只保留少量的备付金以应付存款人随时支取现金的需求，绝大部分资金用于放贷。银行的贷款投放是有期限约束的，银行不能随意提前收回贷款，而且到期能否顺利收回也存在不确定性，即存在信用风险的可能性。但是，客户在银行的存款是必须无条件兑付的，即使存款不到期，客户也有权利选择提前支取。贷款回收的软约束与存款兑付的刚性约束之间也是一对矛盾。另外，银行等金融机构的低资本充足率和高杠杆比率，使其风险承担能力非常之低。因此，银行部门承受的流动性风险是客观存在的，如果遭受到外部冲击，尽管这时银行部门本身也许并没有问题，也极易在挤兑冲击下濒临崩溃。由于银行等金融体系具有很强的外部性，必然产生传染效应，从而给整个金融体系和实体经济带来系统性风险。

2. 金融自由化及金融创新也在不同程度上加大了金融体系的不稳定性和风险。如利率市场化后，商业银行等金融机构面临竞争加剧，不确定性加大，利率风险加大。尤其是存款利率上限的取消和贷款利率下限的取消，以及金

融机构牌照管理的放开，都会带给现有金融机构极大的业务经营压力，容易扭曲金融机构的经营行为，存在贷款过多集中在高风险、高收益领域的激励，从而使金融机构自身面临增大的风险。另外金融分业经营向混业经营的转变，如商业银行向其他金融领域的渗透，将增加金融监管的难度，导致银行资金极易进入其他金融领域，如进入直接投资领域、证券市场等，在可能导致这些领域产生资产泡沫的同时，也在增加着自身的风险。

（二）房价泡沫是房地产金融风险的主要诱因

1. 已发生的房地产金融风险均是由房地产价格泡沫破裂引发。第二次世界大战后近七十年来，全球范围内爆发的房地产金融风险甚至金融危机，都与房地产价格泡沫破裂有关。如亚洲金融危机、日本金融危机、美国次贷危机等，均是在房地产价格泡沫膨胀到难以为继的情况下爆发的。从经验数据中可以看出，房地产金融风险要远远大于其他领域引发的金融风险。目前的研究基本上都认为，无论是银行主导型金融体系，还是市场主导型金融体系，其房地产金融风险主要是由房地产价格泡沫所引发的。

2. 理论研究显示房地产泡沫的破裂是引发金融风险的主因。金融不稳定假说及资产泡沫化理论模型都认为，资产泡沫化是金融危机的最主要诱因。Herring 和 Wachter（1999）也证明，房地产业与银行业之间有着十分密切的关系，银行即便已经发现房地产市场出现过热，在利益的诱导下，也存在向房地产业上集中过多信贷资产的激励。可见，银行业与房地产业的结合，使得金融风险性问题更加严重。还有大量实证文献都认为，房地产价格泡沫的破裂是引发房地产金融风险的主因，或者说房地产金融风险主要是由房地产价格泡沫破裂引发的。

一般来说，在房地产市场没有价格泡沫的背景下，房地产金融风险并不是不存在，但是其存在的表现形式是单一的、孤立的，或者说只是存在于一个点上的，没有传染性，其风险是微弱的，因此也不是本书研究的重点。但是，房地产价格泡沫形成并不断膨胀后，一旦破裂，必然会导致房地产金融的信用中断，将会导致从一个城市到更多城市、从一个金融机构到更多金融机构的风险传导，形成宏观层面上的金融风暴，造成巨大的破坏性。

二、市场经济条件下房地产价格泡沫的易生性

由于国内外对于泡沫问题的研究已经比较全面和深入，本书就不再纠缠诸如定义、概念等细枝末节了，只是就其中的重点和有争议的地方进行探讨。赵善华（2010）认为，泡沫至少应该包含如下几层含义：（1）资产泡沫的存在需要某种载体，泡沫的载体通常是流动性好、易于交易的某种虚拟资产，或是具有稀缺性、易于长期收藏的资源品，如房地产等。（2）泡沫的特征是资产价格严重偏离其基础价值。（3）投机性是导致泡沫产生的根本原因之一。（4）不同情况下的泡沫存在程度上的差异。（5）泡沫与泡沫经济具有本质区别①。

这个观点基本上代表了近几年来学界主流的看法，对此观点，本书基本认同。但是，对于将投机性视作泡沫产生的根本原因之一，本书并不完全认同。我们可以在后边的章节中讨论。

（一）房地产市场并不违背商品市场供求规律

李新、周琳杰（2013）认为房地产等虚拟经济完全不遵循“市场供求规律”，房价上涨时需求增加，房价下跌时需求反而减少②。还有不少学者，如洪银兴③等也持类似观点。

本书认为，房地产市场“买涨不买跌”的现象与普通商品市场的供求规律并不矛盾，不同意房地产市场违背“市场供求规律”这类观点。这种观点的误区，是因为他们混淆了经济学原理中的需求和需求量的区别，也忽略了政府在改变预期方面的作用。

第一，虽然房地产市场供给短期缺乏弹性，但是政府具有改变市场预期的能力。一般认为，房地产市场的供给是缺乏弹性的，这是投机产生的基础。但容易忽视的是，政府的规划或计划是可以改变市场供给短缺的预期的。穆斯在《理性预期与波动理论》中认为，理性预期是指微观主体对过去经验的

① 赵善华：《虚拟经济视角下我国房地产泡沫生成机制研究》，华南理工大学博士论文，2010。

② 李新、周琳杰：《中国转型金融风险问题研究》，首都经济贸易大学出版社，2013。

③ 洪银兴：《虚拟经济及其引发金融危机的政治经济学分析》，载《经济学家》，2009（11）。

规律性总结，用于指导人们的行为。当市场供求关系或供求计划发生变化时，人们的理性预期也会改变，开发商的供应和消费者的购房需求随之改变，从而导致房地产市场供求关系和房价也同时发生变动。在香港回归之初，特区政府为了控制疯狂上涨的房价，宣布了即将推出新增八万套政府组屋的计划，成为房价应声下跌的重要推手。其实，不仅仅是房地产领域，普通商品上也有过此类现象发生。回顾中国 1987～1989 年的普通商品抢购潮、前不久俄罗斯出现的普通商品抢购潮，也是一种“买涨不买跌”的现象，并不能说是违背了市场供求规律。其背后的逻辑在于人们一致预期这些商品还将持续短缺、价格还会上涨，从而更多的消费者加入进来。本质上，这是一种供给恐慌创造的新需求，也可以认为是被动挤压式需求，恰恰说明市场供求规律在自动发挥作用。

第二，人们也常常容易将需求量和需求相互混淆。经济学原理显示，需求量的变化是由价格因素影响的，市场需求者数量不变是前提；而需求的变化则是价格以外的因素影响的，是指其他因素导致消费者数量变化，从而引起需求扩大或减少的变化。

首先，房地产市场更多的是需求的扩大，而不是需求量的提高。房地产市场的需求，与其他生活必需品市场需求最大的区别，就在于普通生活必需品的需求是人人都有能力购买的，如吃饭、穿衣等，富裕家庭吃好点，穿名牌，不富裕的家庭也能满足基本的温饱问题。而房地产市场需求——经济学意义上的有效需求，不是人人都有能力购买，尽管人人都需要住房。房地产是大宗商品，所需的金额很大，门槛很高，作为发展中国家的中国，尚处于社会主义初级阶段，大多数人的收入还不是很高，具备购房能力的家庭开始只是少数，因此十几年来，中国房地产市场需求的变化，更多的是需求的扩大。即便是作为世界最发达国家的美国，其住房自有率也才只有不到 70%，还有接近三分之一的家庭没有自己的住房，主要原因是这中间大多数家庭缺乏住房的购买能力，属于低收入阶层。市场购买能力会随着经济增长的持续和居民收入的提高而提高，也可以借助银行贷款或其他借款来实现。也就是说，房地产市场的有效需求，会随着具备购买能力的人群数量变化而变化。

购买群体规模扩大时，需求曲线向右移动，购买群体规模减小时，需求曲线则向左移动。而需求量的变化，则是指购买群体规模不变的条件下，价格的变化引起的销售量的变化。那如何解释“买涨不买跌”呢？为什么说它符合市场供求规律？因为房价上涨，可以产生两个效应。第一个效应是涨价将减少原有的需求，需求减少起着平抑价格的作用；第二个效应是涨价导致市场期望未来更高的价格，吸引新的投资者进入，起着推动价格上涨的作用①。说明房价上涨时商品房销售的增加，并非是需求量的增加，而是需求的扩大。

其次，投机都是在供不应求时产生的，投机的本质是一种扩大了的需求。投机需求的加入，直接推动需求曲线右移，在供给曲线不变的条件下，当然会推高价格。这是标准的经济学原理的解释，当然说它符合市场供求规律了。

再次，房价不断上涨的背后，更多的是价格以外的因素在起作用。土地垄断、市场管制等因素，形成供给短缺，推动供给曲线左移，导致房价上涨，也导致投机预期更乐观，从而引发投资投机活动增多；金融政策紧缩导致供给曲线和需求曲线同时左移，需求和供给同时减少；住房持有阶段税负提高，会压缩消费需求，使需求曲线左移，可以平抑房价；收入增加、流动性过剩、人口流入等，都可以引起需求曲线的右移，直接推高房价。但是，房价的过快上涨高过基本面价值，就是泡沫了，泡沫膨胀到一定限度，市场就会缺少接盘者，再生产过程必然中断，泡沫破灭，引发危机。市场供求规律始终在起作用。

最后，房地产市场供求规律的表现形式与普通商品有很大差异。普通商品的供求规律表现为即时性，市场机制很快会“指挥”供求双方做出平抑供求关系的决策，影响因素比较简单，而且购买以后一般不会再重复交易，所以不再关注之后价格的变动。而房地产市场则表现得较为“迟钝”，一是房地产市场符合蛛网模型，供给存在时滞，而需求不存在时滞，本期产量决定于上期价格，而本期需求量决定于本期价格；二是因为房地产市场除了供求关系影响之外，还有其他像上文所述的其他重要影响因素，这些因素会改变原

---

① 哈尔·R. 范里安著：《微观经济学：现代观点》，费方域等译，170 页，格致出版社，2011。

有的供给曲线和需求曲线；三是房地产作为实物资产，持有使用时间非常长，价值量大而稳定，重复交易现象普遍，同时具有投资增值的功能，等等。因此，房地产市场趋势一旦形成，在供给不能马上大幅增加的条件下，在预期和金融支持的助力下，其需求会快速扩张，需求曲线会不断右移，导致房地产市场不会轻易改变其运行轨迹，需要较长时间才能逆转。这就表现出了“买涨不买跌”的独特现象。但是，如果市场供给能够迅速增加，及时满足需求的扩大化，房地产市场的稳定有序增长，理论上也是可以实现的。

（二）房价长期处于波动上涨的趋势是世界各国的普遍规律

从全球主要的OECD国家1970年到21世纪初这个长期的视角来观察，住房价格的变化总体上呈现在波动中上行的趋势①。

房价是房地产市场供求关系相互博弈的结果，而其他因素如预期、金融支持等，归根结底还是要通过影响供求关系和竞争态势的变化，来影响房价的运动变化。由于发展中国家和地区与发达国家和地区所处的发展阶段不同，需求弹性与供给弹性相互关系不同，房地产市场供给需求方面的情况差异很大，因此有必要分别分析。

第一，发展中经济体房地产市场供求因素长期有利于房价上涨。

发展中经济体一般处于工业化和城市化的前期和中期，处于经济扩张、赶超战略实施阶段，表现在供求关系上，资本品和资产大都短缺，市场需求旺盛，包括房地产市场在内，基本上都供不应求。当然，发展中经济体也存在经济周期波动。但是经济周期并非我们分析的重点，因此我们暂且忽略经济周期的循环因素，直接从经济复苏阶段起始分析，从发展中经济体总体向上的趋势规律分析。

首先，发展中经济体房地产市场的需求价格弹性普遍很低。虽然房地产市场供给的价格弹性也低，但是相对而言，供给价格弹性还是大于需求价格弹性。也就是说，在房地产供给短缺的情况下，需求对于价格变化不太敏感，房地产尤其是住房作为生活必需品，相对缺乏弹性。同时，该阶段需求的收

① 吴松年：《经济结构性失衡与住宅价格关系研究》，复旦大学博士论文，2011。

入弹性较高，即收入的增长会带来需求更大的增长。

市场对房地产的需求不断提高。按照马斯洛的需求层次理论，人们对住房的需求也是从低端到高端的推进。人们最基本的需求是温饱的满足，房屋只要能够遮风挡雨即可。在安全需求方面，房屋的质量、构造等就变得重要了。当人们开始追求爱和归属感时，房屋的户型、温馨程度、基本生活配套等就比较讲究了。收入和学历的提高，必然要求能够得到其他人的尊重，随之对房屋的要求就会注重周边环境、花园配套、设施设备的档次等条件。当人们的职位、地位进一步提升时，房屋的价格就不再是最重要的约束条件，小区是否位于高端区域、建筑容积率、小区的舒适性、房屋的私密性等成为首要因素。因此，随着经济增长的不断持续，居民家庭收入的不断提高，对房地产的真实需求也同时增加。一是随着人们收入的不断提高，消费结构随之升级。在基本的生活消费得到满足以后，一部分先富裕起来的群体，必然会对居住品质提升需求，从而开启社会对住房的需求增加；二是工业化必然带来城市化，住房作为生活必需品，基本上没有替代品，城市化直接带来对房地产需求持续增加；三是随着人们收入进一步提高，人们追求舒适性、私密性、高质量的生活方式和水平的内在需求，以及休闲度假、养生养老等多样化的需求也随之而来，增加了对房地产多元化的需求；四是经济发展的规律显示，第一产业和第二产业必然向第三产业的转移趋势，房地产作为第三产业的必要生产要素是不可缺少的，需求也会增加；五是房地产需求的“倒U形曲线”规律显示，在经济发展的上升阶段，房地产市场需求具有一定的超前性规律。

其次，发展中经济体房地产供给也普遍缺乏弹性，同时存在一定的时滞。由于房地产市场处于短缺阶段，因此房地产市场的主导力量是增量市场，即新的楼盘上市供应的数量和价位，主导着整体房地产市场的走势。开发房地产的土地，必须是城市市政配套设施基本齐全的地块，而发展中经济体的城市建设只能是与经济发展同步进行的，同时工业化的扩张也在与城市建设形成对土地资源的竞争，因此对房地产开发用地存在着一定的制约，导致土地相对而言更加稀缺，加之建设技术和施工效率的普遍低下，能源和原材料还有交通运输的不足，使房地产供给呈现一定的滞后性。如果政府不能及时增加供给以及对市场供给信息进行必要的信息公布，以引导市场预期和理性消费，那么极易导致恐慌性的抢购，推动房价上涨。

处于经济扩张阶段的各项供给因素，其成本必然会不断提升。

土地资源作为房地产最重要的生产要素，价格具有不断上涨的趋势。一般情况下，大多数城市在短期内不可能增加大量建设用地，不断增加的土地需求与供给有限的矛盾就会促成土地价格的持续上涨，推动房地产价格进一步上涨，从而容易偏离其基础价值形成房地产价格泡沫。城市基础设施的不断完善，环境的不断优化改善也会使土地增值地价上涨。土地具有资本资产属性，因而容易成为投资投机的天然载体。土地可以通过出租赚取租金，也可以通过价格上涨获利。当土地市场充满投资投机气氛，土地价格很容易被拉升，投机过度时地价就会产生泡沫。土地增量价格的上升会带动土地存量价格的上升。尽管实际上市交易的土地数量（增量）可能只是整个土地数量（存量）的若干分之一，但增量交易的价格同时也提升了整个存量的价格①，比如某地地王一出，周边土地必定涨声一片。而实际上土地存量资产的价值量并非新标准下的价格。由于这个机制的存在，土地市场交易中，少数投机者就可以重新决定区域土地资源的价格，从而达到操纵市场牟取超额利润的目的。

除土地资源以外，随着经济的扩张，工业化城市化的推进，整个经济体的需求处在持续旺盛的阶段，容易导致发展中经济体房地产开发成本的提升，形成通货膨胀的局面，因此其他各种原材料和人力成本都会相应提高。与此同时，楼盘的规划设计、园林绿化、建筑品质都在提升，客观上房屋的成本也在提高。

由于房地产市场处于短缺阶段，供求关系有利于房地产供给一方，因此市场价格趋势上涨成为普遍现象。

第二，发达经济体房地产价格长期呈现平稳上涨态势。

---

① 赵善华：《虚拟经济视角下我国房地产泡沫生成机制研究》，华南理工大学博士论文，2009。

首先，投资性需求逐渐增加。市场经济体制下，供大于求是发达经济体商品供求关系中的常态。实体经济领域平均利润率下降规律或投资的边际效益下降规律是客观存在的，同时资本有机构成提高导致进入实体经济的门槛抬高，流动性过剩以及资本的逐利性，导致对房地产的投资需求必然会越来越多。尽管经济发展也在增加对房地产的居住消费需求，但是与发展中经济体比较，其需求量就要相差很多。

其次，存在着推动房价上涨的真实需求力量。OECD 经济学家克里斯多弗·安德烈（Christophe Andre）在《OECD 房地产市场概要》中对 18 个成员国 1970～2008 年的房地产周期进行了研究，发现最初购房需求并非出于投资回报，如对英国的调查显示，88%的购房者首要动机是拥有住房，另有 77%的购房者认为租房纯属浪费，只有 45%的购房者出于投资目的[①]。住房市场真实需求的原因，一是本地居民家庭小型化对住房新增的需求。研究表明，发达国家大都存在家庭小型化的倾向，如联邦德国，1960 年由 1 至 2 人组成的小规模家庭占家庭总户数的 30%，而到了 1982 年，该比例翻了一番，达到 60%。日本在 20 世纪 70 年代就基本实现了住宅总数超家庭总数的目标，但是到了 20 世纪 80 年代，家庭总数的增长速度远远高于住宅数量的增幅，使得住房需求激增[②]。二是外籍人士成为新增住房需求的生力军。由于发达经济体在经济发展、教育医疗、环境条件、政治稳定等方面，往往存在较大的优势，吸引着越来越多的外籍家庭前来学习、工作、就医、定居，这些新的移民大都具有很强购买能力，新的移民就意味着新的购房需求。如中国居民对加拿大、美国、英国、澳大利亚、中国香港、新加坡等地房地产市场的冲击，造成这些地区房价的较快上涨。据报道，2012 年以来，伦敦新建商品住房的绝大多数买主来自海外，其中半数以上来自中国及亚洲其他国家和地区，将伦敦房价推至 27 年来的最高点，以至于英国央行副行长肯利夫警告称“英国房地产价格猛涨是英国经济最大风险”，“房价上涨的速度远远超过人们工资

---

① 闫海琪：《对当前发达国家房地产周期及影响的思考》，载于中国信息报网络版，2010－05－24。

② 余南平：《世界住房模式比较研究——以欧美亚为例》，9 页、147 页，上海人民出版社，2011。

收入的增长，这是最大的威胁”[①]。三是本地中产阶层存在改善性购房的需求。通常情况下，中产阶层在发达经济体属于占据最大比例的群体，他们受教育程度较高，职业稳定，收入较高，有车有房，对社会的满意度较高，价值观比较接近，属于社会的稳定力量。他们的住房需求虽然得到满足，但是在他们的收入进一步提升的同时，他们的享受型需求也被激发出来，如健康需求、度假需求、养生养老需求等，这类房地产的需求也被创造出来。四是本地低收入群体存在的购房需求，不过该需求大多是靠政府的优惠政策被创造而来。一方面他们的收入也在逐渐增加，另一方面政府会针对这类群体出台包括购房补贴、税收减免等政策扶持。最典型的案例就是美国次贷危机之前的情形。

最后，相对于社会需求而言，土地和房地产等资源总是比较稀缺的，不能完全满足居民需求。马克思《资本论》在阐述级差地租时认为，土地供给的刚性在经济不断发展过程中会不断推高地价，地价的上涨形成了“虚假的社会价值”。

克里斯多弗·安德烈（Christophe Andre）的研究结论是，即使没有投机行为，价格预期也会增加住房需求[②]，从而推动房价上涨。因此，房地产价格长期平稳上涨存在合理性。

（三）推动房地产价格泡沫形成的因素和条件

正常情况下房地产价格的上涨，并不能等同于房地产价格泡沫的形成。德国、荷兰、法国、新加坡等国家的房价，长期以来呈现总体上涨的趋势，但是却并没有出现泡沫。说明房地产价格泡沫现象并非存在于所有的市场经济国家。泡沫的形成，需要具备一定的环境条件。

1. 对目前房地产价格泡沫研究中一些观点的不同看法。

（1）对当前几种主流观点的简要概况。现有研究中，关于房地产价格泡沫的成因主要有几种主流的观点，如西方学者的金融支持过度理论、金融自

---

① 王蕾：《国内留学生家长抄底伦敦楼市 清晨五点半排队购房》，载《第一财经日报》，2014－07－07。

② 闫海琪：《对当前发达国家房地产周期及影响的思考》，载于中国信息报网络版，2010－05－24。

由化推动、行为金融学者的“跟风”心理理论或“羊群效应”、对市场的非理性预期和投机、宏观经济基本面推动理论等。更多的研究认为是金融支持过度和投机过度的产物。

金融支持过度理论：该理论认为房屋本身虽然属于实体经济的范畴，但是房地产资产除了能为人们提供居住使用价值以外，因其价值稳定还具有良好的保值增值的效用。因此，房地产的产权就成为融资业务的良好担保品，在金融杠杆支持下就具有了虚拟资产属性。当房地产市场开始出现繁荣迹象时，部分居民在获取投资高收益的动力驱使下，以原有的房地产作为抵押去申请贷款，用于投资新的房地产，于是房地产市场的需求就被金融支持有所放大，房价又被推高，于是吸引更多的人去申请银行支持来投资房地产市场，增值了的房地产又被重新抵押，投机行为导致独立于房地产实物之外的房地产产权价格快速上涨以至于形成泡沫，房地产市场的内部风险急剧膨胀。Allen 和 Gale（2000）的模型将人们用自有资金投资的基准点作为资产的基本价值，假定投资人是用借贷来投资，就存在风险转移问题，借款投资人对投资风险只承担部分责任，风险资产的价格容易被推高到基本价值以上，于是资产泡沫产生了。由于存在信息不对称，贷款决策人不能观察投资项目的风险状况，于是出现了代理问题。对于通过抵押贷款进行房地产投资，这种代理问题是十分常见的①。日本经济学家野口悠纪雄也认为，投资人用借来的巨额资金进行高风险投资获取高额的私人回报，却对投资失败承担极为有限的责任，因此从代理理论出发解释资产泡沫，具有很强的解释力和现实意义。Krugman 通过分析美国储贷协会在20世纪80年代期间因房地产泡沫破灭而大量破产的现象，认为所有的房地产价格泡沫都有一个共同点，即都是由银行融资诱发。

投机过度理论：有的学者认为，非理性预期、信息不对称等因素引起的投机者过度投机行为是引起房地产价格泡沫形成的重要因素。凯恩斯全面分析了人的本质，认为投机行为在某种意义上可以理解为是一种投资冲动②。市

① 殷波：《房地产泡沫与金融危机》，华中科技大学博士论文，2011。

② 凯恩斯：《就业、利息和货币通论》，宇琦译，187页，湖南文艺出版社，2011。

场并不总是有效的，投资者对信息的收集差异很大，对信息的利用能力千差万别，对未来房价的预期也不相同，市场存在着大量“愚笨”的投资者以及被情绪左右的投资者，从而容易引起房地产市场的非理性繁荣。在这种情况下，房地产的基础价值只能决定房价的一部分，因羊群效应、示范效应等外部因素诱发的投机，就成为推动房价形成泡沫的主要力量。

信用扩张论：张斌彬认为，由非理性预期、信息不对称等因素引起的投机者过度投机行为、现行国际货币体系的内在缺陷引发的美元泛滥、金融自由化引发的过度信贷和热钱流入以及银行信贷扩张等因素都是引起资产价格泡沫形成的重要因素，但引发资产价格泡沫的最根本原因是信用扩张。因美元的泛滥、银行信贷扩张共同引发的信用扩张导致了各国的货币供给大量增加，引发了货币的流动性过剩，当过多的货币流动性分摊到有限的资产上时，资产价格泡沫就出现了①。

虚拟资产属性论：经济学家洪银兴（2009）的研究认为，在现实的市场机制运行中，包括房地产在内的资产市场机制与商品市场机制的方向不完全一致。由于商品的需求是用于消费，因此商品市场价格同需求呈反向变化。而资产需求是用于增值，因此资产市场价格变动与其需求呈正向变化，就是说，房地产、股票等常常是买涨不买跌。赵善华（2010）系统地阐述了房地产经济的虚拟特性，指出房地产的资本化定价方式是房地产虚拟特性的行为基础，而房地产价格的强波动性是房地产虚拟特性的主要表现。正是由于房地产价格的强波动性特征，才导致了房地产经济有可能出现泡沫危机②。

土地稀缺性观点：陶海波（2010）认为，房地产价格泡沫具有易成性的特征，易成性的直接原因在于房地产具有投资和自住的双重属性，以及宏观政策的介入及人们对房价上涨预期的普遍存在；根本原因则在于土地的稀缺性，以及每处房产所具有的相异性及唯一性。另外，各国普遍实行的居者有其屋及改善居住环境的政策是造成房地产价格上涨预期的重要支撑，这种政策支撑的存在，一定程度上推动着投资需求膨胀，造成房价不断上涨，使人

① 张斌彬：《信用扩张、资产价格泡沫与金融危机的关系研究》，东北财经大学博士论文，2011。
② 赵善华：《虚拟经济视角下我国房地产泡沫生成机制研究》，华南理工大学博士论文，2010。

们很容易产生房地产是保值增值的良好投资品的心理预期。由于这种预期的存在推动着大量资金进入楼市，从而进一步推动着价格的上涨，羊群效应的存在使得短时期内价格过快上涨，形成房地产价格泡沫。

金融自由化论：该类观点认为金融自由化放松了对金融机构的监管，促进了商业银行等金融机构之间的竞争，竞争的加剧驱使金融机构将更多的贷款投向高风险、高收益的行业，并在金融创新的激励下，设计出许多复杂的金融衍生产品，绕开金融监管，为金融体系平添了许多脆弱性。利率在金融自由化的改革中逐步市场化，资本跨境监管放松，资本的逐利性使越来越多的国外资本进入本国房地产领域，还有学者认为引发房地产价格泡沫的最根本原因是金融自由化，主要理由是金融自由化推高了房地产价格的上涨，形成房价泡沫。但是反对的观点认为，如果没有信用扩张引发的市场流动性过剩，即便金融机构在金融自由化改革后展开激烈竞争，具有增加高风险业务的冲动，但是也会受有限资金的制约，没有能力过多投向高风险高回报的行业，对房地产市场增加不了多少杠杆。另外金融自由化改革下外国资本的大量涌入，本质上也是全球流动性过剩进而使资本跨境配置投资目标的具体体现，因此，金融自由化只是推动房地产价格泡沫的因素之一，但并非最根本原因。

许多学者认为房地产危机与住房投机行为密切相关。迈尔派茨和沃奇特（Malpezzi 和 Wachter2005）建立了住房投机模型，通过对需求和供给的弹性变动及其相互作用进行分析，得出供给、需求和投机行为共同对房价波动产生影响。研究结果表明，当住房买卖市场上供大于求时，房价主要受到供求规律影响，但是当供不应求时投机行为对房价产生重要影响。

综上所述，国内外理论认为，由于房地产具有居住和投资双重属性，土地具有稀缺性，因此对投资和投机行为具有吸引力，金融偏好对房地产市场的投资，房地产市场容易滋生泡沫。

（2）对上述观点的不同看法。本书认为，国内外对房地产泡沫的上述研究，人为地将简单问题复杂化了。上述研究有个共同的误区，主要表现在：

第一，认为房地产市场供给是缺乏弹性的。这种理论观点的出处，依然

是土地的稀缺性约束。诚然，土地的稀缺性是客观存在，但这并不能成为房地产供给弹性不足的理由。首先，人类居住和生活的空间，只占用了很少的一部分土地，各国还有大片的土地没有得到利用。随着科学技术和劳动生产率的进步，土地可利用面积不断增大是不争的事实。其次，随着技术进步，土地的利用效率也在提高，近年来的建筑高层化就是一个解决手段。再次，从日本的反面案例中可以得出证明。20 世纪 90 年代末期日本地产泡沫的起源，与日本的“土地神话”有很大关系。日本是世界上人口密度最大的国家之一，土地的稀缺性观念在民间扎根发芽，使人们深信不疑，于是在其他多种因素的促进下，疯狂进行土地投机，使土地泡沫越吹越大，最终泡沫破灭，土地神话也被打破，以至于其全国住宅用地价格出现连续 17 年下降的局面①。日本的事实说明，所谓的土地稀缺性只是一个神话。最后，土地供给的刚性约束在短期是存在的，但是在长期并不存在。在市场机制的指挥下，抑或加上政府的有效调控，长期土地供给理论上完全可以满足房地产市场的需求。研究表明，建设用地的供给弹性可以小到零，也可以大到 10 以上，主要取决于城市管理的严格程度②。因此，土地的稀缺性只是一个相对概念。

第二，没有将房地产市场的制度变迁因素考虑进来。首先，产权制度才是房地产的核心。房地产是房、地与产权的统一体，房和地只是房地产概念的物理载体，产权才是房地产作为资产的灵魂。只有将房地的实物产权化，房地产才有可能成为虚拟资产，才有可能被投资投机追逐。当然，并不是所有的产权化实物都会被投资甚至投机。要具备投机的条件，除了产权，还有诸如稀缺性、实物及价值稳定性等其他条件。如果说供与求是商品市场的内因，那么可以说房地产市场的内因，除了市场供求关系以外，产权管理制度、稀缺性、实物及价值稳定性也是其内生变量，即内因，这就是房地产市场与普通商品市场最大的不同。按照制度变迁理论，不同的产权管理制度，暂且

① 田春生、郝宇彪：《国际金融危机：理论与现实的警示》，42 页，中国人民大学出版社，2010。

② 闫海琪：《对当前发达国家房地产周期及影响的思考》，载于中国信息报网络版，2010－05－24。

抛开其管理效率差异不论，还存在着持有成本不同、交易成本不同、供求关系不同、市场结果不同，等等。其次，所谓的非理性预期、投资投机的“羊群效应”、信用膨胀、金融过度支持等，都是外部因素，即外因。马克思主义辩证理论认为，内因是事物发展变化的根本原因，外因是事物发展变化的必要条件，外因只有通过内因才能起作用。内因与外因共同作用，才能推动事物发展变化。最后，具体到房地产市场，国外有德国房地产市场一直保持稳定的成功经验，属于制度成功的例子；国内有贵阳、昆明、银川等城市，属于供给完全可以满足需求，从而使房地产价格没有泡沫的例子。如果将外因作为房地产价格泡沫形成的最根本因素，则是本末倒置。

2. 经济景气周期是房地产价格泡沫形成的宏观条件。金融不稳定假说和资产泡沫化理论显示，房地产价格泡沫总是形成于经济周期的上升阶段。国内外研究表明，房地产市场具有明显的“顺周期性”特征，而且与宏观经济的周期具有高度相关性和基本一致性。

首先，从理论研究角度来看，当宏观经济处于上行周期，房地产行业一般也呈现投资活跃、房价上涨的情形；在宏观经济的下行周期，房地产行业通常就会出现房屋滞销、房价下跌的情形。在经济繁荣阶段，房地产市场投资活跃，需求旺盛，在流动性宽松的情况下，银行信贷大量集中于房地产业。房地产投资的良好收益，导致市场预期进一步向好，激励越来越多的社会资金流入房地产，形成市场羊群效应和普遍盲目乐观的情绪，从而推动房地产价格高涨，形成价格泡沫。另一方面，如果宏观经济掉头向下，随着经济增长进一步回落并出现衰退情况时，房地产市场的供求关系也将发生反转变化。极有可能出现房地产价格泡沫破裂，随之进入衰退收缩阶段。所以，经济周期的波动性对房地产价格泡沫的形成和发展影响巨大，并促成房地产价格的异常波动①。但是，由于房地产市场存在与金融的正反馈机制，导致周期波动程度要大于经济周期波动。在一定的市场条件和市场信息下，当人们预期房价未来会上涨时，就会增加对房地产的投资，促使房价继续上涨。随着房价

① 齐讴歌：《房地产风险传染机制及其动态效应研究》，西北大学博士论文，2011。

的进一步上涨，人们对未来房地产市场预期更加乐观，从而产生正反馈效应，推动房价更大幅度更快地不断上涨。相反，当人们对房地产市场未来预期悲观的时候，房地产价格也会在正反馈机制下一轮又一轮下跌，从而使房地产周期的波动总是大于实体经济波动①。但是，从更长期的时间视角来观察，房地产价格总体上呈现在波动中上行的趋势规律。

其次，在实证研究层面上，绝大多数房地产市场泡沫国家的表现，支持上述的结论。与宏观经济总体上常常处于扩张和收缩两大周期性运动之间交替循环相同的是，房地产市场也常常在上升周期与下行周期之间轮回。分析主要的 OECD 国家从 1970 年以来房地产价格波动规律得知，总体上这些国家的住房市场周期平均为 10 年多，其中房价上涨阶段平均约为 6 年，在此期间住房价格实际平均上涨 45%。房价的下行阶段平均不到 5 年，在此期间住房价格实际平均下降 25%。但是从 1970 年到 21 世纪初这个长期的视角来观察，总体上住房价格的变化趋势是在波动中上行的。本轮住房价格上升周期与以前相比有三个显著特点，一是住房价格的上涨幅度远远超过以往。美、英、法、荷等国家住房价格累积上涨幅度远远超过之前几个住房价格上涨周期累积的涨幅。二是总体上住房价格处于上行趋势的几乎所有国家，最新一轮房价上行周期持续的时间都明显拉长。三是最近的一次住房价格上涨周期几乎同时出现在绝大多数 OECD 国家，以及许多新兴市场经济国家，具有高度的普遍性，只有德国、日本等少数国家是个例外②。

最后，关于经济周期与房地产周期的先后关系。有学者认为，通常情况下，房地产周期波动会稍稍领先于经济周期波动③。但本书认为，如果没有外生因素强力刺激，理论上房地产周期应该稍晚于经济周期波动。具体原因，在宏观经济的复苏初期，实体经济领域投资需求旺盛，货币和金融政策也是优先支持实体经济发展。房地产行业由于所需投资额度高，产品价值大，投资期限长，开发周期长等特点，所以在经济复苏的初期，不论是市场需求还

① 谭晓红：《我国房地产价格波动与金融风险研究》，西南财经大学博士论文，2012。
② 吴松年：《经济结构性失衡与住宅价格关系研究》，复旦大学博士论文，2011。
③ 李玉梅：《我国房地产价格变动特征及其影响因素的实证研究》，吉林大学博士论文，2012。

是市场供给，都需要较长的时间才能形成，资金的流入显然会滞后于实体经济，房地产复苏周期较晚于经济周期。在宏观经济从复苏走向繁荣期间，随着人们收入的提高，对房地产的消费需求首先大量出现，在房地产市场供给因为时滞不能立即满足市场需求时，房价会向上波动，投资型需求随之产生，金融支持会加大力度，也带来了投机性需求。当宏观经济达到繁荣时，实体经济出现产能过剩的行业越来越多，社会流动性也越来越充裕，资本的逐利性使房地产业必然成为投资的焦点，该阶段很可能形成房地产市场的非理性繁荣，甚至严重的房地产泡沫。虽然经济周期接下来可能会进入下行通道，但房地产业由于社会过剩流动性的大量介入，继续处于繁荣周期阶段，再发展下去，就会使泡沫过度膨胀，市场循环随时面临中断的风险。厘清理论分歧，有利于对于房地产调控政策建议更具科学性和准确性。

3. 房地产的特殊属性是房价泡沫易生性的内因。第一，房地产同时具有多重属性，使其非常适宜投资和投机，原因有六点。

一是具有不可替代的使用价值。住房作为人类生活的必需品，这是毋庸置疑的。

二是具有实物及价值的稳定性。保证了投资不会因为时间而变质，不会被挪用，也不容易贬值，长期来看总体呈现稳定上涨的趋势。

三是具有较明显的稀缺性。这里所说的稀缺性是指短期供给缺乏弹性，但长期是可以改变的。

四是需求不存在时滞而供给存在较长时滞。这个因素并不是无法克服的，政府有能力通过改变规划和供应计划，可以改变市场预期，从而可以改变因供给时滞造成的短缺恐慌。

五是具有法律层面上的产权保护特征。房地产是实物资产，具有不可移动性，只有法律上的产权保护制度的确立，才使其具备了完整的权利。一般意义上的权利包括所有权、使用权、占有权、处置权、剩余索取权等，房地产的不可移动性，使其不像一般商品那样拥有即所有，而必须借助产权保护制度，才能保证完整的私人权利和投资收益的实现。否则，投资者的收益得不到保障。缺乏产权保护的房屋只能称作房子，不能够称作房产。因此，产权保护下的房地产才有可能成为投资的标的。

六是存在活跃的交易市场，以及具有形成共同价值信念的社会机制（Tirole，1985）。

上述属性，使房地产成为人们乐于投资的工具，非常容易放大需求。

在经济发展的初期，房地产只是作为生产要素或者消费产品，属于实体经济的范畴。在社会有效需求视角下的基本居住需求逐渐得到满足以后，一般会出现两种情况。一是中高端群体会将一部分财富继续配置在房地产领域，会带来投资的示范效应；二是在已购房人群尤其是富人阶层享受高品质居住环境的影响下，带来消费的示范效应。

房地产的投资示范效应：在经济增长的背景下，人们的收入不断提高，派生出了投资理财、保值增值的需求。房地产因其特殊的投资属性，以及房价持续上涨的预期，吸引了越来越多的投资者。当一些人在房地产市场投资并获取丰厚回报后，激励了更多的人进入房地产市场参与投资，推动房价上涨。房价上涨又更鼓励了投机者的行为，从而产生房价上涨—增加投资—房价再上涨的循环。

房地产消费的示范效应：受攀比心理影响，在富裕阶层享受高品质居住条件的示范下，暂时还不具备购房能力的低收入阶层也加入了购房行列。这部分需求本来并没有被市场供给者所预期，市场供给当然就更加不能满足需求了，短缺现象更加严重。激发房地产市场价格随之继续上涨，激励着市场各方投资主体更大胆地参与。经济全球化使国际热钱到处投机成为可能，在房地产市场持续走强的情形下，国外过剩的流动性也会通过多种渠道进入，流向房地产市场，推动房价不断上涨，导致房地产价格泡沫进一步膨胀。

第二，因为存在建设时滞和土地制约，供给在短期无法大量增加。因而在短期需求集中释放的时候，极易导致供给缺口，推动房价上涨。

4. 政府失灵下的供求失衡为房价泡沫的形成创造了条件。房价稳定的前提是市场供求关系的基本均衡。市场需求的不断增加是世界上所有国家普遍存在的既成事实，那么供给能否满足需求就成为决定房价稳定与否的核心。Glaeser，etC（2008）通过对美国不同地区近年来住房价格增长路径的差异研究，认为住房市场供给弹性的不同是导致地区间房价差异的主要原因，因此对住房市场的研究必须同时考虑需求因素和供给因素①。由于土地和产权是房地产市场最大的制约因素，也是最重要的生产要素。一般情况下，政府对土地和产权均有较大的管制权力。出于扩大自身规模和权力的需要，同时也出于应对社会舆论姿态的需要，大多数国家政府对房地产市场采取各种管制措施，尤其是对土地开发边界、用途、出让等事项进行管制，对市场供给主体行为进行干预，等等。但是政府管制成功的很少，绝大部分国家的管制，都对市场的供给带来不利的影响，人为地阻隔了市场各种要素的自由流动，扭曲了市场主体的行为，扰乱了市场的正常运行，强化了投机预期，从而为泡沫的形成创造了条件。

第一，与市场失灵相对应，同样存在政府失灵，即政府在配置资源中的低效率以及政策目标“异化”。政府失灵的原因，既有客观因素，也有主观因素。客观上，政府在决策中，也会受到信息有限、能力有限的困扰，出现决策偏差。主观上，政府决策是由具体人来执行的，而具体决策者和执行人具有利益倾向性，很难保证其利益倾向与社会利益的一致性，很难消除权力寻租现象，因此政府决策常常不能达到帕累托最优。现实中经常会看到，政府工作人员因腐败案件曝光，披露出其在职期间大量损害公众利益的行为。政府治理因缺少竞争和激励机制而造成运作低效率的现象也比比皆是。公共选择理论的开创者布坎南指出，人们必须破除凡是政府就会一心一意为公众谋取利益，都会把公共事业办好的理念，因为政府是由政治家和公务员组成的群体。其一，他们都是“经济人”，都有各自的私欲，都以追求自身利益最大化为行为准则；其二，政府中的政策决策者和执行人不是先知先觉和大彻大悟者，不是无所不知、无所不能的，他们拥有人类所共有的一些弱点，如信息、知识、能力的有限性；其三，现实社会具有高度复杂性，即使政治家主观上希望把事情办好，也会遇到很多局限而难以做到，甚至出现好心办坏事

---

① 转引自吴松年：《经济结构性失衡与住宅价格关系研究》，复旦大学博士论文，2011。（Glaeser，Edward L. Gyourko，Joseph，and Saiz，Albert. 2008. Housing Supply and Housing Bubbles. NBER working Paper No. 14193）

的现象[①]。

第二，政府管制往往导致房地产市场供给不足，需求过度。政府失灵主要表现为越位、错位、缺位。首先，政府越位表现在直接干预房地产市场的供给与需求，如美国一方面过度支持低收入家庭的购房需求，另一方面部分州政府又加强了对土地利用和住房开发的管制，结果导致供求关系失衡。2000年以来，美国政府为了支持低收入群体购房，除了常规的税收减免措施外，还采取了多种手段，如专门出台法规支持，利用舆论导向鼓励银行向低收入群体发放住房按揭贷款，用政府背景的公司为银行贷款提供担保，等等。商业银行和住房贷款机构（如房利美和房地美公司）在政府政策鼓励下，在房地产市场上升的利益驱动下，逐渐放弃银行谨慎的信条，放宽了贷款条件，向不具备贷款条件的大量次级客户发放贷款和提供担保。政府导向和金融信贷的过度支持，无疑为房地产市场最终走向泡沫起到了助推器的作用。统计显示，政府对土地管制的区域，房价就大涨；政府对土地没有管制的区域，房价不涨或微涨[②]。其次，政府缺位表现在保障性住房建设的缺失和滞后，将受保障群体推向市场，放大了市场需求。还表现在房地产税制体系的不合理，如日本对土地交易征收高税率，但是土地持有税率却非常低，激励投资者购入土地后囤地等待升值，一方面更加剧了土地的短缺，另一方面造成社会资源过多沉淀在土地领域。再次，政府错位表现在部分地方政府存在“暗箱操作”现象，为其利益代表人进行利益输送。还有的地方政府与房地产开发商互相配合，拉高地价和房价，双方同时得利。政府本来应该是裁判员，结果却成了运动员，直接参与竞争与民争利。

为什么德国、荷兰能够保持房价的多年稳定？实际上，房地产价格泡沫的最终形成，投资和投机的冲动绝不是根本原因。根本还是政府的管理制度和政策为泡沫提供了易生的温床。Hitoshi 通过对 1980～1992 年美国、1983～1990 年日本、1997～1998 年东南亚房地产泡沫的研究，发现房地产泡沫不仅仅是由金融信用的过度支持导致的，政府财政政策及货币政策的失误、经济

---

① 转引自文学国主编：《政府规制：理论、政策与案例》，89 页，中国社会科学出版社，2012。

② 托马斯·索维尔：《房地产的繁荣与萧条》，机械工业出版社，2013。

结构失衡等问题也是导致房地产价格泡沫的重要因素①。

第三，房地产市场失灵部分是由于政府失灵所导致。当出现市场机制自身不能有效配置资源的情况时，就是市场失灵。市场并不是万能的，现实中绝对的完全市场是不存在的。房地产市场之所以比普通商品市场更容易出现市场失灵，主要原因是，房地产市场是一个容易受到政府管制和干预的市场，政府管制和干预融入到了房地产市场从开发、建设、销售、租赁、消费等全过程。客观上，由于房地产市场的特殊性，政府不可能做到完全不干预。

有的学者认为，房地产市场失灵现象严重，主要表现在：一是房地产市场的垄断问题比较突出，区位垄断、土地稀缺性形成的自然垄断、房地产行业进入的壁垒垄断等。二是房地产市场无法解决低收入群体的住房问题。三是房地产市场中存在严重的信息不对称问题，供求信息不对称、质量和配套等信息不对称、价格信息不对称等，事实上，没有一个商品市场在上述三方面是信息完全对称的。如果市场要素资源能够自由流动，在马克思平均利润率规律的调节下，市场能够做到充分供给 ，消费者可以用脚投票，垄断、信息不对称问题是可以解决的。另外，低收入群体的住房问题、公平问题，应该是政府职责范围的事情，根本就不应该推给市场来解决。在政府的辅助下，市场也是可以像其他普通商品一样，基本上做到让市场机制发挥出应有的资源配置作用。

第四，正确的政策可以促进房地产市场平稳发展。本书认为，如果一国政府实行市场经济的政策，让市场机制在资源配置方面发挥决定性作用，辅以消除市场失灵的管理手段，并及时公开市场供求信息，及时调整供给计划以影响预期，打破土地垄断和市场进入壁垒，使房地产市场要素实现充分自由流动，那么，房地产市场以自身的价格发现机制可以发挥有效配置资源的作用。因为本书前面的论述已经证明，房地产市场也是适应供求规律的。相反，如果政府实行不当政策，如土地管制、错误政策引导、金融监管放松等，则会火上浇油，误导市场形成地价、房价会轮番上涨的预期，预期的循环强

① 赵善华：《虚拟经济视角下我国房地产泡沫生成机制研究》，华南理工大学博士论文，2010。

化不断推动房价形成螺旋式上涨。如日本在地价上涨初期的土地交易管制、金融监管放松等，美国在次贷危机前对信用偏低群体不当的购房激励政策及部分州政府对土地的管制等，都对房地产市场泡沫的形成和膨胀起到了推波助澜的作用。如果政府运用税收政策、产业政策、经济政策、法律等手段对房地产市场进行合理管制，同时采取去投机化政策，那么可以避免房地产价格泡沫，实现房价的稳定，如德国就成功维持了房价的稳定。

5. 外部因素为房地产价格泡沫形成起到了推波助澜的作用。

第一，信用膨胀为房地产市场提供了充足的流动性。

一般来说，市场经济的特征既可以概括为商品经济，也可以概括为货币经济，但现代市场经济特征最准确的概括应该是信用经济。马克思的分析认为，在发达的市场经济中，信用是再生产过程中全部联系的基础。

信用膨胀是市场经济的常态。信用包括商业信用和银行信用。商业信用是以具有一定规模和良好社会声誉的商业机构为发行主体，由其发行商业承兑汇票，承诺到期无条件履行支付义务，用于向合作商家购买商品或服务。商业承兑汇票具有一定期限，其实质是在支付能力不能满足扩大再生产需求的情况下，利用自身信用背书进行延迟付款，使生产的扩张突破了企业现有资金的限制，间接扩大了信用规模。如果这种汇票在它们期满之前，本身又作为支付手段参与社会流通，则其创造的信用发挥了乘数作用，极大地放大了社会信用规模。这种商业票据的流通形成了事实上的货币流通。银行信用的作用更为突出。与商业承兑汇票相对应，商业银行发行的汇票是银行承兑汇票，这是一种比商业承兑汇票信用更好、社会接受更为普遍、发行规模更大、重复流通支付次数更多的支付工具。银行只需要收取企业一部分资金作为保证金，就可以为申请企业开具数倍于保证金的汇票，这种汇票的流通就代替了货币的流通，通过银行信用放大了社会信用总规模，使全社会突破了资金的限制，支持社会总生产扩大化。银行体系通过存款和贷款的反复操作，可以产生派生存款，理论上可以创造出几乎等同于存款准备金率倒数的存款乘数，尤其是电子支付手段越来越普遍的今天，人们留存现金越来越少，使银行信用创造的能力越来越扩大。同一笔货币资本反复使用，就创造出更多的货币流动性。因此，流动性充裕甚至过剩也成了市场经济体制下的常态。

第二，金融支持加快了房地产泡沫的膨胀。

首先，投资活动催生了对融资的需求。市场经济是一个不断进行投资的经济，企业和居民在经济增长的过程中，积累了越来越多的收入和财富。一部分收入会用于消费和维持简单再生产，日常消费在人们不断增长的收入中所占比重也是一个持续下降的趋势，恩格尔系数的不断下降是早已被证明的定律。因此理性经济人会将剩余收入用于投资获益或扩大再生产。市场经济中金融信用的创造，使得投资活动会越来越多地采用融资的方式，尤其是扩大再生产，需要购置大额的资本品，基本上都会采用融资来扩大杠杆。

现代企业的资金来源结构中，内部资金即自有资本往往只占其很小的比重，主要依靠的还是外部资金，包括银行及其他金融机构贷款和资本市场的股权融资。从这一意义上说市场经济就是信用经济。信用经济的实质是金融经济。

其次，资产价格不断上升是维持投资融资的前提条件。融资活动内在要求一方面到期必须偿还借款本金和利息，另一方面投资者还得有利润。如果经济正常运行，其产出商品的价格体系必须在完全补偿成本的基础上，还必须包含利润，这样才能保持生产的连续性。要实现融资活动的循环，市场“就有必要让现在持有资本资产的所有者所获得的收入来证明其过去的投资获得了收益。因为只有过去的投资被证明是有效的，才能期望用未来证明现在的投资和融资决策是有效的。”[①] 这样周而复始地循环，其结果是包括房地产在内的资本资产价格只能不断地被抬高，产生价格泡沫。

再次，房地产价格的不断上升往往会诱致金融过度支持。房地产业属于资金密集型行业，天然需要金融的支持。如果缺少金融支持，房地产业的发展就会非常缓慢和滞后，无法满足市场需求；但是如果金融支持过度，又容易导致房地产市场的过度繁荣甚至泡沫。另外，金融发展也需要房地产业的支撑。房地产的不可移动性及价值稳定性特点，使其具备成为良好抵押物的

---

① 海曼·P. 明斯基：《稳定不稳定的经济》，石宝峰、张慧卉译，清华大学出版社，2010。

条件。按照资产泡沫化理论，在面临信息不对称的困难下，银行等金融机构的信贷活动，面对着形形色色的“逆向选择”和“道德风险”，而抵押和质押手段的采用，可以有效增加贷款违约者的成本，降低银行信贷风险，减少逆向选择和道德风险行为。抵押物中，一般有房地产、汽车、生产厂房及土地使用权、专用设备等，就其价值的稳定性与处置的难易程度而言，目前尚无出房地产之右者。房地产拥有价值的稳定性、估值的相对透明、产权易分割、市场认可度高、正常处置时不乏接盘者等优势，因此，银行非常愿意将房地产作为抵押物发放贷款，于是，房地产与金融的结合就成为必然。金融机构更愿意介入房地产领域，因为房地产领域产业链长，业务空间巨大，可以发放土地储备贷款、房地产开发贷款、建设贷款、个人住房贷款等，风险相对可控，利率较高。从历史上多次房地产泡沫案例都表明泡沫与银行信贷扩张之间存在高度的相关性。在房地产业发展初期，金融的支持是符合帕累托改进的，也是双方利益诉求的必然结果。在房地产市场进一步繁荣的过程中，一方面社会资金在源源不断流入金融体系，为金融提供了富余的流动性；另一方面，金融体系必须为过多的流动性寻找高收益的出路，正在向上发展的房地产市场就成了不二之选。从风险转嫁理论和代理理论角度出发，房地产金融市场里的借款人和金融机构的代理人都有激励加大杠杆，不断加大房地产投资力度，金融的支持，使房地产市场从温和上涨容易变成快速上涨，引发房价泡沫。

无金融支持的房地产价格泡沫也是存在的，但对于房地产这样大宗交易的特殊商品，没有金融支持则只会导致局部的、短期的泡沫。历史上荷兰郁金香泡沫、英国南海泡沫、美国佛罗里达土地泡沫等，都是在没有金融支持的情况下发生的。

金融支持是房地产泡沫膨胀不可或缺的外部条件。信用扩张与房价泡沫具有相互激励加速器的作用。

第三，社会资本寻求收益的内在要求推动房价形成泡沫。

首先，马克思的研究揭示，实体经济领域存在平均利润率下降规律或投资的边际效益下降规律，同时资本有机构成不断提高成为必然的趋势。在市场经济条件下，普通商品供大于求是常态。因此，经济增长必然导致流动性过剩和实体经济产能过剩，过剩的流动性必然寻求收益率更高的投资标的，房地产的双重属性可以满足投资者追求收益、规避风险的基本条件，房地产市场成为较为理想的投资场所。繁荣提供了充足的物质条件。

其次，资本有机构成提高导致进入实体经济的门槛抬高，形成对社会中小资本的自然壁垒，使过剩的流动性难以投向实体经济，极易流向房地产业，以及资本市场等金融资产领域。其结果是虚拟经济领域的规模越来越高于实体经济，形成经济的空心化趋势。

在开放经济条件下，国际投机资本和热钱的涌入会加剧对房地产市场的投机，推动资产价格的过快上涨。当资产价格泡沫破灭时国际热钱的逃离会加剧资产价格的下跌程度。

三、房地产价格泡沫引发房地产金融风险的机理

按照金融不稳定假说和资产泡沫化理论，房地产价格泡沫的破裂是引发房地产金融风险的主因，或者说房地产金融风险是由房地产价格泡沫破裂引发的。但是关于房地产价格泡沫破裂的原因，则有多种观点。主流的观点认为，流动性供给骤然减少是房地产价格泡沫破裂的主要原因，也是向金融风险传导的关键因素。

艾伦和盖尔（Allen 和 Gale）的模型通过对金融机构的信贷支持在资产泡沫中所起的作用进行研究，认为供给缺乏弹性的风险资产如房地产，其收益率的不确定性以及金融机构信贷支持的不确定性是导致泡沫形成的原因所在①。本书认为，房地产投资收益率的不确定性和金融支持的不确定性，是房地产金融风险形成的重要原因。

（一）房价缺乏回复机制不易下跌容易导致风险累积

前文提到，房地产市场是短期供给刚性的市场，在短期无法实现供给的自动调节；没有卖空机制，拥有者只能通过房价的上涨获利，因此具有持续

① 转引自谭晓红：《我国房地产价格波动与金融风险研究》，西南财经大学博士论文，2012。

向上的动力；市场主体大都具有一定的经济实力，导致房价存在价格刚性或黏性；房地产流动性较差，交易成本高，且持有阶段具有消费报酬的效用。因此，房价缺乏自动回复机制。投资者的有限理性和市场信息不完全、不对称导致了房地产市场存在“自我实现式预期效应”，使房地产价格泡沫的维持成为可能。

（二）实体经济与房地产的相互正反馈，常常导致房地产价格泡沫随经济繁荣不断膨胀

一方面，在经济增长的过程中，人们的生活水平也不断提高，在温饱问题普遍得到满足以后，一部分人的需求就会向上一层次发展，房地产市场需求就会逐渐被激活。同时，经济繁荣也给人们带来了丰厚的收入，住房购买能力增加，推动房地产市场走向繁荣，房价也会温和上涨。另一方面，房地产市场的活跃，房价的不断上涨，带来了联动效应和财富效应。联动效应即房地产业的发展，会带动包括钢铁、水泥、建材、建筑业、装修业、物业管理、销售中介等50多个行业的发展，加快经济增长。财富效应指消费者购买房屋后，随着房价的不断上涨，其可以通过房地产抵押融资等手段，获得经营性资金或消费性资金，也在扩大经济增长幅度，同时消费者心理预期也变得敢于消费了。

（三）涨价激励下房地产市场供给大幅增加容易导致供求失衡

市场经济条件下，商品市场生产过剩、供大于求是必然规律。具体到房地产市场，因为符合商品的供求规律，在资源要素处于市场化机制的条件下，房价的持续上涨必然会激励房地产开发商在较长时间内保持乐观情绪，在屡次成功后变得盲目乐观，不断加大房地产开发投资，增加市场供给，从而可能导致供给过剩。金融机构在此过程中往往会起到助推的作用，因为一方面，房价不断上涨的预期使得房地产开发商愿意接受更高的利率，从而给金融机构带来更高的收益；另一方面，由于普通商品市场普遍存在产能过剩的现象，金融机构除了包括房地产在内的少数行业可以大量投入外，没有更合适的信贷投放领域。

（四）投资成本不断抬高将会打压投资活动

按照金融不稳定假说，在经济持续增长环境下，信贷市场上高风险借款人由于可承担高利率，客观上将会“驱逐”低风险借款人而获得更多贷款，从而使债务越来越向“庞氏融资”转化。一方面是资金成本逐渐被抬高，另一方面是资产价格逐渐被抬高。经济繁荣导致资金需求增加，从而利率上升，投资成本不断被抬高，边际收益就呈现先高后低的趋势。一般情况下会同时出现通货膨胀，货币贬值，不断强化的通胀预期也在刺激人们购买房地产等资产的需求，以抵御货币贬值的风险。这种状况将可能促使当局出台趋于紧缩的货币政策和财政政策。一旦紧缩政策的预期变成现实，将降低投资收益预期，增加投资的不确定性和风险，进一步打击房地产市场投资活动，导致市场出现分歧，需求不再过分膨胀。

（五）高房价下的房地产市场将难以为继

李新、周琳杰（2013）认为，要维持房地产市场的良性循环，必须具备三个基本条件：第一，投资者继续对市场前景预期良好，预期房价将继续上涨，投资投机者还在不断从投资行为中获利，市场中接盘者层出不穷；第二，金融体系健康，流动性充裕，可以应付越来越多的借款需求；第三，经济环境稳定，宏观经济稳健增长，国际收支保持平衡，政策保持连续性并且不发生重大变化。这些条件中任何一个出现问题，都会导致泡沫破裂①。

房价泡沫膨胀使房地产市场达到临界区间，在这个区间，消费者因为房价过高而丧失购买能力，投资者因为房价过高而停止投资活动，市场自身难以为继。这时，市场将缺少接盘者，投资者对市场的预期也将发生大的转变，预期不再乐观，风险意识渐浓。

（六）外部冲击可能使房地产市场崩溃

理论上，缺乏实体经济和实际价值支撑的房价不断高涨，在房价泡沫膨胀到某一临界点后，房地产市场因缺少接盘者或经济领域发生任何不利的“黑天鹅事件”，都会成为“压倒骆驼的最后一根稻草”，都可能导致泡沫破灭，引发房地产金融风险。

第一，宏观经济政策将对房地产市场带来打击。房地产周期与经济周期

① 李新、周琳杰：《中国转型金融风险问题研究》，24 页，首都经济贸易大学出版社，2013。

高度相关。在经济过热、通货膨胀率走高的情况下，当局将会执行趋于紧缩的货币政策和财政政策，为经济降温。紧缩的信号会向房地产市场的需求方传导，会使预期改变，产生风险情绪，持币观望，使有效需求不足，销售下滑，库存积压严重，市场供求关系逆转。

第二，市场流动性面临中断威胁。房地产市场销售情况的逆转，使部分房地产开发商出现资金周转困难，加之持有房产项目成本的不断增加，一些杠杆过高的开发商和投机者在债务的压力下，无奈降价销售，但资产市场往往是买涨不买跌，于是成交量进一步萎缩。国外金融机构等利益集团在做空过程中，常常利用其强大的资产定价能力和舆论控制能力大肆渲染，进一步使市场预期恶化。在市场前景变坏的情况下，越来越多的开发商和投资人也开始抛售房产，推动房价进一步下跌，但是市场缺乏接盘者，市场呈现量价齐跌的景象，市场非理性行为加重，导致房价快速下跌。这时银行等金融机构也会收紧信贷，导致市场流动性急剧减少，有的开发商资金链断裂，三角债问题出现。这时，房地产价格泡沫彻底破裂，房价回归并极有可能低于其基本价值。大量开发商资金链断裂，通常情况下房地产开发贷款会首先出现偿还危机，银行等金融机构不良贷款快速增加，发生信用风险，银行的流动性减少，一些嗅觉灵敏的储户在风险情绪驱使下，会首先去银行提款，一旦从众心理与恐慌心理导致提款出现“羊群效应”，挤兑发生，银行将可能出现流动性偿付危机。由于银行的特殊地位，一旦出现偿付危机，必然会很快蔓延到整个金融体系，极易发生系统性信用危机，系统性金融风险在所难免。

第三，泡沫破裂下房地产金融风险往往表现为流动性偿付危机。一般情况下，银行等金融机构不良贷款增加，出现偿付危机时，并非资不抵债，而是流动性的阶段性危机。艾伦和盖尔（Allen 和 Gale，2004，2007）也认为，资产价格泡沫破裂时，持有类似房地产或以此作抵押发放贷款的金融机构，往往会面临储户集中取款的沉重压力。如果此时市场是完全的，金融体系内流动性供给是充足的，金融机构总是可以随时在资金头寸紧缺时拆借到资金头寸，也随时可以在头寸过剩时拆出资金，因为完全市场允许风险分担。但是，当市场不完全时，金融机构在缺少流动性时无法拆借到足够的资金头寸，流动性的紧缺只能依靠拍卖持有的资产来补偿。当越来越多的金融机构被迫以出售房地产等资产的方式筹措流动性，以应付存款人集中的取款需求时，房地产等资产价格便会出现竞争性下跌、流动性无法补偿的局面。房地产金融风险的爆发就成为必然。这种情况下，中央银行作为最后贷款人的作用就显得无比重要了。

本章小结

本章的研究，主要是基于金融不稳定假说及资产泡沫化理论基本观点来展开的，重点是剖析房地产金融风险的形成机理。我们发现，房地产价格泡沫膨胀以及由此带来的房地产市场内部的波动性和不确定性增强，是导致房地产金融风险的最主要诱因，因此也是房地产金融风险研究的核心所在。

研究发现，房地产市场的运行并不像部分学者认为的不符合商品市场基本的供求规律，而是完全符合商品供求规律。在市场经济条件下，房价主要由供求关系所决定，长期呈现上升趋势，同时房地产所具有的特殊属性使其易于形成泡沫。房价泡沫的生成也需要一定的条件，经济景气周期为泡沫提供了环境，政府干预下的供给不足或需求过盛往往是催生泡沫的基础性因素，外部因素起到了推波助澜的作用。房价泡沫是房地产金融风险形成的基础和前提，因此房地产金融风险管理的核心，就在于如何有效抑制房地产价格泡沫的生成和膨胀。

在需求属于客观事实的前提下，供给因素就成为决定市场价格走势的主导力量。理论上，在完全的市场机制调节下，房地产市场即便短期可能形成供不应求的失衡，但是长期来看，随着供给受涨价带来的激励，应该能够弥补供给缺口。因此，长期持续的房地产价格泡沫并非所有的市场经济国家都存在，其形成需要满足一定的条件。由于市场供给因素往往都是由政府所主导，抑或市场失灵的因素也只有政府能够解决，所以政府管制失灵下的房地产市场供求失衡是泡沫产生的必要条件。其他因素如投机、预期等对房地产价格泡沫的推动，都是建立在供求失衡基础上的。解决政府失灵，是化解房地产价格泡沫的根本性措施。

房地产金融风险的基础或必要条件是在金融机构不断加大信贷投放的情况下，房地产价格泡沫的极度膨胀，风险爆发的导火索往往是一些外部因素变化带来的冲击。并非所有的房地产价格泡沫都会带来金融风险，只有在金融机构过度支持房地产投机活动的情况下，房地产价格泡沫才会伴生金融风险。研究显示，房地产金融风险不仅仅只有泡沫破裂才可能引发，在市场接盘者不断减少、成交量下降的情况下，伴随着资金链的中断，也完全可能引发房地产金融风险。这时，常常表现为流动性风险而非损失性风险。因此，保持合理的金融与房地产相互关系，是有效把握房地产金融风险主动管理的关键。

并非所有的房地产价格下跌都叫泡沫破裂，虽然目前还没有一致认可的定义，但是大多数人都认为，房价泡沫破裂一定是在房价泡沫巨大的前提下，房价在短期大幅度下跌的现象。

小幅度的房价泡沫是正常的，大多数情况下也是合理的，当然是不会破裂的。经济波动是经济活动中必然出现的一种现象，小的波动属于正常状态。我们需要研究和应对的是不正常、不合理、大幅度膨胀的泡沫。这种泡沫是肯定会破裂的，需要我们重点研究防范。房地产价格泡沫的膨胀，不仅侵害消费者的福利，妨害房地产市场的健康稳定发展，更严重的是威胁着国家金融体系的安全。

第三章

中国存在房地产金融风险实证研究

上一章，通过对房地产价格泡沫与金融风险的一般性理论分析，发现房地产市场符合商品市场供求规律，房地产价格总体呈现波动上涨的态势。但是房地产价格泡沫的形成则需要具备一定的条件，政府管制下的供求失衡是其内因。房地产价格泡沫膨胀到临界点后必然破裂，引发房地产金融风险。上述一般性分析是否与中国实际情况相符，需要理论进一步与实践相结合，在实践中检验理论。本章将在上述分析的基础上，展开对中国房地产金融风险的具体研究。第一节将对当前房地产金融现状做一个描述，以便从中了解金融对房地产市场的介入程度和风险承担总量。第二节将对房改以来房价的波动与调控政策之间相关性脉络进行跟踪分析。第三节是本章的重点，将对中国房地产价格泡沫形成的具体原因和深层次原因进行深入剖析，以找到推动泡沫形成并且长期存在的主要诱因。第四节将对中国房地产金融风险的特征、房地产价格泡沫引发金融风险的条件、引发的方式和渠道等进行深入研究，发掘当前中国房地产金融面临的风险所在及其解决之道，也是本章的重点部分。第五节是对房地产金融风险的危害进行分析。

第一节 中国房地产金融发展现状

一、中国当前房地产金融体系概况及其基本特点

（一）中国当前的房地产金融总体概括

中国房地产金融基本上是从1998年随着住房制度改革而起步的，经历了十几年的高速发展，形成了较为丰富的房地产金融体系和业务框架。虽然还是以商业银行的房地产金融业务为主，但是其他金融机构的房地产金融业务也得到了快速发展，并且发展的速度大都快于银行业，如房地产信托、房地产债券、房地产证券、房地产保险、房地产基金、住房公积金贷款等。还有很重要的一块，即影子银行的房地产金融。据中国人民银行2014年金融机构贷款投向统计报告，2014年末，主要金融机构及小型农村金融机构、外资银行人民币房地产贷款余额17.37万亿元，当年新增2.75万亿元，占同期各项贷款增量的28.1%。房地产开发贷款余额5.63万亿元。其中，房产开发贷款余额4.28万亿元，地产开发贷款余额1.35万亿元。个人购房贷款余额11.52万亿元，当年新增1.72万亿元。

1. 中国房地产金融各利益主体及其相互关系。地方政府——土地要素的供给者；土地储备贷款、城市建设贷款的需求者。通过土地储备制度、利用金融机构贷款进行土地垄断，通过城市建设提高土地价格，在“经营城市”的理念下享受垄断利润。目前处于房地产市场主导地位，决定着市场供给。

房地产开发商——土地的需求者，房产的供给者，房地产金融市场的需求者。通过用启动资金从政府手中购买土地，然后主要利用预期收益整合建筑商、材料商、代理销售商、金融机构等各种资源，牟取高额利润。由于政府与市场的边界不清，目前有影响的开发企业以央企和地方国企为主，利用政府关系及信贷便利，大搞事实上的开发市场寡头垄断和资金垄断，形成房地产市场的寡头地位。

消费者——房屋的需求者，银行储蓄资金的供给者，房地产金融市场的

需求者。大多数购房者将多年辛辛苦苦的存款转化为购房首付，接着申请银行贷款付清房款，然后每月为了按时还贷当起了“房奴”，是当今中国房地产市场和房地产金融市场上真正的弱势群体。

金融机构——提供金融服务（贷款、结算、保险、发行债券和证券）为地方政府提供土地储备贷款和城建贷款，为房地产开发商提供开发贷款，为购房者提供按揭贷款，从消费者和生产者处吸收存款融入资金。金融机构在国家金融牌照堡垒保护下，长期处于房地产金融市场的强势地位。但是金融改革的进程在逐渐加快，垄断坚冰即将被打破，市场化机制决定贷款资源配置将成为可能。

2. 中国当前的房地产金融机构基本情况。完善的房地产金融体系应该由政策性住房金融机构和商业性房地产金融机构组成。但是，中国当前的实际情况是，政策性住房金融机构基本上处于缺失的状态。住房公积金管理中心和地方性的住房置业担保公司，并没有起到政策性住房金融的作用。只有个别的住房储蓄银行，稍稍有一点地方性政策性金融职能，履行了支持居民家庭购房的职责。房地产金融职能基本上都是靠商业性房地产金融机构来完成的。商业性金融机构以盈利为主要目的，对房地产市场从土地开发、房地产开发、房地产销售、房地产经营等全方位进行融资支持和综合服务。主要机构有商业银行、信托投资公司、金融租赁公司、金融资产管理公司、保险公司、证券公司等，还有小额贷款公司、典当行、民间投资担保公司等监管体系之外的影子银行。中国现阶段正规商业性的房地产金融机构绝大部分都是国有股份制企业，也在一定程度上体现国家政策的意志，如刚刚退场的“限贷”政策，就是由商业性的房地产金融机构所执行的。

3. 中国当前房地产金融市场基本情况。中国的金融市场处于不断完善的进程中，因此金融市场并不健全，只有房地产金融一级市场，尚未真正建立起二级市场。不过几年前就已经开始了房地产贷款资产证券化试点，国家也放开了抵押贷款资产证券化的限制，可以预见，在不远的将来，中国版的资产证券化就会大规模发展，二级市场很快会建立起来。

4. 中国当前的房地产金融制度。中国是从高度集权的中央计划经济体制下走向改革开放的，市场经济改革虽然经历了三十多年，但是金融制度改革相对比较迟缓，当前的金融制度还是高度垄断的状态，过高的进入壁垒限制了竞争，保护了垄断者享受高额利润，制约着房地产市场的发展，存在金融抑制。不过国家正在逐步加快金融改革，致力于打破垄断，放开市场准入。究竟落实得如何，还很难说。由于金融垄断，大量中小企业包括房地产开发商难以从正规金融机构顺利获得资金支持，于是影子银行应运而生，其灵活、快捷的优势，在极大地满足企业资金需求的同时，自身也得到非常快的发展。

5. 房地产金融工具或产品。当前，中国房地产金融工具和产品还非常有限，尤其是个人住房金融产品非常稀缺。除了互助性质的住房公积金贷款，就只有商业银行的住房按揭贷款。针对房地产开发领域的金融工具正在逐渐丰富，如开发性的棚户区改造金融支持，商业性的房地产金融产品丰富，贷款、票据、保理、信用证、信托、租赁融资、基金投融资、债券、股票等方式，业务品种基本上可以满足房地产市场发展的要求，但是存在总量不足的约束。

（二）中国房地产金融基本特点

1. 地方政府成为融资主体，是中国房地产金融市场的一大特色。在其他市场经济国家中，政府基本上都是市场秩序的维持者，而不是参与者，更不是独立的利益主体。相反，中国地方政府在土地市场和房地产市场拥有极大的利益，存在通过金融支持牟取更大利益的冲动。

2. 存在金融抑制。国有金融机构占据垄断地位，导致金融竞争不足，经营压力不大，金融资源供给不足，金融机构活力不够。金融机构在“市场准入”的保护下，享受垄断经营的高额利润，存在过度支持国有大型企业的问题，但是对民营企业却给予不公平待遇，使得他们很难获得金融机构的支持。

3. 影子银行大行其道。“影子银行”是美国次贷危机爆发之后所出现的一个重要金融学概念，诞生于2007年的美联储年度会议。主流观点认为中国的影子银行主要包括三类：一类为没有金融牌照、没有任何监管的融资平台组织，主要有互联网金融、第三方理财组织、典当行、民间融资组织等；二类为没有金融牌照、监管不足的融资组织，主要有融资性担保公司、小额贷款公司等；三类为拥有金融牌照、存在于银行表外的业务[①]，包括银行理财业务、票据业务、委托贷款、信托投资公司、保险公司和证券公司的资产管理业务、金融租赁公司等。中国人民银行调查统计司对影子银行的定义为：中国的影子银行体系包括商业银行表外理财、证券公司集合理财、基金公司专户理财、证券投资基金、投连险中的投资账户、产业投资基金、创业投资基金、私募股权基金、企业年金、住房公积金、小额贷款公司、非银行系融资租赁公司、专业保理公司、金融控股公司、典当行、担保公司、票据公司、具有储值和预付机制的第三方支付公司、有组织的民间借贷等融资性机构[②]。本书所指的影子银行是除民间金融之外的那一部分。当前房地产市场影子银行主要为房地产开发提供融资，业务集中在市场供给即房地产开发领域。

二、中国房地产金融融资结构现状

（一）从房地产金融市场供给角度来看融资结构呈现多元化

1. 政策性金融体系房地产融资情况：主要是住房公积金中心发放的个人住房公积金贷款。据住建部数据显示，截至2014年8月末，我国住房公积金缴存职工为1.07亿人，缴存总额7.03万亿元，提取总额3.49万亿元，公积金余额3.54万亿元。其中，用于个人住房公积金贷款的余额达2.43万亿元[③]，用于向保障性住房建设试点项目发放贷款余额为431亿元，结余资金1.07万亿元。

2. 商业银行体系房地产融资情况：2014年末，主要金融机构及小型农村金融机构、外资银行人民币房地产贷款余额17.37万亿元，占人民币贷款总额的21%。全年增加2.75万亿元，同比多增4055亿元，增量占同期各项贷款增量的28.1%。房地产开发贷款余额5.63万亿元，其中，房产开发贷款余额4.28万亿元，地产开发贷款余额1.35万亿元。个人购房贷款余额11.52万

---

① 邢成：《中国影子银行的特征》，载《中国金融》，2014（4）。

② 邢成：《中国影子银行的特征》，载《中国金融》，2014（4）。

③ 杜宇：《截至8月末全国住房公积金个人住房贷款余额达2.43万亿元》，载于新华网，2014-10-14。

亿元，占房地产贷款总额的66%。

3. 影子银行体系房地产融资情况：近两年来，中国社会融资结构出现重大变化，由以前商业银行贷款往往占社会融资总额的90%以上，骤降至目前只占50%左右。① 与此同时，影子银行在近年来发展迅速，规模巨大。以房地产信托为例，2014年底，全国信托业资产总规模达13.98万亿元，其中房地产信托余额为1.31万亿元，占总规模的10.04%。近四年来，信托业持续高速增长，房地产信托规模从2010年初的0.24万亿元猛增至2014年底的1.31万亿元，总的增长幅度达438.13%。观察2010年至2014年房地产信托规模占信托资产总规模的占比变化发现，总体处于8%～17%，并且呈现先升后降的态势，2011年第三季度达到16.59%的峰值，2013年第二季度则处于最低的8.59%。② 影子银行的野蛮生长，恰恰反映了金融垄断下的金融抑制比较严重，民营企业和中小企业被逼无奈，只好借助于影子银行来寻求发展空间。

4. 民间融资体系房地产融资情况：民间融资主要包括无牌照、无监管或监管不足的融资组织，如典当行、融资性担保公司、小额贷款公司、互联网金融、第三方理财组织、民间借贷组织等，这部分组织对房地产的融资情况尚无法统计，但是从已经发生房地产民间融资风波的地级城市来看，一般对单个开发商很少有低于亿元的，动辄金额就达十几亿元，甚至还有上百亿元的，可见规模应该是非常大的。据报道，位于中部的湖南省娄底市民间融资高达400多亿元，大部分发生在房地产领域，目前已有118亿元出现偿付危机，集会、游街、挤兑风波频频发生③。

5. 直接融资体系房地产融资情况：该部分融资主要以房地产公司发行股票上市融资和发行票据融资为主。截至2014年末，共有30多家房地产开发企业在国内股票市场通过增发或非公开发行股份，融资总额为700多亿元。7家房地产开发企业在香港资本市场上市，融资金额350亿港元。境内外发行

---

① 邢成：《中国影子银行的特征》，载《中国金融》，2014（4）。

② 中国房地产协会金融专业委员会：《2014年度中国房地产金融报告》。

③ 萧辉：《湖南娄底全民放贷　一人自杀引百亿借贷挤兑潮》，载《新京报》，2015－03－17。

债券以及地产基金类的直接投资总量较少，也难以统计。私募股权投资基金对房地产开发项目的投资为 106 起，总投资金额达 94.97 亿美元，位列各行业第一。

6. 房地产金融市场融资总量分析：据张其光（2015）文中显示，中国社会融资的 30% 投向了房地产行业。另据人民银行统计，2014 年末社会融资规模存量为 122 万亿元，30% 就高达 36 万亿元之巨。当然，这个测算并不一定准确。按资金来源测算，银行贷款投向房地产业 17.37 万亿元，影子银行体系仅房地产信托就达 1.3 万亿元，民间融资黑洞难以估量，仅仅从湖南娄底一个城市，就曝出大约 400 亿元的规模，全国与娄底相当的地级以上城市有 660 多个，按平均每个城市 200 亿元计算，就高达 12 万亿元。投向房地产的民间融资如按照 50% 的规模计算，也高达 6 万亿元。2014 年初以来，越来越多的城市爆发民间融资危机，问题金额动辄就以百亿元计。上述三项加总，再加上直接融资，房地产业所占用的社会融资总额应该在 26 万亿元。按照 2014 年国内 GDP 总量 63 万亿元计算，那么房地产业的融资已经占到 GDP 的 41% 左右。如果这个数据属实，说明整体房地产金融风险已经处于非常危险的境地了。

（二）从房地产金融市场需求角度来看呈现“饥渴”态势

1. 地方政府融资，包括土地储备融资和其他政府债务融资情况：土地储备贷款一般不统计在地方政府债务之中。为客观反映出与房地产市场相关的地方政府融资，本书将其与地方政府的债务一并考虑。据人民银行 2014 年金融机构贷款投向统计报告显示，地产开发贷款为 1.35 万亿元。由于全国实行地方政府独家或授权有限的单位对土地开发的政策，因此地产开发贷款基本上可以认定其中绝大部分为地方政府所属的土地储备中心所承担。另据银监会统计，截至 2014 年末，全国土地储备贷款为 1 万亿元。据审计署统计，截至 2013 年 6 月末，地方政府负有偿还责任的债务达 10.89 万亿元，其中 2014 年到期的占 21.89%，2015 年至 2017 年到期的占 36.43%，粗略一算，近四年到期的债务将接近 60%。此外，地方政府负有担保责任的债务达 2.67 万亿元，可能承担一定救助责任的债务达4.34万亿元[①]。如果处置不当，地方债务风险可能转化为金融风险。从债务资金来源看，银行贷款、BT、发行债券和信托融资是地方债务资金的主要来源，分别为101187.39亿元、14763.51亿元、18456.91亿元和14252.33亿元，分别占比56.56%、8.25%、10.32%和7.97%。地方政府债务偿还主要依靠土地财政。审计署2012年的统计显示，当年有全国各地包括11个省级、316个市级、1396个县级政府依靠土地财政偿还债务高达34865.24亿元，占到所有省、市、县政府偿还性债务的37.23%。

2. 房地产开发贷款：据中国人民银行2014年金融机构贷款投向统计，年末房产开发贷款余额4.28万亿元。除此以外，上述统计的影子银行体系、股票和债券等直接融资的资金都进入了房地产开发领域。个人住房贷款最终也都进入了房地产开发领域，但是其中个人住房贷款的11.52万亿元，并不是一个存量的概念，尽管这部分最终都流入房地产开发商，但是大部分都作为开发商的投资本金和利润的形式被回收，只有少部分未能交房的继续沉淀在开发领域。

3. 个人住房贷款：包括个人住房公积金贷款和商业银行个人住房贷款，2014年末，分别为2.43万亿元和11.52万亿元。相比较，1998年全国个人住房贷款余额只有491亿元，2002年便激增至8258亿元，2007年超过3万亿元，2014年上半年达9.9万亿元，为2002年的12倍。

另外，还有商用房按揭贷款以及经营性物业贷款，由于统计困难，也因二者所占比重较小，这里就不作为重点了。

三、当前中国房地产金融存在的主要问题

（一）政策性住房金融体系缺失

一是政策性住房融资机构缺失。被普遍认为属于政策性住房金融性质的住房公积金体系，实际上并没有起到政策性住房金融的作用，根本就不是一

① 王维维：《中国地方债务风险管理研究》，中国社科院研究生院博士论文，2014。

个政策性住房金融机构。二是政策性融资担保机构缺失。

中国的住房公积金制度，既存在效率低下的问题，更存在极大的不公平问题。在效率方面，住房公积金制度管理落后，公积金管理中心没有形成真正的政策性住房金融机构，造成管理效率和资金运用效率的低下。一方面，公积金的覆盖面不广，还有多达40%的职工未缴纳住房公积金，当然就享受不到公积金的政策扶持。另一方面，许多按政策办理公积金的单位，也因公积金贷款的审批时间过长，运作机制不透明而使用公积金的现象不普遍，积极性不高，导致公积金形同“鸡肋”。在公平方面，由于公积金的缴存和公积金贷款的办理，仅仅依据公积金缴存的时间而定（满12个月即可），而不限制缴存和贷款对象收入的高低。这就形成了公积金制度下的“马太效应”，即收入越高的单位，缴存公积金越多，越容易享受公积金贷款的支持；收入越低的单位尤其是民营企业，对职工办理公积金的越少，缴存额度也越低，这部分人群也越不容易享受到公积金贷款的支持。如上海的住房公积金贷款者中，中高收入者占到近80%①。这项本应该对中低收入者提供住房政策保障的制度，却成了较高收入群体的盛宴，呈现典型的“劫贫济富”，导致政策性住房金融出发点与目的地的“异化”。我国中低收入家庭的住房问题没有得到很好的解决，而且住房矛盾越来越突出，与住房公积金制度的不成功不无关系。政策性住房金融制度没有发挥出对中低收入家庭应有的扶持作用，政府不得不亲自大量建设保障性住房，使财政压力不堪重负。

住房置业担保机构同样也没有起到政策性金融机构的作用。据统计，按照国家《住房置业担保管理试行办法》成立的住房置业担保机构，全国范围内共有93家。虽然大部分为地方政府出资组建，但是却没有一家被明确为政策性地位，其担保的业务中也没有很好地体现为中低收入家庭提供支持的作用②。

（二）房地产金融一级市场不完善，尚未建立二级市场

由于我国金融改革尚在进行中，客观上进展稍显缓慢，这里面既有金融

---

① 孟艳：《我国住房金融的体系重构与政策优化》，124～126页，经济科学出版社，2013。

② 建设部课题组：《住房、住房制度改革和房地产市场专题研究》，328页，中国建筑工业出版社，2007。

外部性过大，使得决策层不得不慎之又慎，也有既得利益集团掣肘的原因。在目前房地产金融一级市场中，融资供给主体被国有金融机构高度垄断，机制不活，效率不高，竞争不足，中小房地产企业很难得到体制内金融机构的支持，不得不转而求助于影子银行，被迫接受高息的压力。房地产金融二级市场早在几年前就已经开始试点，但是几乎毫无实质性的推进。美国次贷危机的爆发，客观上也给金融二级市场增添了负面的影响因素，引发监管部门对二级市场的顾忌，导致目前房地产金融市场不健全，缺乏风险分散和补偿机制。

（三）房地产金融风险过度集中于银行业金融机构

客观上，由于我国金融市场尚属垄断领域，长期以来以间接金融为主，造成了商业银行一家独大的局面。截至 2014 年末，银行业资产占金融总资产的比例高达 90% 以上。大多数人都认为，由于房地产市场的融资主要靠商业银行，因此银行承担了过多的风险，这只是商业银行自身经营方面的风险。其实，这个观点忽略了一个重要因素。由于商业银行短存长贷的天然脆弱性，以及影子银行对商业银行强大的外部负效应，都导致商业银行必然承担自身经营以外的大量风险。比如，大部分房地产集合信托计划，是委托商业银行的网点代理销售的，大部分房地产投资基金，也是通过商业银行的网点推广发行的，等等，这些类信贷产品从法律上来讲，其风险本不应该由银行承担。但是当它们投向房地产开发领域后，一旦出现房地产市场低迷，开发商不能按时偿还，那么，遭受损失的人们还是会首先去冲击代理的银行，这是由于人们当初抱着对银行信任的态度才去购买，也由于人们普遍法律和风险意识淡薄。对于商业银行来说，为了不损害自己的社会声誉，为了不影响业务发展，宁愿自身受些损失，也要变通办法对客户进行兑付。这种做法客观上也鼓励了人们的冒险投机心理，银行也将继续承担本不应该承担的责任。还有，当大量影子银行出现金融风险时，社会上风险情绪蔓延，大多数人们第一时间还是会想到取出银行存款，容易导致挤兑的发生。

（四）房地产民间融资普遍存在并且基本失控

中国房地产民间融资规模巨大，难以估量。这一部分金融行为又长期游离于监管之外，处于失控状态。从 2014 年以来全国一些地市陆续爆发的民间融资危机来看，只有在民间投资人的投资不能按时兑付情况下，才会使民间融资浮出水面，否则政府和监管机构也不容易发现。理论上，不可预见的风险，才是最危险的风险。进入 2015 年以来，又先后曝出湖南娄底、河南南阳等地爆发民间融资无法偿还、数名投资人自杀身亡的悲剧。因此民间融资领域风险巨大。

（五）房地产金融风险集中在开发交易环节

陈淮等（2008）认为，现阶段我国房地产市场包括金融风险在内的各种风险过于集中在交易环节。由于我国正处于工业化、城市化的进程当中，城市化率还很低，城镇常住人口刚刚突破 50%，户籍人口的城市化率才只有 37%左右。按照国家规划，城市化率还要逐年提高。房地产市场尚未摆脱短缺的局面，尽管目前市场供给有所过剩，但也是属于相对过剩，是由于房价过高购买力下降形成的过剩。这就造成了目前房地产领域的融资，主要集中在房地产市场的供给一方，即开发企业和地方政府身上。按照上述统计，2014 年房地产开发贷款为 5.63 万亿元，看起来与个人住房贷款的 11.52 万亿元规模相差很大。但是，一方面个人住房贷款又都全部流入开发企业，大部分开发企业能够按时交房，形成良性循环。但是也有部分开发企业因故迟迟不能按时交房，甚至形成烂尾楼，因此 11.52 万亿元个人住房贷款中，必然存在一部分沉淀在开发领域的事实。另一方面，银行贷款之外的房地产影子银行融资和民间借贷融资，基本上不存在支持个人购房行为的情况，都属于房地产开发企业融资。这两方面的因素相加，房地产供给方所占有的融资额度巨大。由于这类融资的偿还，必须依赖房地产市场销售的正常进行，甚至依赖市场交易的放大，一旦市场交易萎缩，开发商的资金链容易断裂，信用风险立即显现。

（六）房地产开发商总体抗风险能力弱

在房地产市场持续火爆的吸引下，越来越多的企业和个人纷纷进入房地产开发领域，以分得一杯羹。这些后来者参差不齐，大部分不具备专业开发能力，往往是十几个人，买上一块地，就开始所谓的整合资源，工程建设多是要求建筑公司垫资，然后申请银行贷款，或者借助预售制度，以个人住房贷款支撑下的预售款来偿还施工单位垫资，在市场形势一片大好时，往往赚取暴利。但是一旦遇到市场风险，销售不畅，资金链环节就会出现问题，引发债务危机和金融风险。据涉及民间集资的（南阳市）万裕集团法人代表赵明云介绍，大多数开发商都是在手续不齐的时候就开始卖房。南阳市金融办副主任宋建波分析，几年前房地产市场的暴利使许多人敢于从民间借高利贷，大胆投资开发，有的还跨区域跨领域扩张，从而远远超出了他们的实际能力，留下了风险的后患①。

如果房价持续高位运行，泡沫不退，房地产市场销售首先面临购买者减少的风险，房地产金融风险的发生将成为可能。

四、中国房地产金融的发展趋势

（一）金融市场化改革正在提速

为更好地发挥金融支持实体经济的作用，中央政府提出“发挥市场在资源配置方面的决定性作用”的指导思想，积极部署加快金融改革，以引入竞争，打破金融垄断，增加市场活力和支持实体经济的积极性。从目前的情况看，存款保险制度即将实施，利率也即将完全放开，走向市场化，金融机构之间的混业经营正在稳步推进，民营银行正在破冰，第一家深圳前海微众银行已经正式开业，鼓励发展房地产金融二级市场的相关政策已经出台，等等，金融深化改革的力度在加强，金融领域的市场化成为不可逆转的趋势。

（二）金融脱媒成为趋势

世界各国房地产金融领域的发展趋势显示，直接融资所占比重将会越来越高，金融脱媒是各国普遍存在的现象。中国的房地产金融市场也是一样。这种发展趋势符合明斯基关于提高股权融资、减少债务融资的主张。随着房地产私募基金、互联网金融、房地产信托投资基金（REITs）、资本市场注册制、新三板市场、债券及票据市场开放、资产证券化等金融创新制度和工具

① 《河南重镇楼市崩塌　数位投资人死亡》，载《新京报》，2015－03－18。

的实施，直接融资渠道越来越宽，融资效率越来越高，融资成本也会越来越低，市场对金融创新的接受程度也越来越普遍，房地产金融市场将会突破间接金融的许多约束，在金融创新的推动下得到快速的发展。

（三）房地产金融化趋势将得到进一步强化

从发达的市场经济国家房地产金融市场的发展历程显示，房地产市场与金融市场的融合程度也会越来越深。一方面，房地产的直接融资和间接融资在金融资产中的占比越来越高，占 GDP 的比重也越来越高，如发达国家住房贷款占 GDP 一般都在 50% 以上，荷兰甚至达 100% 。另一方面，绝大多数房地产会被金融渗透，会越来越多地变成金融产品，如房地产信托投资基金（REITs）在二级市场筹集资金，投资于像购物中心之类的经营性物业，经营收益由投资者分享。抵押贷款资产证券化也是同样的道理。随着抵押贷款资产证券化、房地产金融二级市场的发展，房地产越来越会被金融化。

第二节　中国房地产金融风险集中体现在房价泡沫比较严重

一、对中国 1998 年以来住房价格基本走势的简要回顾

回顾分五个阶段，即房改初期的平稳上涨阶段、加速上涨阶段、短暂调整阶段、报复性暴涨阶段、周期性下跌阶段。之所以从 1998 年开始分析，是因为本书研究的重点，是通过有代表性阶段的制度变迁和市场变化，来研究房地产价格泡沫和房地产金融风险演进的规律。1998 年是中国商品房市场化的元年，因此本书将这里作为分析的起点。

制度变迁理论以及大量实践表明，制度是房地产市场核心的影响因素，如 20 世纪 80 年代末期的全国严重的通货膨胀，但是房地产市场并没有出现泡沫，原因是当时住房供应以单位福利分配为主，市场化分配为辅。因此，每个阶段的分析，以当时的经济形势和制度变迁背景为线索，分析该阶段房价变化。每个阶段的制度变迁是分析的重点内容。下图是从 1998 年至 2013 年全国商品房及商品住房价格走势图，后续部分对每个阶段的分析，将以下图的数据作为参考依据。

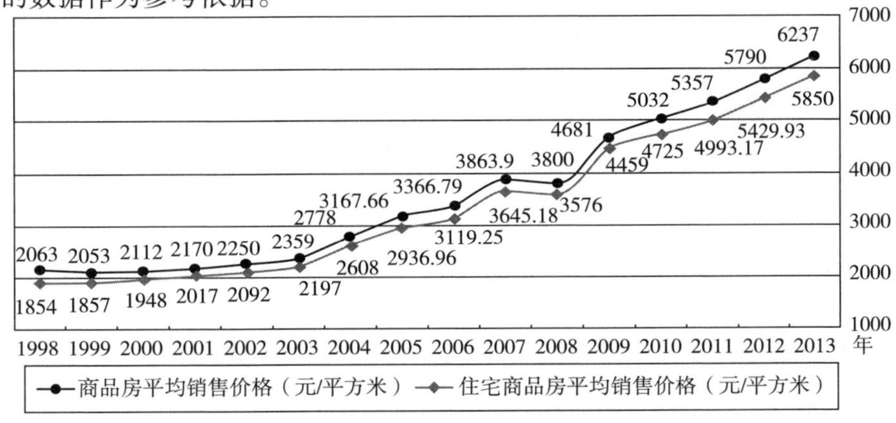

数据来源：国家统计局网站。

1998～2013 年全国商品房价格趋势图

（一）第一阶段为 1998 ~ 2002 年：住房制度根本性改革，引领房价较快稳定上涨

20 世纪 90 年代初期，在改革开放思想的指引下，中国宏观经济出现了短暂的一轮过热。在房地产领域，海南和北海经历了新中国成立以来的首次房地产泡沫。1993 年，中央及时采取治理整顿措施，果断对当时的经济过热进行降温，引导经济成功实现软着陆，避免经济遭受更大的损失。之后几年，中国经济在低谷区域不断调整。就在宏观经济复苏势头刚刚出现之际，1997 年又遇到了亚洲金融危机，使刚刚走出底部的中国经济雪上加霜。当时，受亚洲金融危机的不利影响，中国的出口交货值大幅下降，外需低迷；企业普遍效益不佳，三角债遍及全国，数百万工人下岗失业，内需不振。中国经济困难重重。对于一个发展中国家来说，解决大量失业问题，解决企业效益问题，最重要的是促进经济的较快增长。经济增长的“三驾马车”中，外需下滑，启动内需就成为必然。房地产业作为产业链非常长的行业，其前项带动和后项带动作用都很突出，既有利于居民消费的升级换代，改善生活水平，又有利于通过住房消费，拉动投资，推动钢铁、水泥、建材、建筑施工等前项产业的发展，拉动家具、家电、装修装饰等后项产业的发展，可谓“牵一发而动全身”，可以成为国民经济新的增长点。在此背景下，1998 年 7 月，国务院颁布《国务院关于进一步深化城镇住房制度改革加快住房建设的通知》（简称“23 号”文件），明确将促进住宅业成为新的经济增长点，以货币化代替住房实物分配，以此正式宣告了业已存在几十年的实物福利分房制度的终结，开启了市场化供应住房的序幕。改革的目标是，在以货币化代替住房实物分配的同时，要求“建立和完善以经济适用住房为主体的住房供应体系”，在住房补贴、住房公积金贷款以及银行个人住房贷款等多种手段支持下，使城市居民能够在市场上实现其住房需求。改革强调以具有保障功能的经济适用房为市场供应主体，可以覆盖到绝大多数家庭，实际上还是强调住房保障多于住房市场化。按照当时的保守算法，“最低收入者家庭”和“高收入者家庭”分别占了城市居民家庭总数的 10% 上下，可以买“经济适用房”的“中

低收入家庭”，最低的也要占到居民人数的80%左右[①]。

这次住房制度改革首次提出建立新的住房金融体制，开了个人住房消费贷款的先河。1999年2月，中国人民银行颁布《关于开展个人消费信贷的指导意见》（银发〔1999〕73号），要求商业银行积极开展个人消费贷款，支持居民以按揭贷款的方式购房。统计显示，1998年全国个人住房贷款余额只有491亿元，2002年便激增至8258亿元，2007年超过3万亿元，2014年上半年达9.9万亿元，为2002年的12倍。

住房制度的根本性改革，大大激活了多年来低迷的房地产市场，推动了房地产业的快速发展。但是，房改并没有推动房价的快速上涨，而是呈现一种平稳的态势。以北京市为例，商品住房每平方米单价1998年为5239元，1999年为5647元，2000年为4919元，2001年1~6月为4771元[②]。与此相类似，全国范围内房价也是呈现平稳慢速上涨。

（二）第二阶段为2002~2007年：土地制度改革引领房价过快上涨

宏观经济背景：这个阶段，我国处于经济周期由复苏到繁荣的最快发展阶段。2002年开始，我国宏观经济在出口好转、投资需求旺盛的带动下，开始快速上行，首先拉动能源重化工业部门的发展步入快车道。此时我国经济增长主要靠粗放式、外延式增长为主，主要依靠资源投入和投资拉动，经济效率低下，资源消耗很大。由于“煤电油运”的制约，价格上涨也首先从煤电油等能源部门开始，之后向其他部门蔓延。经济增长在2007年达到顶峰，外贸出口成为全球第一，不少大宗商品的产量位居全球第一，如钢铁、煤炭、水泥等。宏观经济形成三个方面的失衡，即投资与消费比例失衡、外需与内需比例失衡、三次产业比例失衡，经济主要靠投资、外需、第二产业拉动，不健康因素在加剧，贫富差距在加剧，城乡差别在加剧，生态环境破坏、资源承载能力到了极限。

该阶段的房地产市场也处于上升景气周期。当时的最大特点，就是房价持续大幅上涨，泡沫形成。这个阶段房地产调控的主要特征就是“愈调愈涨、

① 谢苏妮：《房地产宏观调控政策回顾》，载《中关村》，2010-10-05。
② 陈淮主编：《地产　中国：引导我国房地产业健康发展研究》，75页，企业管理出版社，2008。

愈涨愈调”的怪圈。造成这一怪圈的主要原因，是政府的调控没有遵循市场经济规律。该时期最常见的用词就是“把好土地和信贷两个闸门”，既压缩供给，也抑制需求。但是，这一阶段的市场特征，是需求旺盛的同时，供给严重不足。政府的调控恰恰选错了方向，本来应该增加供给，但是控制住土地供给，就等于减少了房地产市场的供给，反而强化了市场上涨的预期，无异于火上浇油，不但需求没有控制下来，供给也同时减少，直接推动房价更加快速上涨。房地产价格泡沫在此阶段基本形成。

土地管理制度的变迁在这一时期成为左右房地产市场的主要力量。

2002 年以前，我国商品房市场的土地供应基本上以协议出让为主。经济增长的大好形势，也让土地市场逐渐升温，土地协议出让过程中出现了许多乱象，腐败现象也在增加。

为了严控土地出让行为，国土资源部于 2002 年颁布《招标拍卖挂牌出让国有土地使用权规定》，要求以后全国范围内商业、旅游、娱乐和商品住宅用地等各类经营性用地，必须以招标、拍卖或挂牌方式出让，从此房地产市场的土地供给就被归到地方政府这一只“笼子”里。2004 年国土资源部、监察部又联合发出《关于继续开展经营性土地使用权招标拍卖挂牌出让情况执法监察工作的通知》，要求在当年 8 月 31 日前将协议出让土地中的遗留问题处理完毕，从 2004 年 8 月 31 日起，经营性土地出让一律实行通过招拍挂形式，市场称之为“8・31 大限”。通知还要求开发商不得拖欠土地出让金，建设用地如果在两年内得不到正常开发，政府有权收回土地，另行出让。

尽管政策的目的是为了从源头上防治腐败，降低房价，但是政策执行的结果“异化”，形成了地方政府对土地供给的独家垄断，导致了此后土地供给的滞后和短缺。由于自 2003 年开始，土地使用权全面实行招拍挂，在地方政府控制下的土地饥渴式供给，导致土地价格快速上涨，甚至出现了楼面地价高于周边房价的奇怪现象，业界戏称之为“面粉高于面包价”。由于土地垄断导致供给短缺预期，因此从 2003 年开始，越来越多的社会资本流入房地产领域，推动房价快速上涨，再次出现过热现象。针对房地产市场过热的现象，国务院及有关部委出台了多个关于土地调控的政策，如 2005 年 3 月国务院办公厅的《关于切实稳定住房价格的通知》（简称“国八条”）、2006 年 9 月《国务院关于加强土地调控有关问题的通知》、2007 年 10 月国土资源部的《招标拍卖挂牌出让国有建设用地使用权规定》、2007 年 11 月国土资源部、财政部、中国人民银行联合下发的《土地储备管理办法》等，意在通过加强土地市场管理进而对房地产市场进行调控。但是，文件侧重点却又存在较大差异。“国八条”主要意图是稳定房价，在打压非消费性需求的同时，也强调了改善土地供给结构和增加商品房土地供给。但是后三个文件，重点是加强土地征收储备管理，打击开发商违法囤地，释放闲置土地，以增加房地产市场供给。之后还出台了要求加强土地管理，控制土地供应，特别禁止别墅用地的政策。

在上述一系列关于土地调控的政策落实以后，土地市场开始出现紧缩效应。统计数据显示，1998～2002 年全国房地产开发企业购置土地面积增幅一直呈逐年提高，但 2003 年房地产开发企业购置土地面积增幅出现较大幅度下降，2004～2006 年继续延续这种增幅下降的状况，其中 2005 年和 2006 年房地产企业购置土地面积同比均为负增长，降幅分别为 4% 和 4. 39%。2007 年土地购置面积实现正增长，增幅达到 11. 03%。从土地开发角度来看，全国土地开发面积 2004 年同比下降 10. 9%，出现 1998 年以来首次同比减少的罕见现象。与 1998～2003 年全国房地产开发企业土地购置面积的年平均增幅相比，2004 年下降 17. 2%，与 1998～2003 年全国土地开发面积的年平均增幅相比，2004 年更是大幅下降 34. 4%①。

在市场需求旺盛的情况下，供给的相对量和绝对量减少必然带来价格的上涨。2003 年以来，房地产开发企业土地购置价格快速上涨，地价上涨说明呈现供不应求的局面，也说明土地出让面积增速下降并不是因为市场对土地需求的减少，而是因为地方政府在此期间开始强制性实施土地出让的招拍挂制度，实现了由多头供应土地变为地方政府一家供应的重大制度变迁。土地价格的上涨必然会反映到房价上。

① 余建源：《中国房地产市场调控研究》，上海社会科学院博士论文，2009。

财政和金融调控趋于紧缩：为了控制房地产市场过热现象，2003 年 6 月，中国人民银行（以下简称央行）下发《关于进一步加强房地产信贷业务管理的通知》（以下简称 121 号文件），此份文件目的是及时给房地产市场降温。为抑制投资过热，2004 年 4 月，央行要求申请房地产开发贷款的项目自有资本金比例由 20% 及以上提高到 35% 及以上。为抑制住房需求，2005 年 3 月，央行要求各商业银行取消房贷利率优惠，提高购房首付款比例，从而将房地产金融调控扩大到了住房消费领域。为打击炒房行为，2005 年 4 月的“七部委文件”要求对二手房交易开始征收营业税，对购买不足两年的住房交易，要求按全额销售收入征收营业税。2005 年 10 月，国家税务总局下发《关于实施房地产税收一体化管理若干具体问题的通知》，明确要求税务机关强化各种房地产税的综合征收。2006 年“九部委文件”规定，住房购买不足 5 年转让的按销售收入全额征收营业税，同时要求个人住房按揭贷款首付比例不得低于 30%。2006 年 7 月国家税务总局发布《关于住房转让所得征收个人所得税有关问题的通知》，从当年的 8 月 1 日起，强制性征收二手房转让个人所得税，意在抑制房地产市场投机。2006 年 9 月国家外汇管理局、建设部联合下发《关于规范房地产市场外汇管理有关问题的通知》，收紧境外购房主体购买境内商品房的外汇管理，再次从金融渠道对外资进入中国房地产市场进行限制。

2007 年 1 月，国家税务总局发布《关于房地产开发企业土地增值税清算管理有关问题的通知》，明确房地产开发项目进行土地增值税清算的条件，强化开发项目的税收监管，在一定程度上起到了抑制开发商资金流动的作用，客观上也抑制了房地产市场的投资能力，相当于减少了市场供给。

2007 年 9 月央行、银监会联合下发《关于加强商业性房地产信贷管理的通知》，鼓励首套房、小户型的自住型消费购房贷款，抑制多套房、大户型的投资行为。通过大幅提高第二套房首付比例和贷款利率，提高炒房者成本，抑制市场投机。2007 年 12 月央行、银监会又下发《关于加强商业性房地产信贷管理的补充通知》，对二套房认定标准予以明确，目的还是针对多套房的投机行为。

2007 年，在社会流动性总体过剩的背景下，央行先后十次上调商业银行存款准备金率，一年内从9%调高到14.5%。从2006年4月到2007年12月一年半里8次上调商业银行存贷款利率。货币政策紧缩力度空前之大。

保障性住房的政策力度和实施力度都在减弱：

1998年国发23号文件要求建立以经济适用房为主体的住房供应结构，在住房供应市场化改革的前提下，同时建立了保障性住房的制度框架。但是，随着2003年8月国务院《关于促进房地产市场持续健康发展的通知》（18号文件）的下发，却将经济适用房为供给主体的政策改为以市场化商品房供给为主体，只将经济适用房表述为具有保障性质的住房，还首次明确房地产业为国民经济的支柱产业。按照1998年的23号文件，经济适用房可以覆盖大约80%的中低收入群体，但是18号文件实际上是将原来可以享受经济适用房的大部分中等收入家庭推向了市场。保障群体范围的缩小，相当于商品房需求的增加，使商品房供不应求的矛盾更加凸显，房价的进一步上涨就是在所难免的了。地方政府对无利可图的保障性住房消极对待，绝大部分城市保障性住房工作推进缓慢，总体呈现倒退状态。面对房价的节节攀升，社会上中低收入家庭的住房矛盾越来越突出。在此情况下，2007年8月国务院颁布《国务院关于解决城市低收入家庭住房困难的若干意见》，重新将住房保障问题重视起来，要求“十一五”规划期末全国廉租住房保障范围覆盖到低收入住房困难家庭。规定城市新审批、新开工的住房项目，套型建筑面积90平方米以下户型所占比重不得低于项目开发总面积的70%。显示政府对房地产市场调控思路的转变。2007年11月七部委联合下发《经济适用住房管理办法》，进一步加大住房保障力度。

据统计显示，这一时期以经济适用房为代表的保障性住房，其供给非但没有增加，相反还在不断减少。在1998~2007年的商品房投资结构中，经济适用房前三年所占比重在不断增加，2000年最高，但也没有达到25%。其后就一路快速下降，到2007年时只占3.2%。保障性住房建设的下滑直至基本停滞，集中表现出政府管理的缺位，反映出地方政府在宏观经济持续繁荣、土地垄断制度建立以来，逐渐变成了市场经济的一个利益主体，在追逐经济利益的同时，频繁出现政府失灵现象。

房地产管理制度的变迁：2005 年 3 月，出台“国八条”，明确提出地方政府必须把稳定住房价格作为自己的重要职责。2005 年 5 月 9 日，国务院办公厅又转发了七部委《关于做好稳定住房价格工作的意见》（“七部委文件”），从市场供给、市场需求、市场秩序三方面同时调控，并划定普通商品房的价格和面积标准，对超出普通商品房标准的房屋实行惩罚性的税收、金融政策等，以此抑制大户型住房消费，鼓励中小户型住房的开发和消费。为限制商品住房户型越拉越大的趋势，2006 年 5 月国务院转发了九部委《关于调整住房供应结构稳定住房价格的意见》（“九部委文件”），规定从 2006 年 6 月 1 日起新开工住宅项目试行 90 平方米及以下住房不得低于开发面积的 70%；购买住房不足 5 年转让的按销售收入全额征收营业税；个人住房按揭贷款首付比例不得低于 30%。这是一直以来受到争议和批评最多的政策。这一政策不仅被批评为全国“一刀切”，以行政命令直接干预了微观市场行为，而且由于政策细则的滞后，各地行政审批部门之间的执行尺度不一，确实导致大部分城市的新开工商品住房面积降低，对此后两年的房地产市场供应产生负面影响，直接推动房价的进一步上涨。2006 年 7 月建设部联合 5 部委下发《关于规范房地产市场外资准入和管理的意见》，被市场称为“限外令”，要求规范使用外资，限制中国境内外资购买房屋，严格控制外资进入房地产开发领域，抑制境外资本进入中国房地产市场所造成的房地产价格上涨。

这一轮房地产市场调控，国家调控的力度之大，出台政策之多，是以前所少见的。

房地产市场调控效果：2005 年的房价涨幅趋缓，表面上调控取得了比较成功的结果。政府对房地产市场尤其是房价的频频调控抑制，使消费者相信政府控制房价的能力和决心，于是开始持币观望，房地产市场出现了暂时的平静。

2006 年初，北京、深圳、上海等城市首先带头开始新的一轮房价快速上涨周期，全国范围内大多数城市房地产市场也随之重新活跃。以北京房地产市场为例，从 2002 年至 2005 年期间，四年完成土地开发面积同比负增长，甚至有两年房地产开发商土地购置面积为负增长，并且降幅很大。由于市场需求并没有减少，当市场供给减少到一定程度，必然导致房价报复性上涨[①]。

1998～2007年全国住房价格总体上呈现逐年上涨的局面。1998～2002年涨幅比较平稳。国家统计局数据显示，全国商品房价格从2003年进入上涨快车道。房价涨幅于2004年下半年至2005年上半年达到阶段高点，在2005～2006年期间涨幅稍做停息，但是仍然不低于5%，之后于2007年又进入上涨的快车道。北京西四环内的紫金长安小区，2005年时每平方米只有不到8000元，2007年涨到16000多元。东四环朝阳北路天鹅湾小区，2006年初的价格只有8500元/平方米，到2007年已经涨至16000元/平方米。

（三）第三阶段为2008～2009年：短暂调整并V形反转

2008年初，房地产市场依旧高涨，之后到年中经历了一个短暂的低谷期。这一年的调控政策也从年初的从紧转为年中的宽松支持基调。房地产市场跟随宏观经济的大潮，于2009年年中触底反弹，并实现了V形反转，再次变得亢奋起来。遗憾的是，就在房地产市场调控效果刚刚显现时，调控政策的再次松动及刺激政策的拉动，最终导致前功尽弃。无奈之下，房地产调控政策再次由松变紧，但是紧缩政策收效寥寥。

2008年年初，继续实行从紧的各项政策，货币政策从适度从紧改为从紧。

土地政策：2008年1月，国务院发文要求对土地闲置进行清理，出重手打击房地产商囤积土地的行为。3月，证监会限制房地产公司IPO募集资金不得用于购买、囤积土地。

货币金融政策：2008年1月至4月，央行又连续三次上调人民币存款准备金率到16%，实施了紧缩的货币政策。

房地产市场表现：2008年年中，房地产市场发生大的逆转，深圳、上海等大城市房价率先下跌，接着引发全国房地产价格连锁下跌。市场成交量也大幅萎缩，各地的土地出让市场出现罕见的大面积流拍。

房地产市场的急剧下滑，使地方政府首先意识到问题的严重性。房地产对上下游产业链的拉动作用，以及地方政府对土地出让金的依赖，促使地方

---

① 邓念：《政府作用下的中国房地产市场理论与实证研究》，复旦大学博士论文，2010。

政府开始救市。如调高住房公积金贷款额度、放宽公积金贷款范围、购房补贴、购房入户、降低首付款比例、减免房地产交易契税、调低土地竞买保证金比例等，各地纷纷出台房地产市场的宽松政策。

严峻的经济形势，促使中央政府也祭起了救市的大旗。2008 年 9 月和 10 月，央行两次下调存款准备金率并实施降息，政府政策也由从紧变为宽松。金融政策悄悄松绑的同时，财政政策变得更为积极和大胆。中央政府抛出了 4 万亿元刺激计划，金融机构实际上配套了接近 10 万亿元的信贷投放，同比多增约 40% 的规模。大规模的刺激政策，迅速将下滑中的中国经济几乎是直线拉起，也拉动房地产市场快速实现由跌转升的大逆转。在政府垄断和金融机构信贷偏好的保护下，国有企业承担了绝大部分投资项目的具体落实，因此天量的资金就投向了国有企业，尤其是央企。虽然大部分投资投向了铁路、公路、机场、城市基础设施等领域，但是过多的流动性总有办法逃避监管，追逐具有高额回报的投资目标，于是不少资金通过绕道进入房地产，制造了许多地王现象，如中化集团旗下方兴地产公司 2009 年制造了北京第一个地王，将广渠门地块拍出“面粉贵过面包”的怪象。

其间，对房地产市场的调控政策也发生了逆转：

2008 年 11 月起，对个人购房和销售住房方面给予下调契税、免征印花税、免征收土地增值税等政策。允许地方政府制定出台鼓励住房消费的政策。个人住房贷款利率的下限可扩大为贷款基准利率的 0.7 倍，首付款比例最低可为 20%，同时下调个人住房公积金贷款利率。2009 年 5 月将普通商品住房开发项目的最低资本金比例从 35% 降低为 20%，其他房地产开发项目的最低资本金比例降为 30%。

2009 年也是一个房地产发展的转折年。在持续低迷接近一年后，房地产市场于五六月开始出现回暖的苗头，持币观望的需求者开始了购买行为，销售量开始回升，房价开始上涨。之后房价回升的势头超出大多数人的预期。以北京为例，西四环附近的房价在年中还有低于每平方米一万元的项目，到 10 月突然找不到低于 15000 元/平方米的项目了。房价的过快上涨，使得原来持币观望的消费者担心房价会进一步上涨，于是恐慌性地加入了购房的队伍，长时间积累的市场需求，一下子集中涌入市场，导致房价常常无理由飙升。许多售楼处的标价甚至一天一变。土地市场也同时出现久违的激烈场面，土地出让价快速上涨。

针对房地产市场由冷转热的变化，政策从全面宽松逐步过度为从紧，以2009 年 12 月 14 日国四条为标志预示政策全面转向为紧缩性调控。

2009 年 12 月，为遏制部分城市房价过快上涨，中央政府决定不再延长2008 年年底出台的二手房营业税减免优惠政策，将个人住房转让营业税免征时限由 2 年恢复至 5 年，遏制炒房现象。随后提出了“增加普通商品住房的有效供给；继续支持居民自住和改善型住房消费，抑制投资投机性购房；加强市场监管；继续大规模推进保障性安居工程建设”四条具体措施（简称“国四条”），以完善促进房地产市场健康发展为目标。国务院各部委陆续出台调控细节，逐渐废除了 2008 年的刺激房市政策，再次转向从紧的政策基调，稳定房价[①]。

从上述分析中可以看出，政府对房地产市场的调控，从 2002 年到 2009年是在政策的紧紧松松的来回转换中一路走来的。过于频繁、力度过大、时紧时松、相互矛盾的调控政策，显得非常缺乏耐心，在市场疯狂上涨的现实报复下，消磨了消费者的信心，打乱了购房者的计划，强化了投机者的预期，扰乱了市场频率，加重了市场波动。

（四）第四阶段为 2010 ~ 2013 年：房价以更加疯狂的报复性暴涨成为市场主旋律

宏观经济借助上一轮强刺激的惯性，2010 年、2011 年继续保持了高速增长的势头。但是自 2012 年之后，经济增长幅度开始显露疲态。2013 年，经济增幅呈现持续回落的态势。经济增速下滑，主要有两方面原因。一是总需求被之前的刺激政策抬得太高了。凯恩斯主义的总需求管理，理论上是一种短期的政策手段。当政策效力衰减之时，如果没有新的力度相当的政策出台，经济增速必然回落。二是新的一届中央政府对经济增长速度减慢的容忍度提

---

① 谢苏妮：《房地产宏观调控政策回顾》，载《中关村》，2015 - 10 - 05。

高，提出对经济增长速度的上下限管理，在增幅下降没有突破底线的情况下，没有像上一届政府那样采取大力度的宽松政策。导致受上一轮刺激政策惠顾最多的行业，如钢铁、水泥、建材、工程机械、能源等，成为下滑速度最快的行业，呈现严重的产能过剩现象。总需求刺激的背后是大量信贷投入，信贷的实质是形成债务，使经济在高杠杆态势下运行。经济的下滑，货币信贷随之收缩，客观上必然有一个降杠杆的过程，一系列的问题将会显现，如地方政府债务会不会有风险，房地产金融风险有多大，债务链条会不会断裂，银行兑付上会不会有问题等。

在强刺激的影响下，社会流动性大增，并且有过剩的情形。这些资金中的很大一部分绕道进入房地产业领域，推动房价于 2009 年下半年开始快速反弹，之后疯狂飙涨。市场的非理性行为导致社会舆论一边倒地对房地产进行声讨，房地产领域的问题也成了 2010 年两会最受代表委员关注的问题，提案中大约有半数是关于控制房价和房地产市场建设的。

在此期间，房地产市场与政府展开了激烈的博弈。政府调控不断加码，力度不断加大，最明显的特点，是又重新祭出了行政直接干预微观市场的大旗，在加大保障性住房投资力度的同时，先后出台并实施了“限购、限贷、限价、限期、限退”等“五限”为主的房地产调控新政，其严厉程度前所未有。但是调控又陷入“屡调屡败”的困局，被市场戏称为“政府空调”。市场需求群体在屡次期待后又屡次收获失望，于是逐渐演变为“反政策预期”，即与政府调控方向逆向行事。理性预期理论认为，当市场已经预期到政府政策的执行效果时，政策便失去效应。博弈最终又一次以市场的胜利而告终。房价上涨的幅度远远超过以前任何一轮上涨周期，可以说是报复性飙涨。

加大保障性住房投资力度方面的政策措施：

2010 年 1 月，国务院办公厅发布《关于促进房地产市场平稳健康发展的通知》，俗称“国十一条”。通知提出力争到 2012 年末，基本解决 1540 万户低收入住房困难家庭的住房问题。还要求增加中低价位、中小户型商品住房的建设用地供应和房屋市场供应。同月国土资源部发布《国土资源部关于改进报国务院批准城市建设用地申报与实施工作的通知》，要求经济适用住房、廉租住房和中低价位、中小套型普通商品住房用地占新申报住宅用地的比例不得低于70%。2011 年9 月21 日，住建部改革经济适用房政策，新经适房不能再被视为私产，不能随意转手或继承。2011 年10 月1 日，国务院办公厅在中国政府网发布关于保障性安居工程建设和管理的指导意见，明确提出，完不成保障性安居工程建设任务的城市，一律不得兴建和购置政府办公用房。

限退令方面的具体背景和措施：

2010 年两会期间，温家宝总理和住建部部长在答记者问时，表示中央有决心、有办法、有能力控制住房价的过快上涨，引导房价合理回归。话音刚落，2010 年 3 月 15 日，在北京市土地储备交易中心，远洋地产以 40.8 亿元总价拍得朝阳区崔各庄乡大望京地块，楼面价逾 27000 元/平方米，成为 2010 年北京土地市场上首个地王。随后不到一小时，地王纪录就被改写，中国兵器集团旗下地产公司以 17.6 亿元竞得海淀区蓟门桥地块，折合楼面价高达近 30000 元/平方米。北京一日内出现两次由央企拍出的单价地王，引起媒体的一片哗然，也引起了中央的震怒。于是，3 月 23 日，国资委即发出限退令，除 16 家以房地产为主业的央企外，要求 78 家不以房地产为主业的央企加快调整重组，在完成自有土地开发和已实施项目后要退出房地产业务，并在 15 个工作日内拿出退出方案。

限购、限价、限期令：

限购令：指对非本地户籍的居民购房，需要达到社保缴费的一定年限。4 月，《国务院关于坚决遏制部分城市房价过快上涨的通知》（即“国十条”）发布，被称为“史上最严厉的调控政策”，开启了行政限购的序幕。2011 年 2 月，北京市出台最严厉限购政策，对已经拥有一套住房的户籍居民家庭，对持有有效暂住证，在本市没有住房的购房人，且在北京连续五年缴纳社会保险或个人所得税的非本市户籍家庭，限购一套住房。对于不达连续五年缴纳社会保险或个人所得税条件的非本市户籍家庭和已经拥有两套住房的本地户籍家庭，不准购买住房。

限价令：2011 年 3 月，国家发改委通知要求商品房销售需明码标价。许多城市要求房地产开发商在申请销售（预售）许可证时，必须对每套房屋明码标价，对超出周边同类型房屋均价的，不予发放预售（销售）许可证。这是各地在执行中的实际做法。

限期令：房地产开发企业在取得预售（销售）许可证后，必须在一周内开盘销售，而且必须一次性公开所有房源，禁止捂盘。

金融政策及“限贷”令：

2010 年 1 月的“国十一条”提出严格二套房贷款管理，对二套房不再区分改善型和非改善型，一律执行最低 40% 首付，加强监控跨境投融资活动，防范境外热钱冲击中国房地产市场。

2010 年 2 月，银监会发布《流动资金贷款管理暂行办法》和《个人贷款管理暂行办法》，要求严格限制流动资金贷款流入房地产领域，打击投机炒房行为。

2010 年 4 月起，北京部分银行对二套房首付比例提升至 60%。

2010 年 4 月的国务院常务会议指出将加快研究制定合理引导个人住房消费的税收政策，要求对贷款购买第二套住房的家庭，首付款不得低于 50%，贷款利率不得低于基准利率的 1.1 倍。对购买首套住房且套型建筑面积在 90 平方米以上的家庭，首付款比例不得低于 30%。国务院还要求房价过高、涨幅过快、供应紧张的地区，商业银行可暂停发放购买第三套及以上住房的贷款，对不能提供一年以上当地纳税证明或社会保险缴纳证明的非本地居民暂停发放住房贷款。

2010 年 10 月，住房公积金贷款利率上调。

2010 年 12 月，央行和住建部分别上调一年期存贷款基准利率和个人住房公积金贷款利率 0.25 个百分点。

2011 年 1 月，“新国八条”出台，对贷款购买第二套住房的家庭，首付款比例不低于 60%、贷款利率不低于基准利率的 1.1 倍。同时，不足 5 年转让房产营业税按全额征收。

但是在经济增长下滑的背景下，2011 年 11 月，央行首次提出对货币政策进行适时适度的预调微调，并下调存款准备金率。2012 年 3 月，四大国有商业银行开始松绑首套房贷款利率。

土地调控政策：

2010 年 3 月，国土资源部发布《关于加强房地产用地供应和监管有关问题的通知》，规定土地竞买保证金最少两成、一个月内付清地价 50%、囤地开发商的买地行为将被冻结等 19 条新政。4 月国土资源部公布 2010 年住宅用地供地计划，总量同比增长 130% 多。表明房地产调控开始重视了增加土地供给。

2011 年 1 月 27 日，上海和重庆正式试点征收居民房产税。2011 年 11 月 7 日，国家税务总局表示“十二五”期间将坚决推行房地产税。

土地供应的实际情况：尽管中央政府调整了调控思路，要求增加土地有效供给。土地供应计划确实在增加，但是实际完成情况却差强人意。全国土地供应完成情况是，2010 年、2011 年均为增长，但是 2012 年出现了负增长 19%、2013 年仅仅同比增长了 8.8%，但仍然比 2011 年和 2010 年的成交总量少。北京市从 2008 年以来，只有 2013 年完成经营性土地供应计划，其他年份均未完成，其中 2011 年、2012 年连续两年计划完成率只达 40% 及以下。从 2009 年以来，北京市商品房市场持续处于供不应求局面[①]（请参考下图：2008 ~ 2013 年北京市建设用地计划供应与实际成交对比）。

土地供给长期处于供不应求，导致两个后果，一是加剧了房地产市场供不应求的局面，二是促使市场形成土地供给长期供不应求的预期，房地产市场的加快上涨表现就成为必然：

土地价格近几年飙升，高溢价率土地频繁出现。北京市 2008 年，住宅类土地楼面地价为 3795.2 元/平方米，2009 年楼面地价为 5836.6 元/平方米，2010 年则高达 7353.9 元/平方米。两年的时间，楼面地价几乎翻倍。商品住宅成交均价在 2009 年 14203 元/平方米的基础上，2010 年大幅飙涨 43%，达 20357 元/平方米，只有 2012 年略有下跌。2013 年又同比上涨 15%，达 23499 元/平方米（请参考下图：1998 ~ 2013 年北京市商品住房年度成交价走势）。

---

① 许丽兴、卢世雄：《北京土地市场 2013 年回顾及 2014 年预测》，载魏后凯、李景国主编的《中国房地产发展报告 No. 11（2014）》，62 页，社会科学文献出版社，2014。

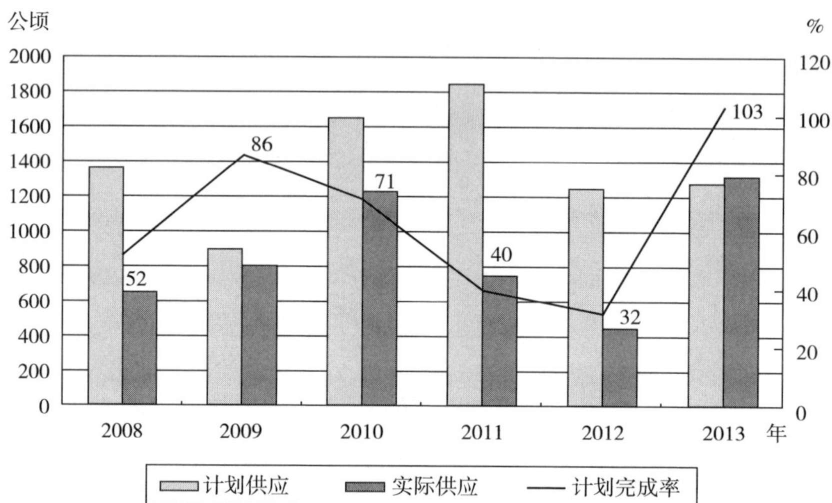

数据来源：《中国房地产发展报告 No. 11（2014）》，社会科学文献出版社，2014 年。

2008～2013 年北京市建设用地计划供应与实际成交对比

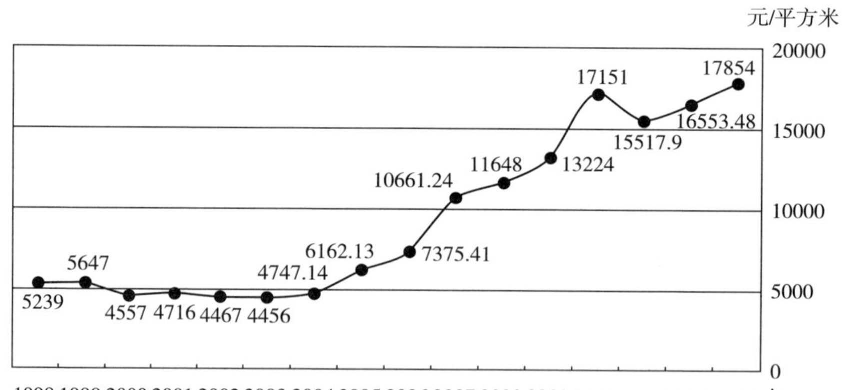

数据来源：国家统计局网站。

1998～2013 年北京市商品住房年度成交价走势

（五）第五阶段为 2014 年初至 2015 年初：呈现缩量下跌的态势

2014 年，宏观经济继续处于增幅回落周期，许多指标显示经济在逐渐趋冷。实体经济的多个行业都存在产能过剩，有些行业如钢铁、水泥、平板玻璃、煤炭、焦炭、有色金属等，存在严重的产能过剩。甚至连一些新兴产业如太阳能、风电等新兴制造业，也呈现产能过剩的态势。

房地产市场在该阶段经历着一场艰难的调整，或者按许多媒体的说法，是在经历泡沫被刺破的过程。从第一季度末开始，全国范围内的房地产市场开始出现销售困难的局面，大部分城市房价开始小幅下跌，城市之间房地产市场也明显分化，一线城市及少部分二线城市表现相对坚挺，甚至在 2015 年初，北京、上海等城市还出现了土地市场的火爆场面，连续拍出多个地王。但三四线城市情况很不乐观。据多家媒体报道，许多城市爆发房地产民间融资危机，如邯郸市，许多开发商连正常付息都困难，信用中断，投资人围攻开发商甚至围攻地方政府，影响到了社会稳定。不少开发商因资金链断裂陷入困境，如前文提到的花样年集团、佳兆业公司、绿城等鼎鼎大名的开发商，甚至许多开发商以跑路来逃避危机。

中国房地产市场调控手段和方式，也发生了重大转变。由过去十多年来习惯采用行政干预，变为更多采用市场化手段，调控决策主体由政出中央变为更多由地方政府决策。这体现了中央决策层更加注重遵循市场经济规律了。在“分类调控”原则主导下，地方政府频频出台稳定楼市的政策措施。

2014 年房地产市场政策环境相对宽松，调控导向明显表现为四个阶段①：

一是年初中央提出“分类调控”，不再“一刀切”。房地产市场本来就不是一个全国性市场，而是城市性市场，不同城市之间差异性非常明显。2014 年初，我国一线城市房价依然在平稳上涨，但是大部分三四线城市房价却进入下跌的状态。全国“一刀切”的调控做法显然不再适合。中央政府适时提出“分类调控”的原则，同时继续抑制投资性需求，并将调控的权力和责任下放给地方政府。

二是年中金融政策“微刺激”支持自住购房。中国第一季度 GDP 增速下滑为 7.4%。央行于 4 月、6 月先后两次定向降准，及时为市场增加流动性。人民银行、银监会分别召开各商业银行座谈会，“建议”银行优先满足自住型购房需求。9 月 30 日，央行与银监会联合发布通知，认定拥有 1 套房但还清

① 《2014 年中国房地产市场政策汇总及 2015 年展望》，中商情报网，2015-01-01。

贷款的如再购房按首套房政策对待，标志着“限贷”政策的放松。接着 11 月央行在实行紧缩货币政策几年后首次降息，助推房地产市场在之后的一个月，成交量呈现明显上升。但是一个月以后市场再次回落。

三是地方政府纷纷出台“救市”政策，大部分城市取消限购。房地产市场下滑的趋势不断加剧，消费者观望情绪日渐浓厚，市场悲观情绪蔓延。受其影响，土地市场成交惨淡，地方政府的土地出让金收入锐减。地方政府“救市”新政频出。除四个一线城市外，其他“限购”城市全部取消限购政策，但是并没有为房地产市场带来明显的起色。于是部分城市将救市的政策力度升级，契税减免、购房补贴、放宽住房公积金使用限制、政府购买符合条件的商品房作为保障性住房等，福州市甚至出台政府收购商品住房为市场托底的政策，收购价格原则上应该低于市场平均价格 15% 以上。

四是中央政府主管部门提出了调控新思路。住建部部长在内蒙古棚户区改造现场会上表示，可以由政府收购部分商品房作为棚户区改造的安置房。预示政府在盘活存量、减轻库存压力方面有了实质性的行动。2015 年 3 月的两会报告中，总理重申收购商品房用于安置房的政策，对自住型购房、改善型购房明确了支持态度，对房地产市场的呵护之情可见一斑。

2014 年全国商品房销售面积为 120649 万平方米，同比下降 7.6%，其中商品住宅销售面积同比下降 9.1%，写字楼销售面积同比下降 13.4%。全国商品房销售总额为 76292 亿元，同比下降 6.3%，其中商品住宅销售额同比下降 7.8%，写字楼销售额同比下降 21.4%。

据国家统计局数据显示，2014 年度 70 个大中城市新建商品住宅销售价格月同比上涨城市个数上半年各月均为 69 个，下半年月同比上涨城市个数逐月减少，12 月为 2 个，月同比价格下降城市个数增加至 68 个。

（六）第六阶段为 2015 年中至 2015 年第四季度：呈现分化的态势

以一线城市为代表的极少数中心城市，其房价首先回暖，尤其是深圳，房价涨幅迅猛，北京、上海等城市紧随其后。但是，以三四线城市为主的大多数城市的房地产市场依然没有走出低迷的阴影，继续处于调整的困境之中。不少城市的房价甚至跌回了四年前，其中包括一些二线城市。即便是一线城

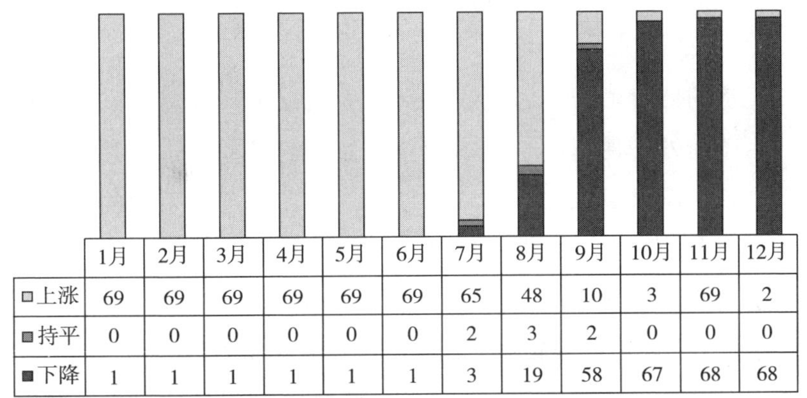

	1月	2月	3月	4月	5月	6月	7月	8月	9月	10月	11月	12月
□上涨	69	69	69	69	69	69	65	48	10	3	69	2
■持平	0	0	0	0	0	0	2	3	2	0	0	0
■下降	1	1	1	1	1	1	3	19	58	67	68	68

2014 年新建商品住宅月同比价格上涨持平、下降城市个数变化情况

市如北京，也并非像三年前一样呈现普涨格局，而是出现内部分化。在通州区被明确成为城市副中心、北京市政府机关即将迁入的背景下，投资客蜂拥而至，房价暴涨，逼得通州又祭起限购的大旗，带动周边的燕郊也出现房价大涨、销量大增的量价齐升局面。相反，一些非热点区域，如西南三环内外的部分地方，尽管有全市土地市场持续火爆的牵引，但是这些地方的二手房市场依然不温不火，有的还出现了比两年前降价的现象。说明房地产投资的风险总体上在增大，其黄金时代已经成为过去时。

二、对中国房地产价格泡沫形成路径的逻辑推演

根据前述中国房地产市场历程的回顾，我们可以从中发现中国房地产价格上涨乃至泡沫形成的逻辑演进路径。

（一）在房地产市场化发展的初期

由于供给短缺，住房作为居民家庭的生活必需品，在基本的居住条件没有被满足之前，其需求是刚性的，也就是缺乏弹性，因此市场需求由刚性需求所主导。由土地的协议出让主导土地市场供给，导致需求价格弹性低于供给价格弹性，这是经济学的基本常识。相对于房价的上涨幅度，需求量的下降变化幅度极小。需求曲线比供给曲线更陡峭。相对而言，供给价格弹性虽然受制于土地供给的相对稀缺性，但是在价格和利润的激励下，土地协议出

让供给效率有提升的可能性，因此这个阶段的特点，是刚性需求推动房价平稳上涨。

随着经济的持续增长，居民收入日渐提高，越来越多的家庭恩格尔系数在降低。由于尚处于住房刚性需求阶段，住房需求的收入弹性比较高，即随着收入的增长，需求量以更高的幅度增长。再加上金融手段的支持，这样带来了对住房更高的需求，需求曲线在斜率基本不变的情况下右移，表明需求在扩张，推动房价继续较快上涨。

（二）对应房地产市场面临土地供应约束的起始阶段

2002 年以来，宏观经济在提速，住房需求稳定且较快增长。随着土地招拍挂制度在 2002 年颁布、2004 年的实施，加上之前已经存在的土地征收储备制度，在全国形成了土地供给事实上的地方政府独家垄断体系，直接导致了 2003 年、2004 年土地供给的减少，使房地产市场供给曲线整体向左移动，同时由于供给存在刚性，供给曲线的斜率变得陡峭，促使房价以更快的幅度上涨。

（三）对应经济高速增长及房地产市场供求缺口增大的阶段

土地供给由地方政府独家垄断的现实，客观上容易形成供给的低效率和供给量的减少，主观上容易造成社会理性一致预期的形成，即“垄断意味着供给短缺”。房地产市场供给的减少，需求的旺盛，经济的继续高速增长，居民收入的持续增加，导致房地产市场供求缺口在加大。房价的不断上涨，并且上涨的速度在加快。再加上供给短缺的理性预期，这些因素吸引了一部分投资人为了保值增值，增加对房地产的投资。这时房地产的投资属性凸显，“买涨不买跌”的心理得到强化，需求曲线右移，需求价格弹性开始大于供给弹性。

（四）对应国际收支连年巨额顺差阶段

随着中国国际贸易地位的上升和贸易顺差的持续增加，通货膨胀率居高不下，每年持续巨额贸易顺差形成的外汇占款被强制性结汇，带来超量的货币增发，同时国外热钱也在流入中国以寻求高收益的投资目标。多方面因素形成社会资本流动性过剩。房地产市场投资收益的上佳表现，激励着这些过剩的流动性进入房地产市场进行投机牟利，又一次使需求曲线右移，推动房价更快上涨，此时房价泡沫逐渐产生。

（五）对应大规模经济刺激计划实施阶段

2008 年在美国次贷危机引发全球性的金融危机和经济危机时，中国宏观经济也遭受到比较严重的影响，经济增速下滑过快的局面在短时间形成，引起中国政府的高度警惕，并且推出了史无前例的 4 万亿元经济刺激计划，刺激效果立竿见影，使经济增速快速回升，回到高速增长的轨道。房地产市场也在一年间实现了“V”形反转，中低收入群体在苦苦期盼房价合理回归屡次失望之后，也无奈加入购房队伍，形成“恐慌性需求”；刺激政策创造出来的大量流动性通过各种途径绕道进入房地产领域，再一次促成了需求曲线右移，推动房地产价格出现了报复性飙涨。

（六）对应房地产市场调整阶段

中央政府加大保障性住房供给，开发商在市场非理性繁荣的刺激下大胆增加房地产开发投资，小产权房市场供给也在野蛮成长，短时间市场供给集中释放，造成房地产市场供给相对过剩，使得供给曲线右移。过高的房价和库存的快速增加，在需求没有新增的情况下，市场销售趋缓，开发商的资金链压力剧增，有的开发商无奈降价销售，导致房价下降。在“买涨不买跌”的心理影响下，需求也在减少，需求曲线在经历多次右移之后，终于向左移动，均衡价格回落，市场销售量也下滑。从而开始了房地产市场的周期性下行，实现了房地产市场的逆转。

通过上述分析，我们可以得出一个认识一致的结论，即中国住房体制市场化改革以来的 15 年间，房地产市场的需求在不断增加，市场供给连基本需求都满足不了，这是房价连续十多年上涨的基础。具体的影响因素和其背后的原因，则还需要进一步作具体深入分析。

三、理论检验证明中国房地产市场存在泡沫

理论上，从经济总体视角来看，房地产市场流动中价值并没有增加，但投资者支付了更高的价格，存在虚假的社会价值，因此存在房价泡沫。以北

京为例，近几年来，每一次地王的出现，都是新一轮房价上涨的开始。2013年7月22日《经济观察报》以“43个调控政策与10倍房价上涨”为标题，对中国自2003年以来十年房地产调控政策及效果进行了述评，文中写道“据国家统计局城镇入户调查的口径计算，过去十年间，中国城镇住宅价格年均涨幅约为16.1%。但在住房矛盾突出的大中城市，人们对房价上涨的感受可能更为强烈。首都北京的五道口华清嘉园被称为宇宙中心，最初房价约6000元/平方米，而目前已至6万元/平方米。这一10倍的上涨幅度高于统计局数据，但可能更贴符大城市居民的心理感受。”① 人民日报海外版2013年8月5日以“10年调控房价涨10倍：政策未中靶心”为题也进行了报道，许多媒体纷纷评议或转摘，引起了大众的普遍共鸣。在广渠门外大街房价普遍处于每平方米15000元时，2009年央企方兴地产在经过多轮激烈竞价后，将广渠门外大街一地块的最后成交价定格在楼面价每平方米16200元时，舆论在质疑，业界在为他们担心，因为销售价只有达到每平方米3万元，该项目才能盈利。两年后该地块入市销售，根据北京房地产交易管理网数据显示，住宅签约均价为4.52万元/平方米，成为该区域内房价上涨的推手，这里的二手房价普遍涨到每平方米近4万元左右。土地市场“面粉贵过面包”现象已经成为近几年我国中心城市房地产市场的一个特殊规律。当蓟门桥地块楼面价被中国兵器集团子公司拍出每平方米3万元、达到起拍价的近3倍时，周边房价普遍只有3万元左右，激起了舆论的愤慨，刺激着人们的神经，激得政府随后很快出台了被誉为史上最严厉调控措施的住房限购政策（当前绝大多数限购城市纷纷退出限购政策，但北京市依然宣称限购政策继续执行）。地王频出，给市场传递的就是房价上涨的信号。不到两年时间，蓟门桥区域的房价还是不以政府意志为转移地攀升到了6万元左右。2015年3月，以保利海德公园名义销售的该项目精装修住宅部分，市场报价已经达到了惊人的每平方米9万多元。近几年来，北京市东西南北均有地王出现，涨声此起彼伏，每一个地王，都会引致周边区域房价快速上涨，并引致其他区域房价的波浪形

① 陈哲：《43个调控政策与10倍房价上涨》，载《经济观察报》，2013-07-22。

上涨。我们试问：两年100%的涨幅、10年10倍的涨幅，怎么解释这种凭空的跳跃式上涨？现实经济基础的影子在哪里？这种涨幅是无法以实体经济来解释的。本书认为，存在此类现象的城市，均存在房地产泡沫，而且泡沫在不断累积变大。下面我们可以从几个不同的角度进行解读。

（一）按照席勒教授的重复交易指数验证中国房地产价格存在泡沫

诺贝尔奖经济学家席勒教授认为，房地产市场是否存在泡沫，不能按照国家或城市的平均价格来看，而应该按照同一套房屋的重复交易价格为依据。因为房地产具有显著的地域异质性，按照马克思的级差地租理论，不同地段房屋的价值差异很大。如备受关注的北京钓鱼台七号院项目，其顶级房屋的销售价高达每平方米30万元。相反，处于六环以外的项目，便宜的可能只有不到1万元。而且，哪一类项目的推盘量大，就会将市场均价拉向哪个方向。严格意义上，对房地产均价的统计只具有象征意义。按照席勒指数，北京广渠门外大街二手房两年内从15000元均价涨到4万元，涨幅为166%。蓟门桥区域二手房从2010年的均价不足3万元到2012年的均价6万元，涨幅高于100%，每年平均涨幅达50%以上。这只是普遍现象下的一个典型缩影。没有任何的实体经济能够支撑如此大的涨幅。

（二）按照地价占GDP的比例证明中国房地产价格存在泡沫

日本房地产泡沫膨胀期间，地价与GDP的比值直线上升。20世纪80年代中期，东京都住宅用地的市价总额只有全国GDP的一半，在土地泡沫的迅速推动下，到1988年地价就达到了GDP的1.5倍①，与美国全国的土地价值相当，达到美国当年GDP的63%。无独有偶，《中国经济周刊》2011年的一篇题为“北京地价能换美国一年GDP　单价最高35万/平方米”的评论，称2010年北京市土地出让金总收入达1641亿元，当年土地成交面积为2061万平方米，平均每平方米8000元，按照北京市16410平方公里的全域面积，计算得出当年北京市土地总价值已达130万亿元，而当年美国GDP折合人民币只有95万亿元②。另据国家统计局数据，2010年我国GDP总量为397983亿

① 野口悠纪雄：《泡沫经济学》，曾寅初译，2页，三联书店，2005。

② 参见《中国经济周刊》评论，2011-01-25。

元，如此测算北京市土地总价值已达全国 GDP 的 3 倍还多。尽管这种计算不是很科学，但是足以说明以北京为代表的中国土地泡沫已经到了近乎疯狂的程度了。

（三）近期房地产市场的调整特点表明中国房地产价格存在严重泡沫

从 2014 年第二季度以来的一年间，中国房地产市场陷入了艰难的调整阶段。全国绝大多数城市，不论是房价还是成交量，不论是同比还是环比，均已呈现萎缩下跌的局面。国家统计局每月公布的 70 个大中城市房价变动情况就是数据依据。这次调整，有几个特点值得重视。一是市场调整出现在调控政策环境相对宽松的背景下；二是出现在存贷款利率和存款准备金率几次下调的背景下；三是持续在“限购、限贷”政策取消以及地方政府频频救市的背景下。从另外的角度也可以说明问题，一是这次房地产市场调整是市场机制自发发挥作用的结果，而不是人为调控的结果。二是反映出房价泡沫游戏已经膨胀到玩不下去的程度了。三是调整的持续凸显出房价还没有达到合理回归，市场仍然缺少后继的接盘者。

进入 2014 年以后，越来越多的专家如吴敬琏、夏斌、李迅雷等，倾向认为当前中国房地产价格泡沫比较严重。原来的“泡沫论”反对者其观点也在发生改变。

第三节　中国房价泡沫产生的原因分析

一、正确认识我国房地产业所处的特殊国情

我国的国民经济具有典型的新兴加转轨特征，在此背景下，我国房地产市场必然呈现转轨时期的特殊规律性。

（一）房产供求的市场化与土地供应的垄断性之间的矛盾

我国在 1998 年开始正式结束住房供应方面政府、单位包办的实物分配模式，实行市场化供应。因此也可以说 1998 年是商品住房市场的元年。但 2003 年以后，城市土地市场被地方政府独家垄断。垄断往往导致供给不足，供不应求当然会引致房价的长期不断上涨。但是为什么还会出现目前普遍存在的供给过剩局面？一方面，房价地价的高昂，使地方政府具有增加土地供应的激励，另一方面，开发商受高额利润的诱惑，以及出于对政府维持市场繁荣意愿和能力的信任，投资开发行为变得更为大胆。加之小产权房失控因素，供应过剩就成为必然。

（二）需求突发性出现且持续增长

1998 年以前住房的政府或单位实物分配引致的住房短缺与住房开发需要较长周期之间的矛盾，在取消福利分房的制度后逐渐爆发。计划经济下长期的住房渴望，在 1998 年市场化改革以后，立即形成了短期较为集中的购房需求。随着 2002 年以后我国经济的高速增长，人民群众的收入也得到较快增长，购买力的提高再加上银行住房按揭贷款的支持，将购房愿望变成现实，从而形成短期集中的、巨大的购买力，推动中国房价十年来的持续快速上涨。

（三）流动性过剩与投资领域过窄的矛盾

从 2000 年以来，中国宏观经济进入新的一轮景气周期，尤其是外向型经济以更快的速度发展，成为世界最大的出口国。巨额贸易和资本盈余形成的大量外汇占款被强制结汇，累积了严重过剩的流动性。由于我国不少领域存在政府管制和垄断，许多民间流动性无法进入垄断性行业，资本的逐利性驱

使流动性大量进入房地产行业，不断推高房地产价格。

（四）政府对房地产市场具有较强的主导性

一是中央政府可以通过货币政策、产业政策、信贷政策、土地政策、税收政策、行政管制等手段对房地产业进行调控，直接进行需求管理和供给管理，左右房地产市场。二是地方政府凭借其既是裁判员又是运动员的地位，可以通过减少或增加土地供给量，提高或降低土地价格，直接对房地产供给和开发成本进行控制。再加上地方政府财权少事权多导致过度依赖土地财政，使其更有动力通过不断抬高土地价格来增加财政收入，也增加了房地产政商腐败风险。

另外，人口结构、家庭结构的变化，也与西方国家的情况不同，有着特殊性。因此，中国房地产市场的供求弹性也具有特殊性。

二、对近年来关于中国房价上涨既有研究的简要评述

（一）现有研究所持的观点体现出很大差异性

近年来理论界关于中国房价不断上涨的主要推动力量，有以下多种不同的观点：需求推动论、制度变迁推动论、地价推动论、投机推动论、经济结构失衡的影响、货币超发论、金融支持过度论、国际游资推动论、建筑质量和环境改善推动论等。

陈淮等（2009）在《地产　中国：引导我国房地产业健康发展研究》中认为，制度变迁、土地垄断、消费者预期、质量提高等四方面的因素，是推动中国房地产价格不断上涨的主要力量。同时反对将宏观因素、地段和基础设施改善因素、市场因素如地价推动等，作为房价的主要影响因素。

文红星（2013）认为，我国房地产存在泡沫，房地产产业制度的不完善是诱发房地产价格泡沫的重要因素。我国房地产制度缺陷主要体现在四个方面：土地管理制度缺陷、房地产销售制度缺陷、房地产税费制度缺陷、住房保障制度缺陷。

王志伟（2010）认为，经济增长及城市化背景下的人口流动是支撑中国房地产市场发展的内在因素，市场内外部失衡以及信息不对称是导致中国房

地产价格泡沫的主要诱因。

曹荣庆（2014）从人口因素视角，对中国房价泡沫现象的成因进行了研究，认为巨大的人口红利带来的预期因素使得市场提前采取了对冲措施，即对于存在供给约束的行业，如房地产业、铁矿石进口市场等领域，市场通过非常规涨价放大了需求增加带来的冲击，透支了人口因素，使得人口红利不复存在。

（二）厘清认识误区，统一分析框架

分析中国房价持续上涨乃至形成泡沫的主要推动力，有必要厘清一些认识上的偏差。

通过上一章的理论分析，我们认识到，房地产市场也是受供求规律支配的，供给与需求之间的力量对比，决定了房价的走向和幅度。其他任何因素，也只能是通过影响供给或者需求，对市场价格施加影响。

既然房地产市场符合市场供求规律，那么为什么中国房地产市场长期持续过快上涨、形成泡沫、导致市场失灵呢？经济学原理中的市场供求规律，是在完全竞争市场或基本完全竞争市场条件下实现的，要求市场各种要素资源能够自由流动，市场供给者和需求者进入和退出自由。对照中国现实情况，处于转型期的背景下，各项改革正在逐步推进，进度有快有慢，很多方面出现不协调的问题。具体在房地产市场，商品房的需求首先被推向市场，实现了购买消费自由，在不突破自身预算约束的前提下，居民家庭可以在这个市场中自由配置所需的商品房资源（当然在限购、限贷时期除外）。但是在商品房供给市场，很多方面的资源不能自由流动，如土地一级市场由地方政府独家储备，包括城市土地和农村集体土地。土地的二级市场，也是地方政府独家出让，多家需求方在竞争。地方政府完全垄断了土地资源。我国房地产开发实行资质管理，存在进入壁垒，导致供给方不能自由进入，导致竞争不完全。房地产开发建设的每一个环节都需要政府有关部门审批，每一个行政审批项目，都是一次对市场供给的约束，拉长了供给时滞，降低了供给效率。这些因素我们在下面再展开分析。正如前文中论述的，房地产市场失灵的主要缔造者，往往是政府自己。

理论上，如果市场是完全的，那么需求的影响只是短期因素，只能在短期起单方的主导作用。在长期，供给将成为主导力量。因为马克思的平均利润率理论表明，市场机制会迅速将短缺或过剩信号传递给供给方，供给方在长期将扩大生产能力，实现市场供给的有效增加，从而市场在长期会趋于均衡稳定状态。

（三）对当前中国房地产价格泡沫成因主要观点的评述

1. 对需求方主导论及类似观点的评述。需求推动论、投机推动论、经济结构失衡的影响、货币超发论、国际游资推动论、人口红利因素等，都与需求方主导论属于同类型的观点。中国的房地产市场需求确实非常旺盛，这一点我们在前文也分析过。但是，用这类观点解释中国长期存在的房价持续上涨甚至过高上涨，就缺乏解释力了。正常情况下，房地产开发的周期少则一年，多则两到三年，就可以上市销售了。因此，房地产市场的短期和长期的界限，两到三年是比较符合实际情况的，市场供给方的调整战略在此期间是完全能够实现的。中国持续十几年的房价快速上涨，经过了五六个短期周期，持需求主导的理论观点无论如何是无法解释的。

2. 对地价推动论、建筑质量和环境改善推动论等观点的评述。这几个观点其实都属于成本推动理论类型的观点。一方面，我们需要分析成本为什么能够转移给需求方，另一方面，需要分析成本在房地产销售价格中占到多大比重，近几年来涨幅多大，推动力多大。先来分析成本的转嫁问题。市场经济规律常识显示，市场成交价格不取决于任何一方，而是取决于双方力量的对比。如果需求方的力量强大，即是买方市场，那么成本的转嫁就无法实现。如果是卖方市场，那么成本的转嫁就是可以实现的。中国房地产市场在连续上涨的十几年，可以肯定地说，属于卖方市场，也就是说成本的转嫁是可以顺利实现的。正常情况下，如果是卖方市场，其表现是供不应求，房价上涨应该激励供给方加大开发投资力度，大约用两年多时间就可以填补市场短缺的空白，促使市场供求趋于均衡。但问题是，为什么能够在这么长的期间里，得以保持卖方市场呢？用成本推动论的观点，难以解释成本转嫁背后的机制。再来分析成本占比的问题。现实中，土地和建安成本在房地产开发成本中的占比、在房价中的占比，对于大城市与中小城市来说，差别很大。以北京为例，开发成本构成中，土地成本所占比例非常高，基本上都在50%、60%以上，高的甚至会占到70%以上，如近年来拍出的地王们，楼面地价假定为4万元，建安成本大约每平方米4000元左右，加上财务成本、管理成本、销售成本、销售税金等成本，按照两年的开发销售期，其总成本大约每平方米6万元左右，地价占到成本的70%左右。但是不同级别的城市，建安成本在总成本中所占比重差异很大。在大城市的开发成本中，建安成本所占比例很小。相反，在中小城市，建安成本在开发成本构成中的比例相当大，一般要占到60%左右，土地成本一般占到20%左右。城市不同，情况相左，用同一种观点进行解释，难免失之偏颇。所以地价推动、建安成本推动理论只能解释单个城市的部分推动力，而不能解释全国绝大多数城市房价同时持续上涨的推动力。当然，部分城市近几年来频频出现地王现象，“面粉贵过面包”的情形不在少数，对当地房地产价格具有直接的拉动作用，对其他城市的房地产市场也起到了很大的示范效应。因此，地价推动论在少数城市是客观存在的，但是也应该挖掘其背后深层次的原因。在下一节我们将展开辨析。

3. 制度变迁推动论、土地垄断推动论具有很强的解释力。应该看到，房价所反映的是当时各种生产关系的总和。中国房地产价格连续十几年上涨乃至形成泡沫，说明房地产市场各种生产关系严重扭曲。马克思主义政治经济学认为，生产力决定生产关系，生产关系必须适应生产力的要求。生产关系具体到房地产市场，就是房地产市场的各项制度和政策。说明中国房地产市场的许多管理制度不适应甚至阻碍了该市场的发展。新的一届中央政府将深化改革、简政放权作为执政的重要抓手，说明改革旧制度、塑造新制度的重要性和必要性。

4. 重点对金融支持过度论予以探讨。甘藏春等（2009）认为，1998年以来中国房地产市场的快速发展和居民住房需求的膨胀，基本上是建立在银行贷款快速增长的基础上的。本书显然不同意这个观点。

首先，在国际商业银行领域有两个“三七开”的惯例，一是房地产行业贷款占全部贷款余额的比例控制在30%左右，其余行业占70%；二是房地产开发贷款占房地产行业贷款总额的30%，个人住房抵押贷款及其他业务占70%①。中国人民银行季度货币政策执行报告显示，2014年6月末，主要金融机构（含外资）房地产贷款余额为16.2万亿元，占全部贷款余额的20.8%。其中个人住房贷款余额9.9万亿元，占房地产贷款余额的61%。两项指标均低于欧美各国银行房地产及相关资产占比。当然，还应该加上其他社会融资投向房地产开发领域的资金，以及住房公积金贷款对个人购房的支持，那么，个人住房贷款占房地产贷款的比例更低。另外，个人住房贷款总量只占GDP总量的20%多，而国外成熟市场抵押贷款一般占GDP总量的比重在50%左右。金融垄断导致中国金融体系处于金融抑制状态，总体支持不足。

其次，中国的金融体系对房地产市场供给和需求是双向同时支持。而据本书分析，现阶段金融对房地产开发的支持要远远大于对居民住房的支持。一方面，虽然数据显示个人住房贷款余额要远远高于房地产开发贷款余额，但是如果将两者性质上的差异因素剔除，就会得出与表面数据相反的结论。房地产开发贷款与个人住房贷款的差异主要体现在还款方式上。房地产开发贷款是到期一次性偿还本息，期限一般为两年到三年。而个人住房贷款期限很长，最长可达30年，一般都在10年以上，采取逐年偿还本息的方式，即人们常说的"月供"。因此，其贷款余额中所包含的内容是不同的，房地产开发贷款余额中只包含平均为两年的贷款投放量的沉淀，而个人住房贷款余额中却包括最少10年左右的贷款投放量的累积。因此，只有每年的新增贷款才有比较的意义。据中国人民银行2014年上半年金融机构贷款投向统计，上半年房产开发贷款余额4.04万亿元，同比增长23.7%，据此测算，上半年新增房产开发贷款投放9575亿元，与同期新增个人住房贷款投放额9389亿元相比，还略高一些。另一方面，房地产开发融资的来源相对于个人住房贷款，则更为广泛。除了银行贷款外，间接融资还有信托贷款、小贷公司和典当行贷款等，直接融资有资本市场股权融资、接纳国内外社会资本的股权融资等。而个人住房贷款就只能靠商业银行和住房公积金贷款。

① 徐晓明：《中国房地产行业风险分析研究》，吉林大学博士论文，2012。

因此，无法得出金融对住房需求支持更多的结论，也就无法得出金融对房地产支持过度的结论。

5. 供求双方的影响因素是共同推动房价长期过快上涨的主要力量。第一，房地产市场规律表明，房地产价格受供求关系规律的制约，因此，房价泡沫的形成是供给和需求因素共同作用的结果。第二，由于房地产具有泡沫易生性的特点，供求双方的任何变化因素，都会放大对房价的影响力，尤其是双方的主要因素，对房价的推动力量更为显著。第三，任何单方面的因素，都无法长期主导房地产价格泡沫的长期演进。第四，任何影响因素都存在主次之分，内外有别，挖掘其深层次的内在关系和原因，找出导致中国房地产价格泡沫形成并且长期膨胀的主要影响因素，将是接下来的主要任务。

三、中国房地产价格泡沫形成的主要推动力量分析

本书认为，在房地产市场处于需求旺盛、供给不足的前提下，房地产管理制度的变迁，尤其是土地垄断制度的实施，过度的信用膨胀，激励投机行为的机制，以房地产调控政策失效为主要表现的政府管理失灵等，是导致中国房地产价格持续上涨、形成泡沫的主要力量。各因素都不是孤立的，而是有着内在的联系，形成错综复杂的关系，共同促进房价的不断上涨。其他原因都是在上述因素基础上“衍生”出来的，因而不是主要力量。

（一）土地管理制度的变迁是房价泡沫形成的必要条件

土地管理制度由松散管理变为集中管理，帮助地方政府实现了对土地的事实垄断，从而强化了土地供给约束，降低了供给弹性。Glaeser（2008）认为，如果住房供给是完全弹性的，则房价的变化只取决于边际成本的变化；如果供给是非弹性的，则供给因素必然放大需求增加对房价上涨的推动作用。在住房需求尚未得到基本满足之前，中国房地产市场处于需求饥渴状态，呈现严重的供给短缺和供求失衡。此时土地垄断制度的形成首先导致地价上涨，接着在旺盛需求的推动下进一步传导给房产市场，形成房价不断上涨的局面。

1. 城市土地储备制度实施概况。所谓土地储备是指城市政府通过征购土地所有权或使用权，按照土地利用总体规划和城市规划，对土地进行前期开

发、整理、储备和供应，调控城市建设用地需求的城市土地管理制度。由于土地储备制度可以有效地调控土地市场，因此，在很多国家中得到广泛应用。土地储备制度最早起源于1896年的荷兰，之后在法国、英国、德国、美国等国家得到推广。在国外土地市场中，土地储备的主要目的是通过成立土地开发银行等机构来完成土地的收购、出售及基础建设投资等职能，以达到平抑土地价格、保证土地得到集约化应用、在房地产市场中发挥最大效能的目的[①]。20世纪90年代初，我国主要借鉴香港的土地制度，开始实行土地储备制度。1996年，上海市成立了土地发展中心，这是我国第一家土地收购储备机构。随后，其他城市也纷纷成立了土地储备机构；目前，我国所有城市都已经建立了土地储备机构。土地储备制度的建立是我国城市用地制度的一次重大变革，正式确立了城市土地有偿使用的规则。通过以上的方式，土地储备制度可以使得土地从分散的土地使用者手中集中起来，由政府或者政府委托的机构进行土地的整治与开发，再根据城市实际情况，有计划地投入市场，提高了土地利用的集约化。

土地储备制度本来是先进的土地管理制度，在我国却显出弊端的一面。境外的土地储备制度是采用市场化的机制来完成土地征购的。也就是说，同时存在储备体系之外的市场化的土地供给。政府主导的土地储备体系正是为了应对市场化土地体系出现大波动时，对土地供求进行调控，以维持土地市场的稳定。而我国土地储备制度却变成了政府对集体土地的独家垄断。按照现行的土地制度规定，建设用地绝大部分通过土地征收并以产值倍数予以补偿，最大补偿倍数为30倍。土地实行严格的性质和用途管制。集体土地必须转变为国有土地性质之后才能取得出让开发资格，而土地变性须经过政府许多部门层层审批。待改变为国有土地性质后，也必须由政府土地储备机构征收，集体经济主体无权自行处置。由于政府对土地的征收不是按照同类土地的市场价补偿，而是按照土地原有用途（农、林等）产值倍数进行补偿，而且地方政府“有可能低价征得集体土地……在这种情况下地方政府不可能主

① 李忻忻：《土地资源配置及其对房地产市场均衡影响研究》，河北工业大学博士论文，2013。

动去缩小征地范围、压减征地数量、提高征地补偿标准、有效安置被征地农民，更不可能自动地去花较大的成本提高现在存量建设用地的利用效率，最终造成了目前征地范围广、大部分项目补偿低，以及失地农民安置不落实的不良状况。”① 导致补偿标准与农民认为的市场合理价位差别非常大，因此谈判及收储周期很长，而且土地收储中出现的农民上访告状，甚至以自杀方式抗拒等社会问题也非常突出，使得土地储备难度很大，土地二级市场供给进一步表现为刚性。通过土地储备制度，首先实现了政府对农村集体土地的基本垄断。

土地储备制度对农村集体用地的强制征收，加大了收入分配不公和城乡差别。土地被地方政府强制性低价征收以后，通过土地适当的整理，最后公开市场出让价都比成本价高出许多倍。土地溢价部分与被征地农民无关，都被地方政府收入囊中。这种巨大的利益促使地方政府拥有强大的动力开展新时代的“圈地运动”，形成了地方政府对农民、城市对农村的利益剥削，也形成了新的城乡“剪刀差”。

2. 土地招拍挂制度实施概况。为保证土地市场的公平与效率，最大程度彰显土地价值，国土资源部在 2002 年 5 月发布了《招标、拍卖、挂牌出让国有土地使用权规定》。之后又规定 2004 年 8 月 31 日以后的所有经营性用地出让全部实行“招拍挂”制度。至此，土地“招拍挂”制度开始得到了强制性落实。土地招拍挂制度规定，城市国有土地使用权的出让，必须首先由政府土地储备中心完成征收，其后才有权进入土地交易市场。通过土地强制性招拍挂制度的落实，政府又完成了对城市国有土地的事实垄断。

中国土地“招拍挂”制度实施前，城市建设用地市场以协议出让土地方式为主。土地的供求双方达成交易协议后，只需要去政府土地主管部门进行登记和用途审批。政府实际上只履行了审批手续的职责。协议出让土地方式本质上属于类似完全的市场化供应，有许多的买家和卖家，一方面由于其效率快捷、供给灵活，在住房货币化、市场化分配的制度变迁中，在大量住房

① 范恒山主编：《土地政策与宏观调控》，175 页，经济科学出版社，2010。

需求被制度一下子推向市场的情况下，及时扩大了土地和房地产市场供给，较好地满足了居民家庭合理的住房需求，没有造成大的缺口和恐慌，为保障住房体制根本性改革的成功运行功不可没。另一方面，由于城市土地绝大部分都掌握在政府部门和国有企业手中，农村集体土地也是掌握在村委班子少数人手中，土地的私下交易客观上难以避免寻租行为，在一定程度上滋生了腐败。

3. 土地储备与招拍挂制度共同促成土地垄断制度，成为房价上涨的最大动力。

第一，土地储备制度和土地招拍挂制度共同促成了政府对土地市场垄断，加剧了土地市场的供需矛盾。首先，两项土地制度的确立，无疑在客观上确立了国家在土地市场中牢不可破的垄断地位。经济学理论证明，垄断意味着供给低效率，垄断者往往在边际收益等于边际成本的点上提供产品，导致供给短缺成为常态。其次，土地垄断制度为地方政府攫取土地收益创造了条件，使地方政府过分追求经济利益成为可能，将其推向了市场利益主体的地位。使本来只是裁判员的政府，又成为运动员，裁判员的无限权力和运动员的亲力亲为，为其大肆捞取高额垄断利益大开方便之门。作为土地一级市场的绝对垄断者，在现行的土地收益分配制度的鼓励下，必然会以小于市场需求量供地，制造土地供给的饥饿效应。而其饥饿式的供地手段逼迫开发商无奈只得高价购地，不断推高房价，从而又反过来拉高地价。国家行政学院经济学部副主任张孝德教授指出，政府不仅是房地产价格的最大推手，而且也是房地产市场的最大受益者[①]。再次，忙于追求经济利益的地方政府，在社会责任方面普遍出现了缺位，尤其是在住房保障方面的责任与客观要求相差甚远。不少家庭不得不放弃享受保障房的奢望，只得举债购买商品房，客观上也在做着推高房价的事情。最后，在市场经济中，由于土地的需求量是由城市经济发展规律决定的，是一种客观需求，更是一种刚性需求。土地出让量与土地市场的需求量直接影响着土地的价格，而政府垄断土地一级市场无疑会加

① 张孝德：《化解房地产泡沫　从根源上解决产能过剩》，载《行政管理改革》，2014（3）。

大土地供给与需求之间的矛盾。

第二，土地垄断制约着土地供给，推高了土地出让的价格，增加了开发的成本，强化了投机者的乐观预期，直接推高了房价。对于这一点，存在较大的争议。有的学者认为是房价拉高了地价，有的认为是地价推高了房价，还有的认为双方是相互推进的。我们看看各方的主要观点。

（1）房价带动地价论。房价带动地价论的基本观点是，市场对土地的需求不是直接的，而是通过对房屋的需求引致而来的。社会各种经济活动都离不开房地产，如厂房、写字楼、商场、住宅等都是生产和生活必需的要素，因此首先体现的是对房地产的需求，由房地产的需求导致对土地的需求。在良好的经济增长带动下，居民收入迅速提升，由此带动了对房屋和生活资料的需求。对房屋的需求带动了对土地的需求，而对生活资料的需求又带动了对厂房、商场等的需求，从而导致对土地需求的又一轮增加，推动土地价格上涨。李嘉图地租理论认为，土地价格即地租，是由土地的收益即土地上产品的价格决定的。如董经纬（2013）认为，地价的高涨源于我国住房体制改革之后，加之我国处于快速城市化阶段，城市居民不断释放的刚性居住需求和投资性需求的推动①。

（2）地价带动房价论。地价带动房价论的基本观点是，土地是最稀缺的资源，是房地产开发不可或缺的生产要素，土地价格具有长期的上涨趋势，必然导致房价随之上涨。房地产开发成本中土地成本所占比重越来越大，就足以说明房价的不断上涨是建立在土地价格不断上涨基础之上的。

建设部政策研究中心在2004年的《怎样认识当前房地产市场形势》中指出，土地价格上涨是推动当前房价上涨的重要因素，土地招拍挂制度的实施存在短期内推动土地价格上涨的明显缺陷。2008年，全国工商联通过对全国九个一二线城市的调查发现，土地成本在房地产开发项目中所占比重过高，最高的已达58.2%，土地成本已经成为房地产项目中的最主要成本。黄振宇（2010）的研究认为，我国对集体土地的收储制度和土地招拍挂供应制度，以

① 董经纬：《中国房地产市场价格“虚高”的制度经济学分析》，吉林大学博士论文，2013。

及地方政府的逐利行为，强化了对未来土地供给短缺的预期，加剧了对土地需求的竞争，推高了地价，进而又推高了房价。中国土地出让制度和税费制度缺陷是住宅价格快速上涨的基础原因，调整相关制度是抑制房价快速上涨的根本。王文斌（2010）认为，在未改变土地要素供给约束的前提下实施土地出让“招拍挂”改革，强化了市场竞争，强化了对未来土地供给不足、价格上涨的预期①。重庆市长黄奇帆（2010）指出，地价是推高房价的主要因素，重庆市房地产市场调控的经验是，地价不应该超过房价的三分之一，否则就容易使房价失控。

（3）房价地价相互影响论。相互影响论的基本观点是，土地价格与住房价格的相互带动作用基本上是一样的。艾建国、丁烈云等（2008）认为土地价格与房地产价格之间的关系，不是简单的因果关系，但是也存在很强的关联性。一方面，房地产价格的变化会向土地市场传导，另一方面土地价格的变化又会影响开发商的投资决策，从而对房地产价格产生影响。

上述各种观点，分析视角不同，看似各有道理，到底真理在哪一方，需要进一步深入辨析，从而得出科学的结论。

首先，从市场机制配置资源的内在要求角度分析：采用市场机制配置要素资源，最重要的前提条件是各类资源必须能够自由流动，只有这样市场才能发挥竞争机制，以价格这个“指挥棒”有效配置资源，才能理顺各类资源的价格。具体到房地产市场，如果土地资源和其他资源都是自由流动，没有垄断壁垒，而且市场处于基本均衡状态，那么按李嘉图地租理论，房价决定地价就是有道理的。但是我国房地产市场中，房产市场要素可以自由流动，土地市场却是政府垄断，土地要素不能自由流动，必然人为割裂土地市场和房产市场的正常有机传导，扭曲两个市场的关系。从力量对比上，自由市场的需求怎么能抵得过强大的政府垄断呢？房产市场旺盛的需求，面对土地垄断者的供给控制，房价有什么能力决定地价？从现实中，近几年来各地土地拍卖市场频频出现的“面粉贵过面包”现象，有力地说明了地价决定房价上

① 王文斌：《我国房地产价格波动形成机制及影响因素研究》，南开大学博士论文，2010。

涨的事实。

其次，从不同发展阶段存在不同的供求弹性角度分析：前文已经论述，由于住房作为人们的生活必需品，在处于短缺阶段时，房产市场的需求价格弹性普遍很低。虽然房地产市场供给的价格弹性也低，但是相对而言，供给价格弹性还是大于需求价格弹性。也就是说，需求对于价格变化不太敏感，相对缺乏弹性。同时，该阶段需求的收入弹性较高，即收入的增长会带来需求更大的增长。房改以来的我国房地产市场，当然是处于短缺时代，市场需求价格弹性小于供给价格弹性，那么均衡价格就由供给曲线所决定。房地产市场供给曲线又是由土地供给所决定的，由此不难推导，土地价格对于房产价格具有决定性影响力。如果说土地客观存在的稀缺性使其供不应求，那么遍布全国的小产权房土地又是怎么被供给出来的？显然，问题的根本还是出在极不合理的土地垄断制度上。

最后，从各种因素影响效力的期限角度分析：在正常情况下，土地价格、投机行为、金融支持等因素，对房地产市场的影响是短期的，因为市场机制会在可能性周期内指挥供求的调整，使市场趋于均衡。从经济学理论分析，土地供给刚性在长期也是不存在的。而且本书研究在前文论证，房地产市场也是符合市场供求规律的。制度、宏观经济增长、城市化、人们收入的增长等因素，才是长期的影响因素。而我国连续十几年的房价上涨，地价一直充当了推动房价上涨的重要因素，但仅仅从地价层面来解释，已经缺乏解释力了，我们必须分析维持地价因素持续推动房价的背后力量。这种力量就是地方政府对土地市场的制度性垄断。

全国土地副总督察甘藏春等（2009）指出，“2007 年，全国各地城市拍卖地价不断创出新高，以致很多新拍出的地价包括楼面地价，比周边正在出售的楼盘房价还高。”① “土地供给紧缩和全面招拍挂政策的实施，虽然从指标上与成本上限制了土地的过度供给与浪费，十分有利于把每年耕地净减少量控制在 200 万亩以内，但客观上也造成了地产价格的迅速提升……培育了

① 甘藏春主编：《土地宏观调控创新理论与实践》，201 页，中国财政经济出版社，2009。

地方政府土地经营与开发商土地资本的暴利模式”[①]。这正说明了十年来的房价是被地价所决定的，说明根本的问题还是出在土地垄断上。是土地垄断制度，保证了长期以来，我国土地供给对整个房地产市场的决定性影响，或者可以说，土地垄断制度在我国房地产市场的资源配置中起到了决定性作用。这显然与党的十八大“发挥市场在资源配置中的基础性作用”的精神是根本相左的。

第三，土地垄断制度客观上形成了资金对土地资源的自然垄断。由于土地招拍挂制度要求参与竞拍的所有主体，都必须首先缴纳一定比例的竞拍保证金，然后再进行公开的竞争。曾经存在的集资建房、合作建房等具有自助互助性质的供给模式，显然无法在尚未取得土地开发权之时就筹集到资金。即便少数能够集资参加竞拍的，也无力与实力强大的开发商集团展开竞争，从而这种有利于补充市场供给、有利于中低阶层住房需求的模式，就被彻底排除在了房地产开发市场的大门之外，帮助开发商实现了对房地产市场供给渠道的垄断。

第四，土地垄断制度不利于实现社会公平与和谐。地价不断上涨，带动房价不断上涨，必然造成有房者剥削无房者的不公平现象[②]。房地产价格的高企，像一个无底洞残酷地吞噬了中国老百姓一辈子甚至几代人积累的财富，加大了贫富差距，将社会阶层推向两极分化并进而形成固化，成为社会不和谐与不稳定的重要推手。

第五，土地垄断制度也能够产生寻租行为。部分城市地方政府默许开发商未批先建，形成边开工、边申报的事实，在招拍挂环节以各种理由阻碍其他开发商参与竞拍，为开发商护航。不少开发商通过招拍挂取得土地之后，在高价土地的压力和获取尽可能高的利润推动下，展开寻租活动，寻找各种理由，通过调整规划提高容积率增加开发面积，或通过隐性手段偷取面积。近年来土地领域频频挖出腐败分子，说明腐败行为并没有随着招拍挂这项公开的制度而消除。

---

① 甘藏春主编:《土地宏观调控创新理论与实践》，203 页，中国财政经济出版社，2009。

② 董经纬:《中国房地产市场价格“虚高”的制度经济学分析》，吉林大学博士论文，2013。

土地垄断最严重的后果是，通过控制土地供给进而人为制造了房地产市场的非理性繁荣，吸引社会资本源源不断流入，造成社会财富过多沉淀在物化的不动产上。一是不利于社会消费的扩大，反而在一定程度上抑制了消费。过高的房价挤占了居民家庭过多的积蓄，不少人甚至举债买房，然后无奈过起“房奴”的生活，为了还贷款只得降低消费水平。二是给社会各界带来负面的投机思潮，极大地伤害实体经济。多年来占据中国富豪榜最多的群体就是开发商，房地产业也是利润率最高的行业之一，还有买房暴富的投机群体等，这些示范效应不断冲击着社会的神经。既然房地产开发利润高、又简单，成功开发一个项目，抵得上别的行业辛辛苦苦几十年。于是，经营制造业的，从事学术研究的，销售家电的，生态农业种植的，等等，争先恐后进入了房地产开发和投资投机领域，过多的资金快速将房价推得更快上涨，房价上涨又吸引更多的社会资金，形成了恶性循环。过多的社会资本集中于房地产领域，其他领域获得的资金资源就会大大减少，从而不利于产业的升级和结构的调整，不利于我国产业竞争力的提升。而房地产业中，除了建筑安装和装修装饰，其他的环节都属于虚拟经济领域。高房价的既得利益者，正是这些虚拟经济领域的，尤其是土地方。恰恰是作为虚拟经济代表的土地，成为财富最集中的地方。虚拟经济并不创造财富，只是将财富进行重新分配，既加大了社会贫富分化，又抬高了社会生活的整体成本，使人力成本、商务成本快速提高，导致制造业处于更为困难的境地，极易造成经济空心化。黄奇帆以香港地价高涨赶走许多高端服务业的教训为例，认为高地价对当地经济增长也是有害的。近几年来，不少企业陆续关闭国内的工厂，将生产基地搬迁到东南亚，与房地产成本和人力成本的过快提升不无关系。

土地垄断制度带来的最大问题，是供需双方处于严重的不平等地位，土地供给者可以置需求者利益于不顾，而需求者对供给者则缺少有效监督和强制执行权力①，从而导致经常化的供不应求局面。Glaeser 等人（2008）的研究发现，具有更大住宅供给弹性的地方对应较少和较小的房价泡沫，社会福

---

① 社科院研究员张斌：《中国经济转型综合症》，载《南方都市报》，2014－09－07。

利也比较高。20 世纪 50 年代的数据支持了这一结论①。

（二）信用膨胀为房价泡沫的形成和膨胀提供了充分条件

2014 年，中国广义货币供给（M2）为 122.8 万亿元，实现 GDP 为 63.6 万亿元，当年 M2 与 GDP 之比为 1.93。而美国在超宽松货币政策尚未退出的 2013 年，其 M2 与 GDP 的比率也才只有 0.65，仅为中国的三分之一强。

1. 经济结构失衡导致货币长期超宽松。

第一，投资与消费的失衡。长期偏重投资拉动的经济结构与刺激政策形成相互正反馈。一方面，过度投资导致产能过剩，生产效益下降，拖累经济增长速度；另一方面，政府如果维持经济增长速度，就必然进行政策刺激，而刺激政策的主要投向还是投资领域。据测算，我国投资收益率低至 2.6%；单位能耗是世界平均水平的 2.5 倍，美国的 3.3 倍；全国 5000 多家大中型企业的利润率不到 7%，并且呈现下滑态势②。随着投资的边际收益下降，经济增长的质量和效益都会回落，那么若维持经济增长速度就需要更大的投资，更大的投资也必然需要更多的刺激政策，刺激政策的手段主要是更为宽松的货币政策和更多的流动性释放，从而形成恶性循环。

第二，内需与外需的失衡。长期形成的巨大贸易顺差，形成两个后果。一方面，造成巨额人民币的被动投放。2014 年底，中国外汇储备达 38430 亿美元，按当年平均汇率 1 美元兑 6.1428 元人民币测算，年底外汇占款形成的人民币投放高达 23.6 万亿元，而这部分货币在国内却缺乏对应的物质。尽管人民银行可以通过提高存款准备金率的方式进行对冲，但是考虑到政策执行与货币增加之间存在时滞，而高能货币具有货币创造的功能，因此客观上存在货币多于商品的现实。

第三，不断实施的经济刺激政策，人为制造了货币的宽松局面。从 2008 年以来的 6 年间，具有一定规模的经济刺激政策已经达到三次，尤其以 2008 ~2009 年的大规模经济刺激计划为最盛。政府的 4 万亿元投资计划，金融机构高达 10 万亿元的新增信贷投放，形成了巨大的货币洪流，在几乎瞬间

---

① 转引自吴松年：《经济结构性失衡与住宅价格关系研究》，复旦大学博士论文，2011。

② 余永定：《更迫切的问题是实体经济效益下降》，载《第一财经日报》，2014 -06 -27。

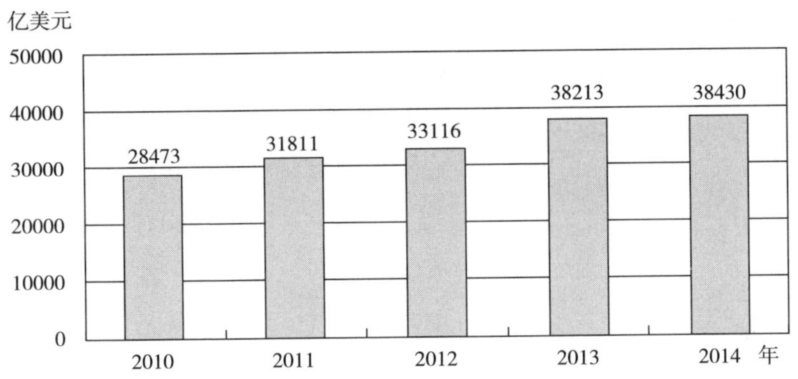

2010～2014 年年末国家外汇储备

就将正在快速下滑的中国经济直线拉起的同时，导致社会流动性泛滥，带来了诸多后果，房地产价格的飙升就是其中之一。

2. 长期以来货币增幅与房价涨幅高度正相关。长江商学院陈龙教授通过梳理中国近 24 年来的数据发现，M2 增幅与房价涨幅之间的相关性高达 71%。1990～2013 年，中国的实际 GDP 平均增幅为 9.9%，全国房地产销售额除以销售面积的房价平均涨幅为 10.7%，M2 平均增幅为 21.0%，实际 GDP 的增幅加上房价的涨幅为 20.6%，与 M2 的增幅基本吻合。在中央 4 万亿元投资和银行贷款突飞猛进的 2009 年，M2 的增幅为 28.4%，商品住房价格涨幅高达 23.2%。因此认为住房价格不断过快上涨的最大驱动力就是货币，而不是刚性需求。但是中国银行首席经济学家曹远征认为，尽管房价涨幅与 M2 增幅呈现高度相关性，理论上货币供应过快增长必然导致房地产价格上涨，但并不能认为 M2 就是推高房价的决定性因素①。

3. 房地产成为过剩流动性的避风港。第一，投资渠道狭窄，政府管制导致民营资本无法进入多个行业。一方面，制造业中大多数行业出现产能过剩，民营企业不可能再去投资。另一方面，收益率较高的大多数服务业存在市场准入限制，也就是存在政府垄断，社会资本无法正常进入。近十年来，中央

① 洪偌馨：《中国超发的货币去哪儿了：成高房价最大驱动力》，载《第一财经日报》，2014－07－04。

政府不断出台鼓励非公有制经济扩大投资、放宽市场准入的政策要求，但是始终面临“玻璃门”，使社会资本看得见，进不去。而第一产业由于见效慢、效益低等多方面原因，社会资本也不太愿意进入。只有资本市场和房地产领域，可以接受大量投资。然而，资本市场的高风险和专业性要求，使得大多数习惯于实体经济领域的民营企业主们，并不认为是理性的投资领域。

第二，房地产投资没有约束，预期收益高。一方面，社会资本面临狭窄的投资环境，还有追求高收益的内在要求，而房地产市场恰恰为他们提供了方便之门。投资房地产存在多种好处，如房地产市场没有限制，可以自由购买和出让；在供给约束、需求旺盛的背景下，房地产市场可以带给投资人以丰厚的回报；房地产市场可以借助银行贷款，提高杠杆率，在预期上升的市场条件下，可以使投资收益成倍扩大。另一方面，金融机构在经济形势总体不佳、实体经济大都过剩的情况下，面对业绩要求，具有将更多信贷资金投放到房地产行业的冲动。

著名经济学家吴敬琏认为，货币超发导致流动性过多，出于保值增值的要求，大量资金就会追逐房地产，从而推高房价①。

（三）现行房地产管理制度不利于供给量的增加及供给结构的改善

政府对行业的管制，不仅会导致供给数量的减少，还会导致民营企业与国有企业的不平等地位，使民营企业缺乏公平竞争的环境，面临的是扭曲的市场秩序。因此，现行房地产管理制度存在弊端。

1. 现行开发商为主的供给模式不利于市场机制的正常发挥。目前我国的土地制度与住房供给模式实际上都是垄断市场，即国家垄断了土地一级市场，开发商垄断了住房市场。开发商群体对房地产市场供给的垄断，主要得益于两方面因素，其一，得益于房地产开发的资质管理，存在行政壁垒；其二，得益于土地“招拍挂”制度形成的土地垄断。前者属于行政保护下的垄断，后者属于自然垄断，即资金实力的垄断。在这种情况下的住房价格实际上是双重价格垄断的结果，当然会“居高不下”。而房价反过来又拉高了地价，周

① 顾哲瑞：《著名经济学家吴敬琏近日接受本报专访时称——高房价因货币超发可发房票解决居住难》，载《华商报》，2014 - 06 - 16。

而复始，形成高价循环的怪圈。

第一，当前以开发商垄断为主的供给模式，主要有以下几大特点：其一，这是一种间接开发模式，开发的目的不是自用，而是销售牟利。其二，开发行为本质上已变成一种投资行为。房地产投资的目的是回收本金和利润，而房地产建设的目的是在质量和工期约束下将成品房屋交付业主。其三，开发地块的唯一性使得开发商有条件通过信息封闭，在一定程度上形成事实垄断，榨取消费者剩余。但是前提是该区域没有另外的开发商竞争。

第二，以开发商垄断为主的供给模式存在很大弊端：其一，级差地租的红利本该由包括城市居民、城市发展区域农村居民在内的全体纳税人享受，但是现实却由开发商和地方政府合谋分享了，使财富分配变得更加不公平。因为开发项目中作为实体经济的建筑安装环节利润很低，利润主要来自属于虚拟经济的土地不断升值的预期，而土地升值预期有赖于宏观经济的景气及城市规划和基础设施投资的持续增加。其二，城市重大利好规划信息的严重不对称，创造了具有中国特色的“寻租”市场，成为市场失灵的主要诱因之一。其三，房地产开发为资金密集型的行业，现行开发模式使房地产领域占用了过多的资金和其他资源。中国的城市化进程及人口因素导致对房地产市场的一致看好预期，多年来房地产需求旺盛，房地产开发利润丰厚，远远超过社会平均利润率，吸引社会资本不断涌入，房地产投资成为一种时尚。但凡有些名头的民营企业，不论是做家电的格力、海尔，还是做服装的杉杉、雅戈尔，等等，不胜枚举，大量民间资本进入房地产领域，大量央企国企拥有低成本金融资源获取的优势地位，在许多城市制造了不少“地王”的“业绩”，致使土地价格不断被推高，房价更是过快上涨，超过了大多数民众的购买能力，产生了泡沫，从而挤占了本该属于实体经济的资源。其四，资本的本性是逐利，对虚拟经济领域的逐利诉求比实体经济更高。一个房地产项目，从买地到交房入住，一般需要两年左右，资金回笼快的也需要一年以上。每年的财务成本、经营管理成本、营销成本等，大约占总成本的15%。从经济学原理看，这一块成本属于社会福利的浪费。其五，开发商的供给结构存在同质化的取向。美丽的花园，华丽的设施，完善的配套等，有些还不是普通群众所必需的，但是也必须对这些成本买单。

2. 过度审批的房地产管理制度导致供给时滞延长。房地产开发项目审批环节过多，导致供给时滞延长，降低了供给效率。房地产开发项目的审批，涉及发改委、环保、规划、住建局、房地产管理局、消防、人防、城管、园林等诸多部门，环节多，图章多，尤其是对于民营企业，管理过于烦琐，审批时间过长，即便是业务熟悉、人脉广泛的开发商，一般也需要半年以上才能完成审批，从而使开发项目在土地购置以后，半年内还开不了工，供给时间只能延迟。时滞的延长客观上也加剧了房地产市场供求的不平衡，推动着房价的上涨。尤其是在遇到政策调整之时，如“90/70”政策出台后，各地审批部门无所适从，在等待实施细则的期间，基本上处于审批暂时停顿的状态，直接造成了市场供给的缺档，加剧了市场的恐慌情绪，推动房价非理性上涨。

（四）持有环节成本过低激励投机行为推高房价

作为房地产管理制度重要组成部分的房地产税收体系，对房地产市场的调节起着自动稳定器的作用。科学完善、税负合理的房地产税制，对促进房地产理性消费、抑制投机、改善社会福利、增进社会公平意义非凡。我国现行房地产税收体制，存在着苦乐不均的诸多问题。如对房地产开发环节，税负过重。而对商品住房的持有环节，实际上是没有税负的。除了小区的物业管理服务费，就是水暖电气等自己消费的实际支出了。因此，买房人在持有房屋阶段，成本极低，甚至可以忽略不计。另外，在限购限贷政策之前，对购买多套住房也无任何限制。在房地产市场长期受土地垄断制约、供不应求的背景下，容易形成商品房供不应求、房价必然上涨的理性预期。这时，作为经济人的理性选择，就是在预算约束线以内，购买更多的商品房，以坐等升值获利。土地垄断是上涨预期形成的基础，政府对 GDP 政绩目标的追求是上涨预期的信心来源，税制缺陷是投机的条件。归根到底，制度缺陷是投机存在的土壤。

在我国现阶段，投机因素起到的多是舆论导向作用，房地产市场的投机需求在总需求中并不占主要因素。我国领导人也多次表示，中国房地产市场仍然是以刚性需求为主。

（五）政府调控政策失灵与房价快速上涨

第一，对房地产的政策目标和指导思想的摇摆不定。一是供给重点左右摇摆。1998 年的 23 号文件明确指出，应该以经济适用房作为住房供给的主体，但 2003 年的 18 号文件仅仅将经济适用房明确为是具有保障性质的住房，却将商品房作为市场供给的主体，弱化了住房的社会属性和保障功能，直接导致了保障性住房的供给不足，同时等于将应该享受保障房权利的大部分中低收入阶层都推向了市场，导致商品房市场需求集中放大。其后地方政府在住房保障建设方面的缺位，导致保障房供给急剧下滑，中低收入阶层在保障房遥遥无期、商品房涨价不止的情况下，不得不进入市场，表现为恐慌性购房行为，余南平称之为“被动挤压消费”[①] 最尴尬最苦恼的是城市中的“夹心层”，在原来经济适用房政策下尚能享受到保障的资格。政策转变以后，商品房买不起，保障房又不够资格，无奈之下，群体性频频发泄不满情绪，在一定程度上左右了社会舆论，对中央政府的调控形成一定的压力和影响。二是对房地产业定位左右摇摆。2003 年的 18 号文件定位为“支柱产业”，给予优先发展的地位。但在其后市场出现过热现象以后，又不断将其作为打压的对象。在 2008 年世界金融危机期间，又将房地产业作为拉动国民经济的手段，重新承认其“国民经济支柱产业”地位，给予大量政策合力扶持。之后在房价重新大幅上涨的情况下，又将其频频打压。

第二，部分调控政策的相互矛盾，削弱了调控的效果。我国房地产市场调控频频违背市场的基本规律。如 2005 年和 2006 年，国家对房地产市场进行调控的目标本来是降房价，但同时采取了削减投资规模、抑制供给的政策，使消费者改变对房价的预期而提前购买，甚至出现炒房投机行为，造成个别项目价格短期非正常上涨，给房地产业的发展带来不良影响[②]。在房地产市场持续火热的背景下，政府的调控反而在减少供应，在 2010 年、2011 年、2012 年连续三年没有完成土地供给计划，直接推高了房价。2003 年 6 月，中国人

① 余南平：《欧洲住房模式——以欧洲住房政策和住房市场为视角》，394 页，华东师范大学出版社，2009。

② 范恒山主编：《土地政策与宏观调控》，173 页，经济科学出版社，2010。

民银行121号文件出台，目的是及时给房地产市场降温。但是同年8月，国务院也出台了18号文件，首次明确将房地产业定为国民经济的支柱产业，并且在政策层面给予大力支持。前后两份文件直接冲突，集中表现出了政府部门之间对房地产业的矛盾态度，也反映出不乏有的部门借调控扩大部门权力范围的利益诉求。

第三，政府频繁以行政手段干预微观市场，与市场化改革的指导思想相矛盾，导致市场预期混乱，也导致市场对政府的不信任。在房价非理性上涨的压力下，政府的调控手段越来越缺乏理性和耐心，越来越具有向计划经济倒退的倾向。政府频频出台直接干预微观主体行为的政策，如对房地产开发商规定的“90/70”政策，最明显的就是波及全国范围的“限购、限贷、限价”政策。还有在住房保有环节没有普遍征税的前提下，《新国五条》对二手房交易征收20%的所得税，并且还规定卖方不得将交易税转嫁给买方①。政府可以利用行政权力控制供给，但是对需求不可能完全控制，最多能将需求适当延缓，同时会给以后的市场造成更大的压力。在“限购、限贷”这个被称为史上最严厉的调控政策出台后，许多购房人用一次性补缴社保费的办法，来规避政策限制。有的甚至以“假结婚”“假离婚”的办法，绕开政府对外地户籍买房、对家庭贷款买房的限制。有的趁机假戏真做，政府人为制造了许多人间悲剧。政府对市场的行政化干预，扰乱了市场化改革的趋势，使市场主体对改革方向产生疑惑，产生了负面效应。

第四，房地产调控政策还存在“一刀切”的问题。一方面，我国地域辽阔，东中西部经济发展和人们的收入水平存在极大的差异，决定了对住房的需求差异非常大。另一方面，房地产市场并不是一个全国性市场，而是一个城市性市场，不同的城市以及不同的发展阶段，房地产市场的规律则可能差别很大。因此，不应该在全国实行统一的做法。

第五，中央政府与地方政府的调控目标异化促房价上涨。在十几年的房地产调控中，中央政府对于过热的房地产市场，态度坚决，措施严厉，力度

① 董经纬：《中国房地产市场价格“虚高”的制度经济学分析》，吉林大学博士论文，2013。

之大，前所未有。但是，最后的效果却是“小调小涨，大调大涨”，不仅没有起到抑制房价的作用，反而起到了促进房价更快速上涨的反作用，导致调控出发点与结果背道而驰。尽管中央政府调控的思路存在失误，信息存在失真，政策存在相互矛盾，但是房地产市场的表现与地方政府执行不力也有很大的关系。许多地方政府在贯彻中央政府关于房地产市场的调控政策时，有选择地执行，有松有紧。如对于加大土地供应的要求，常常以土地征收难、储备难为借口，拖延土地供应，始终保持市场对土地需求的“饥饿感”，保持地价上涨势头，从而又推动了房价的上涨。还有对于不动产信息统一登记的要求，有些地方政府也采取了拖延的办法，不去下大力气真正落实，以至于迟迟于2014年才得到落实。究其原因，中央政府与地方政府在房地产市场的利益存在相当大的差异。中央政府对于房地产的调控，重在人心的向背，注重的是执政地位的稳固，注重的是经济增长的可持续，注重的是房地产市场的长远健康发展。而地方政府则在房地产市场有着巨大的利益，作为地方政府钱袋子、命根子的土地财政，就有赖于房地产市场的繁荣，而考核的指挥棒和政府职能的无边界，使地方政府只顾与自身考核有关的GDP指标和短期利益，而借故少做类似于保障性住房建设等不利于房地产市场繁荣的事情。因此不难理解地方政府为什么在打压房价时不积极，而在楼市低迷时积极主动救市的行为了。由于地方政府与中央政府的利益和目标的差异，执行效果自然会经常被打折扣。

政府不当的调控行为，客观上导致市场形成“逆向选择”，“房地产调控政策在争论中不断变化，影响了房地产市场的短期有效供给”①，拉升了需求，造成房价越调控越上涨的局面。

四、政府与市场没有合理边界是上述各种助涨因素形成的重要原因

（一）政府的利益主体定位是导致目前土地供给不足的重要因素

我国现在地方政府的功能定位，是在长期计划经济体制影响下形成的。

---

① 陈淮主编：《地产　中国：引导我国房地产业健康发展研究》，77页，企业管理出版社，2008。

虽然经过了多年来的改革，但是改革主要是在经济管理领域进行的，对政府功能的改革还很少触及。造成了当前主要以发展型政府、全能型政府、利益型政府、GDP激励为主的功能定位。在现行体制下，政府除了充当秩序的维持者、市场的维护者之外，其本身在经济活动中也是一个垄断性的利益主体，以土地换取政府收入规模的扩大和地区经济总量的增长就成为一种正常行为，这也是造成经济过热的主要原因，而土地垄断是其根源①。

第一，分税制并不是土地财政的根本原因。有的学者认为，在分税制改革之后，地方政府手中的资源越来越少，无论是从地方经济发展的角度，还是从政绩考核与升迁的角度考量，都面对着大量的工作要做。所以不得不通过高价拍卖土地的方式，来获得地方经济发展与自身职位升迁的必要资本。分税制改革的不彻底，土地财政的巨大收益，成为我国房地产市场，保障性住房建设举步维艰，城市房产价格居高不下的深层次原因②。

本书认为，根本的问题是政府职能的定位，而分税制只是一个借口。在全能型、发展型政府面前，财政来源多多益善，即便没有分税制，地方政府也有不断通过各种手段增加财力的激励。解决问题的关键，是要改革政府职能，精简政府机构，减少政府事权和财权，真正让市场在资源配置中起到决定性作用。

第二，林建设（2011）用激励理论解释了地方政府之所以偏好经济建设的部分原因③。政府与政府官员之间的关系，类似于一种委托—代理关系，政府将职责和权力委托给官员，政府的任何决策都是具体的决策官员来做出的。政府决策人同样是理性经济人，在为公共利益进行决策时，客观上也存在自身利益的追求。中国地方政府官员的利益，主要是升职和金钱。地方政府官员之所以热衷于扩大城市建设及招商引资，是因为目前对地方政府官员业绩的考核以GDP和财政收入为主。由于房地产业对GDP短期拉动见效快，同时又能满足官员对城市形象工程、面子工程的追求，更重要的是，激活房地产

① 范恒山主编：《土地政策与宏观调控》，175页，经济科学出版社，2010。

② 董经纬：《中国房地产市场价格“虚高”的制度经济学分析》，吉林大学博士论文，2013。

③ 林建设：《中国地方政府债务问题研究》，东北财经大学博士论文，2011。

拉动经济增长的权力就在地方政府手中，只需要控制土地出让节奏，造成供应短缺，就会抬高地价，随之拉高房价，房价的高涨又促进地价的上涨和需求的增加，形成土地财政的实际存在。

第三，利益型政府追求投资型的经济增长方式，形成事实上的非农土地市场"二元"现象。为促进经济增长，各级地方政府都对建设开发区、提供工业用地实行成本价，有的甚至"零地价"。相反，对房地产开发用地实行价高者得。大量廉价土地被用于工业园区，在有限的土地指标面前，只能挤占房地产开发建设用地，从而导致我国不少城市难以完成年度房地产开发用地供应计划。与此同时，过少的建设用地指标又强化了建设用地的稀缺性，推高了地价。据估计，在我国 960 万平方公里的面积上，有建筑的土地面积大约为 2. 32 万平方公里，而开发区的面积为 2. 56 万平方公里，土地分配结构极不合理。

（二）制度变迁存在路径依赖，导致政府不断侵占市场的权力

第一，制度变迁的中国解读。诺斯认为，同样的制度变迁，在有的国家就促进了经济的发展，而在有的国家却导致了退步和混乱，这主要是因为制度变迁存在路径依赖和锁定。科斯等也认为，制度变迁受思想和利益的双重影响，尤其是受思想的影响程度更大①。路径依赖是指制度变迁必然会受到原有的政治、经济、文化、法律等方面因素的影响。我国房地产市场的制度变迁，主要属于供给型制度变迁，属于自上而下的改革，因此受制度改革具体操作者个人或部门思想和利益的影响，必然会或多或少地体现政府具体承办部门的思想倾向及利益诉求。

第二，制度变迁的中国特色。经济制度的改革很大程度上受思想的影响，实际上是受制于政治制度改革轨迹的影响，受制于习惯性行政手段方式的影响。这与经济利益恐怕没有多少直接的关系，但却是决定性的因素。每一次的选择性制度变革，处处体现着政府权力扩大化的显性或隐性的追求；每一次对市场秩序的整顿，基本上都伴随着政府部门权力的扩大和更多地进行行

① 科斯、王宁：《变革中国——市场经济的中国之路》，133 页，中信出版社，2013。

政管制。这与市场经济体制改革目标是相违背的。

土地“招拍挂”制度本来是一项市场化改革的制度，因为在公开的交易市场进行招拍挂，使隐性市场变为显性市场，公平程度更高了，真实价值更能得到充分体现。真正的交易市场，应该有许多卖者和许多买者，应该自由平等交易，这才是市场经济的灵魂。其实完全可以要求协议出让方式中的许多个卖者都进入土地交易市场，这样就可以形成市场化的交易模式，理论上完全可以避免后来出现的因为土地长期供给短缺而造成的房价长期疯涨的后果。但是，政府以规范交易行为、防止私下交易腐败现象为出发点，在取缔协议出让土地方式的同时，又一次选择了扩大政府权力，将本来有许多个卖者的土地市场，变成了只剩下政府一个卖者。

在房地产调控的过程中，不乏显露政府部门不断扩大权力范围的影子。如“90/70”强制性规定、“限购、限贷、限价”等，每一次的行政权力扩大，都意味着部门审批事项的增加，意味着权力范围的扩张，意味着相对地位的提高。但是随之带来的是供给延迟和短缺，市场的投机者更加相信政府对房价上涨的期许，理性繁荣甚至非理性繁荣被推向极致。

（三）国企频频扰乱市场是政企不分的具体体现

在房地产市场高额利润的吸引下，大量的央企国企也加入该领域以求分得一杯羹。房地产市场作为竞争性市场，按照央企定位，不应该大规模加入这个竞争性的行业。但是近年来连一些房地产业领域之外的、传统上与房地产业关联度很低的大型央企，如中国兵器工业集团、中国烟草公司等都在渗透进来，出现了越来越多的央企在市场上疯狂竞价，导致“地王”现象频频发生，引起了社会各界的批评。2009 年上半年，有超过 60% 的位列总价前十位内的地块都被央企国企下属公司拍得。央企国企的大胆行为，源自于其获取廉价信贷资金和土地资源的优势地位，以及预算软约束。“转轨时期的社会主义双重经济体制理论”认为，市场化改革必须要求企业行为市场化、合理化，否则经济参数对这类市场主体不起作用。非市场化的央企国企行为，破坏了市场公平的秩序，人为推高了地价和房价，导致房地产市场泡沫的产生。终于在 2010 年 3 月中国兵器工业集团下属子公司拍出北京市蓟门桥地块“地王”后，国资委宣布 78 家“央企”限期退出房地产市场[①]。

（四）宏观调控的强刺激政策是导致信用膨胀的主要推手

2008 年的美国次贷危机以及波及全球的金融危机，对中国宏观经济带来了很大的影响。美国由于遭受次贷危机，欧洲由于遭受“欧债危机”，经济增长由正转负，需求急剧萎缩，投资活动和国际贸易大幅下降。由此导致中国的出口贸易快速下滑。理论上经济增长的最终需求，一是国内消费需求，另一个就是国际需求，表现在出口上。投资需求只是中间需求或引致性需求，其目的还是为最终需求服务。当时，中国经济的最终需求中，国内消费性需求多年来呈现萎缩下滑的尴尬境地，消费率回落到了不足 50%，对经济增长的贡献度较低。外需成了中国经济增长的最主要出路。此时外需下滑，中国经济增长速度的下行成为必然，经济周期从之前的持续向上转变为快速向下的势头。为应对突如其来的危机威胁，阻止和扭转经济下滑的不利局面，2008 年末以后，中央政府出台了 4 万亿元投资计划，并加大了信贷投放力度。2009 年全年新增信贷近 10 万亿元，比上年同期信贷新增额多增 40% 多，全年货币投放增幅为 23%，致使 2009 年成为新增信贷增幅和货币投放增幅最大的一年。超强的刺激政策，将下滑中的中国经济迅速拉起的同时，也带来了比较严重的副作用。

① 费滨海：《发展型产业政策与中国房地产业的变迁（1992～2012）》，上海大学博士论文，2012。

第四节 中国房价泡沫严重发展必然导致金融风险

一、中国房地产金融风险的阶段性特征

（一）房地产市场处于增量主导阶段

中国目前仍处于房地产的增量主导阶段而非存量主导阶段，尽管有些城市尤其是一线城市的二手房（即存量房）交易量已超过一手房（即增量房）交易量，但是市场房价的走势依然是由一手房来主导。中国本质上还是一个发展中的市场，并不是一个成熟的市场。一方面，在土地垄断的保护下，房地产开发主体获得了超额的利润，同时也基于土地垄断的原因，房地产开发商也容易变得更加乐观和大胆，容易使房地产市场供给从不足变为过剩。另外，小产权房的客观存在，为房地产市场增添了很大的不确定性。据蔡继明教授在2012年10月透露，我国小产权房存量大约为60亿~70亿平方米，相当于城市房地产开发10年左右的总和[①]。小产权房的供给量非常大，成本极低，房价也低，而且基本上处于失控状态，对房地产市场的供给具有极大的冲击力，极易造成市场供给过剩，加大了房地产市场风险和房地产金融风险。

（二）房地产金融风险以流动性风险为主要形式

在房地产市场由增量主导的阶段，房地产金融风险特征主要表现为以流动性风险即资金链风险为主，而存量主导阶段的风险特征表现为以购房者的贷款偿还能力及动态抵押率变化为主。因为在增量主导阶段，房地产开发投资总规模很大，一般情况下，使用金融机构贷款额度也大，期限比较短，一旦遇到市场变化，开发的房屋滞销，开发商的资金链就会断裂，贷款就会违约。当大量的贷款在短时间集中违约，就会使金融机构承担沉重的信用风险，过多的信用风险随时会造成储户取款的偿付风险，形成流动性风险，严重时极易导致挤兑的发生。这就决定了当前中国房地产金融风险的阶段性特征是

① 蔡继明：《小产权房也是一种产权，不是偷来的》：载于人民网理论频道，2012－10－24。

以流动性风险为主，因此房地产市场低迷、房屋成交量滞销所带来的风险要远远大于房价正常下跌带来的风险。假如房价能迅速调整到位，使市场出清，理论上风险可以控制，但现实中比较难以做到。

（三）房地产金融机构具有较强的风险承受能力

由于中国尚在金融深化改革的进程中，还处于金融垄断阶段，金融也存在着严格的“市场准入”门槛。目前领取金融从业牌照的房地产金融机构都具有国家或地方政府信用背书，民众信任度高，风险承受能力较强。尤其是个人住房贷款领域，基本上是由商业银行在唱独角戏，缺乏其他风险分担和分散手段。即便房地产开发贷款领域，尽管已经有了多种融资渠道和工具，但是除规模很小的直接融资以外的其他融资渠道，大都经过商业银行进行分销。民众处于对银行的天然信任才去投资这些影子银行的产品。因此风险主要集中在商业银行。

（四）房价高低与泡沫程度并不完全等同于金融风险

一些学者将房地产泡沫与房地产金融风险等而视之，例如，黄振宇（2010）通过考察 2007 年中国各城市居民家庭住房支付能力显示，住房支付能力最高的十个城市分别是呼和浩特、郑州、长春、海口、乌鲁木齐、兰州、西宁、重庆、贵阳和深圳；而住房支付能力最低的十个城市分别是宁波、成都、青岛、北京、厦门、大连、南京、天津、杭州和上海。发现经济相对发达、房地产市场相对成熟的大城市其住房支付能力较弱，而经济相对落后、房地产市场相对滞后的城市其住房支付能力较高，房地产市场风险对应着住房支付能力①。无独有偶，胡俊（2010）通过对 2002 年第一季度至 2010 年第二季度中国房地产市场相关指标验证分析认为，北京和上海的住房市场存在泡沫，房地产金融风险可能性增大，而全国房地产市场则不存在泡沫。

但是，之后的市场走势，证明了他们所采用的西方数理模型分析工具的局限性。北京、上海等一线城市在 2010 年至 2013 年，房价依然领全国之先而快速上涨，呈现涨幅高、房价高的“双高”特点。并且在 2014 年全国房地

---

① 黄振宇：《1998～2007 中国住宅市场价格上涨原因分析》，山东大学博士论文，2010。

产市场普遍调整的期间，市场虽然也呈现了轻微的下跌，但还是比大多数城市表现稳定。同时其土地市场依然火爆，2014 年底到 2015 年初，出现了多起新的地王，普遍又出现了“面粉贵过面包”的现象，说明房地产开发商依然坚定看好北京、上海等市场。

相比较而言，一些中小城市房价涨幅并不大，房价也并不高，呈现“双低”特征，如河南省周口市，平均房价才只有每平方米 3000 元左右，可以说价格泡沫很小。极端的例子如美国的底特律，当房价回落到只需要一美元就可以购买一栋独立住宅，即我们常说的别墅时，我们并不能说其房价存在泡沫，但是风险之大却是存在的事实，如果银行投放过大量抵押贷款，理性经济人只能选择违约，那么抵押贷款必然会产生损失风险。现实中，全国大量三四线中小城市房地产市场的风险正在显现。媒体披露的房地产市场危机现象，如开发商跑路、房地产民间融资信用断裂危机爆发等，都发生在中小城市。看来，中国当前房价的高低、泡沫的程度并不是金融风险的主要衡量尺度，而房地产市场的去化能力才是金融风险的关键所在。

第一，北京、上海等一线城市的房价双高与低风险并存，可以用明星城市理论来解释。明星城市理论显示，一个国家都会有几个核心城市，其房价明显比其他大城市高出许多，原因已经不仅仅是就医资源、学习资源、环境资源等优势所能解释的，而主要在于这类城市的居住权利属于“奢侈品”①，能够满足大多数居民的自我价值实现的需求。全国范围内居民收入的普遍增长和这类城市越来越显著的稀缺性，使得越来越多的富裕阶层向这里集中，快速将核心城市的房价推高。明星城市房地产金融风险较低的特征，主要表现在其房地产市场是面对全国范围的，去化能力存在优势。这里所说的低风险，是相对于普通城市而言的。过高的房价及过高的涨幅，形成泡沫的事实，其潜在的房地产金融风险也是巨大的。

第二，经济发达的二线城市较高房价与较低风险并存，这是级差地租可以解释的，也可以由劳动力流动理论来解释。劳动力流动理论认为，更好的

① 建设部课题组：《住房、住房制度改革和房地产市场专题研究》，284 页，中国建筑工业出版社，2007。

城市环境、更好的就业机会、更好的受教育机会、更好的商业机会、更高的工资水平、更好的生活质量等，是中心城市吸引更多劳动力的主要原因，大量新移民必然推高房价，房地产的真实价值明显高出普通城市。居住在这类城市，可以满足人们受人尊重的需求。较低的风险特征是因为其房地产市场面对区域众多的人口，每年大量人口流入促进去化能力的提高。同样，较低的房地产市场风险只是相对的，房价泡沫带来的绝对金融风险始终存在，也绝不能掉以轻心。

第三，经济落后的三四线城市房价双低与高风险并存。一方面这类城市的服务能力和环境较差，就业机会不多，平均工资不高，商业机会和教育机会有限，对劳动力的吸引力不大，总体上劳动力流入缓慢。另一方面三四线城市普遍存在小产权房管理松懈、不规范开发比例过大的问题。首先，容易导致供给相对需求过剩，而且过剩的信息因为城市不大而传播较快。其次，三四线城市只面对本地市场，去化能力非常弱小。

房地产的投资价值与人口流、财富流、信息流有关，其价值的基本价格确定存在难度。世界性城市、全国性城市、区域性城市、中小城市，不仅仅是规模的区别和人均收入的区别，更主要的是对人才、资金、技术、信息等要素吸引力的区别，还有人口质量、人口结构、家庭结构的区别，资源配置范围的区别。如世界性城市在全球范围内配置资源，而中小城市只能在本地狭小范围内配置资源。房地产市场本身就是一个地方市场和城市市场，相互之间差异很大，因此，房地产市场价格的高低、涨幅的大小、泡沫的大小，并不是衡量房地产金融风险的主要标准，重要的是必须考虑房地产市场供给过剩情况、人口流资金流的方向及净值，不能静态地比较其房价收入比或其他单个指标。房地产市场供给还要参考小产权房的因素。我们认为，指标体系应该采用绝对和相对结合、静态与动态相结合、以相对指标为主的分析方法。

按照城市越大房价越高、涨幅越高，风险越低，而城市越小房价越低、涨幅越小，反而风险越高的观点，是不是房价泡沫的大小，与房地产金融风险就没有多大关系了？显然不是。这是因为，一方面，三四线城市房地产市场风险大，是因为普遍存在供给过剩的现象，而供给过剩恰恰是在房地产价格不断上涨的预期激励下形成的。房价泡沫是推动供求关系发生逆转的根本原因。另一方面，在一二线城市普遍产生房价泡沫的前提下，随着越来越多的三四线城市爆发房地产市场风险甚至金融风险，风险必然会陆续向二线城市、一线城市传播和扩散，形成系统性房地产金融风险。这一系列房地产金融风险的源泉，都来源于房价泡沫的形成和膨胀。

二、中国房价泡沫向金融风险演变的条件

从前文获知，要维持房地产市场的良性循环，必须同时具备三个基本条件。第一，投资者预期房价将继续上涨，投资投机者还在不断从市场获利，接盘者层出不穷；第二，金融体系流动性充裕，可以应付越来越多的借款需求；第三，经济环境稳定，宏观经济稳健增长，国际收支保持平衡，政策保持连续性并且不发生重大变化。这些条件中任何一个出现问题，都会导致泡沫破裂，从而可能引发金融风险。

2014 年末的中央经济工作会议认为，从经济风险积累和化解看，伴随着经济增速下调，各类隐性风险逐步显性化。2014 年 4 月以来，持续上涨十几年的中国房地产价格开始出现下跌的势头，之后随着越来越多的城市加入房价下跌的行列，缩量下跌调整成为房地产市场的主要基调。房价泡沫在轻微被刺破，直接威胁着房地产金融的安全。中国到底会不会爆发房地产金融风险？在什么条件下房价泡沫会向金融风险演变？都需要联系中国实际情况进行深入分析。

（一）影响房地产市场的内部条件

1. 供给增加及销售不畅，形成供应过剩现象。据《证券时报》报道，2014 年 1 ~ 11 月，全国房地产开发施工面积达 71.13 亿平方米，按每套平均 100 平方米计，大约 7000 万套，按每套容纳三口之家可以满足大约 2.1 亿人的居住需求。考虑到我国人口老龄化因素，未来空置、闲置住宅将越来越多。90 后群体进入社会后，将在未来继承至少三套房产①。无独有偶，据世联行

① 证券时报网字号：1214，2015 - 01 - 20。

的研究报告显示，截至2014年底，大部分城市的商品住房库存去化时间超过15个月的警戒线。一线城市中，京、沪、穗去化时间均超过15个月。多数二线城市库存仍处于2010年以来的高点，如福州、杭州的去化时间分别达到18.4个月及17.3个月。多数三四线城市在人口净流出的影响下，库存更高，去化时间更长，像湛江、温州的去化时间分别高达26.3个月与22.1个月，锦州的去化时间高达89个月①。总体而言，去库存压力不容小觑。

当前，房地产市场供给增加的因素还继续存在，保障性住房每年大约新增700万套②，小产权房屡禁不止，导致商品房市场已经相对过剩。

2. 需求下降过快，市场难以为继。房价上涨产生两个效应，减少原有消费需求，吸引新的投资需求。但是现在，投资需求因房价过高也望而却步。刚刚过去的2014年及2015年初的当前，房地产市场经历着艰难的调整。在调控政策逐渐退出、房地产市场面临宽松环境的同时，市场反而呈现成交量萎缩、房价下跌的局面。2014年全国商品房销售面积120649万平方米，比上年下降7.6%，其中住宅销售面积下降9.1%，办公楼销售面积下降13.4%。全国商品房销售额76292亿元，比上年下降6.3%，其中住宅销售额下降7.8%，办公楼销售额下降21.4%。另据国家统计局发布的2014年12月全国70个大中城市住宅销售价格变动情况，新建商品住宅价格环比上月下降的城市有66个，二手住宅价格环比上月下降的城市有60个。杭州、宁波、海口、温州、金华等五个城市房价跌回五年以前的水平。新建商品住宅指数中，除厦门和郑州两个城市房价同比上涨外，其他68个城市房价已经低于1年前，平均同比跌幅约4.5%③。整体来看，全国房价中枢正缓慢下移，这是市场对房价过度偏离其基本价值的自发纠正。

（二）影响房地产市场的外部条件

1. 经济不景气周期势态渐趋明显。我国国民经济在“三期叠加”的影响

---

① 《第三轮救市呼之欲出　哪些城市将率先出手?》，载《每日经济新闻》，2015－01－30。

② 说明：在2015年的全国“两会”政府工作报告中，李克强总理提出，把一些存量房改为公租房和安置房。这样可以改善资源配置，减少闲置浪费，减轻商品房市场高库存的压力。

③ 项峥：《今年楼市调整仍将持续》，载《证券时报》，2015－01－20。

下，正在呈现潜在增长率下降、宏观经济下滑的局面。国家统计局数据显示，2014 年完成国内生产总值 63. 6 万亿元，同比增速为 7. 4%，经济增幅较上年回落 0. 3 个百分点，同时也是 24 年来最低的增长速度。拉动经济增长的“三驾马车”同时连续三年增速回落，投资增长率从 2012 年的 20% 多、2013 年的 19% 多回落到 2014 年的 15% 多，外贸出口从 6. 7%、7. 2%，大幅回落到了 2. 3%，消费零售总额增长每年回落一个百分点，从 14% 多、13% 多回落到 12. 1%。居民收入增幅为 8%，也有所下滑。许多行业产能过剩，经济全面下滑的局面已经确立。忧中向好的两点是，经济增长的动力有所改善，消费对经济增长的贡献度达到 51. 2%，远高于投资 43% 的贡献率。第三产业在吸纳就业方面远远超过第二产业后，其经济增加值首次超过第二产业增加值，成为拉动国民经济的领头羊，说明经济增长的结构和质量有所改善。

2. 经济下滑导致货币流通速度降低，货币投放增幅下降。M2 增速连续几年呈现放缓势态，2014 年为 12. 2%，较上年回落 1. 4 个百分点。外汇占款增速过快减少。2014 年外汇占款增加 6410 亿元，同比少增了 2. 12 万亿元。外汇占款在最近十年每年一般都新增 1 万亿元到 2 万亿元，其中有两个年份还超过 3 万亿元。另外，随着对金融同业业务的监管加强，导致了货币派生能力的下降。总体而言，市场流动性趋于减少。

3. 产业政策紧缩预期正在成为现实，导致房地产市场预期不再一致乐观。《不动产登记暂行条例》从 2015 年 3 月 1 日开始实施，将对拥有多套住房的官员群体产生极大的威慑，抛售甩卖将成为必然，无疑会冲击本来就已经表现出过剩疲软的房地产市场。另据参加 2015 年两会的原财政部财政科学研究所所长贾康透露，房产税将在两年内完成立法程序。房产税的预期，也将使房产投机者面临利益缩水的威胁，可以预料，该群体也会择机脱手，冲击二手房市场。房地产市场在缺乏投资者接盘、真实自住型需求者又买不起的情况下，境况趋于恶化就将成为必然。

4. 人口红利消失、刘易斯拐点到来的判断，也使市场预期不再一致乐观。第六次全国人口普查数据显示，我国 60 岁及以上老年人口已达 1. 78 亿人，占总人口的 13. 26%，中国已步入老龄化社会。更值得关注的是，老年人口还在以每年3%以上的速度增长，比全国人口增速高4倍多。预计到2020年，老年人口将达到2.43亿人，约占总人口的18%。最近据多家媒体报道，2015年春节刚过，北京市用工荒程度跃居全国首位，甚至给建筑工人开出了每月高达9621元的工资，要远高于普通白领。近几年来，民工荒在大部分东南沿海省份已成为常态，促进民工工资快速上涨。

5. 金融机构对房地产市场的风险情绪加大，信贷活动更为谨慎。我国商业银行从2013年下半年起开始压缩房地产开发贷款规模。2014年以来，房地产信贷资金再度收紧。尽管银行对于房地产开发贷款没有全面叫停，但房地产开发商总体上从银行贷款变得比以前更难。个人住房贷款也在下滑，据中国人民银行统计，2014年上半年个人住房贷款新增9389亿元，同比少增239亿元。显示出一方面金融机构对房地产市场的谨慎，另一方面个人购房贷款需求动力减弱。从这个角度来看，房地产市场的缩量下跌就不难解释了。

6. 人民币趋于贬值，导致资本外流。2014年年中以来，人民币兑美元的价格中枢不断下跌，中国外汇交易中心人民币与美元的交易中，多次达到当天“跌停”限度。资本外流已成为不争的事实。

7. 宏观经济出现通货紧缩风险。居民消费价格指数CPI已经连续几年回落，2014年全年CPI只有2%，并且基本处于逐月回落的态势，从1月的2.5%一路回落到12月的只有1.5%。PPI的数据表现则更悲观，同比下降1.9%，连续34个月处于通缩的状态。指标显示中国经济处于通缩边缘。

理论上讲，以上条件即便部分出现，也会导致市场恶化。可怕的是，上述条件中的大部分已经或正在发生，房价也在全国范围上演下跌行情，导致房地产金融风险的可能性在大增。从上一节获知，不少地方政府早在2014年中就已经开始了救楼市的举措，各级政府如福州市出台政府给楼市托底的政策，还有一些地级城市出台购房补贴等措施，中央政府主管部门住建部于2014年11月就表态，可以由地方政府用保障房建设资金收购一些存量商品住房，用作安置房。2015年的全国两会上总理所做的政府工作报告中也专门强调，把一些存量房转为公租房和安置房，支持居民自主和改善性住房需求，促进房地产市场平稳健康发展。中国人民银行分别于2014年11月、2015年2

月、3 月连续进行降息和降准，在稳增长的同时，也客观上起到了稳定房地产市场的作用。2015 年 3 月 27 日，国土部与住建部联合发布《关于促进房地产市场平稳健康发展的通知》，提出消化商品住房库存用于安置房、供应偏多城市可减少土地供应、在建项目调整可优化户型、居住用地可以转变用途等措施，成为新年度落实救市的首个中央政府部门楼市新政。接着，3 月 30 日央行和财政部分别就改善型需求房贷政策放宽及二套房销售营业税政策放宽发出声音。各级政府的行动表示，房地产调控政策已经发生了重大转向，全面转为稳定和支持的基调了。政府正在展开与市场的博弈，市场的力量在向下，政府在努力向上抬，究竟谁将获胜，主要看政府的政策着力点和力度。

三、当前中国房地产金融面临的最大风险是人为维持房地产市场表面稳定

从中国房地产金融风险所表现的阶段性特征来看，中国目前房地产金融面临的最大风险，本书认为恰恰是维持目前房地产市场的稳定状态。相反，大部分的经济学家，认为化解当前房地产金融风险的途径，应该以稳定为主，实行缓兵之计。本书的理由有以下几点。

（一）中国目前的房地产市场是不健康的

主要表现在大多数城市房价涨幅过高、价位过高、泡沫严重，远远超出了其实际价值和大多数家庭的购买能力。虽然经过了接近一年的缩量调整，但是大多数专家如中国社科院李扬教授在 2014 年 11 月接受搜狐财经记者专访时认为，房地产市场还没有调整到位。民生证券首席经济学家管清友等针对 2015 年 3 月 30 日的央行救市政策评论表示，新政可以缓解房地产市场的短期压力，但是长期压力不减，因为本轮房地产市场调整是短期因素和中长期因素共同作用的结果。他认为房地产市场刚性需求的人口数量已经呈现下降趋势，房产投资的赚钱示范效应也不复存在，房产造富的时代已经结束，不要去接下落的刀①。若要维持市场的稳定，即意味着维持泡沫的继续存在，维

① 民生证券管清友、朱振鑫：《谁来接住下落的刀？》，载搜狐财经，2015－03－30。

持房价的继续高位运行，真实消费需求被高房价挡在门外，投资性需求不再盲目进入，可能还是缺乏足够的接盘者，市场仍然无法出清，不能顺利实现良性循环，金融机构的到期贷款继续存在不能按时收回的信用风险。当信用风险成为普遍现象时，金融机构的流动性将出现困难，一旦传递到存款人，挤兑等系统性风险也可能发生。

（二）房地产市场泡沫严重状态并不符合帕累托最优原则

经济学理论表明，房价的过快上涨并不意味着国家财富的扩大，而仅仅凸显出住房供应相对于需求而言变得更加稀缺，同时也导致收入分配更加不公平，其负面影响大于积极意义。一是侵害了广大人民的福利，造成了社会福利的损失。对于有房的人们，绝大多数人也只是一套房，房价的上涨与下跌，与其关系已经不大，相对财富及可用财力都没有变化。对于无房的人们，高房价导致他们逐渐被主流社会边缘化，使他们变得相对更加贫困，成为社会矛盾容易激发的因素。二是不利于实体经济的发展。高房价挤占了大多数家庭的大部分财力，使得许多本来属于中产阶层的群体因为购房而陷入困难的境地，不得不为偿还月供而勒紧裤腰带，导致消费能力下滑，生活水平下降，幸福指数倒退，从而不利于实体经济扩大内需和消费。高房价使房地产市场吸引了过多的社会资本，侵占了实体经济的要素资源，也逼迫实体经济面临资金紧张、资金成本居高不下的困境。三是不利于金融健康发展。房地产市场的持续高收益，使得市场可以承受高成本的资金，抬高了整个社会的资金成本，从而使金融机构面临着负债成本居高不下、经营风险加大的困难，而为消化高成本的负债就必须提高贷款利率，高收益必然导致高风险的道理，使金融机构必须面对更大的信用风险，导致金融机构陷入若发展则风险大、不发展就会被淘汰的两难境地。四是不利于宏观经济的恢复。保持房地产市场的现状，就必然使市场无法出清，房地产企业的高负债率、高杠杆率就将继续维持，债务链条就会顺着上下产业链向上下游扩散，形成新的三角债。存量资金不能成功地从房地产领域挤出来，增量资金就不能顺利流入实体经济领域。五是也不利于开发商群体。市场无法出清，销售缩量，使开发商的投资不能短期收回，成本随着时间的延长而增加，债务的压力日增，尤其是许多中小开发商，大量使用民间融资，资金成本极高，一旦资金链断裂，必然会发生开发商跑路、项目陷入烂尾楼的困境，开发公司常常会被政府强行接管、拍卖处置，甩卖还债，最终开发商的利益也无法保证。中国社科院学部委员余永定在2014年网易夏季财经论坛演讲中指出，中国房地产存在过度占用资源的问题，这种状况不可持续①。

（三）若要勉强维持目前现状必然付出极大的代价

若要维持目前的现状，一是必然加大货币投放，实行大水漫灌，以全社会通货膨胀的代价，换取暂时的市场稳定。这将诱使部分自住型和改善型需求者，相信房地产市场已经调整到位，政府政策的转向就是购房的时机，于是这部分资金继续流向房地产市场。但是市场的接盘者仍然不会很多，因为房价还是处于高位运行。据中国人民银行2015年第一季度城镇储户调查显示，未来3个月内准备买房的居民占比为13.8%，较上季度下降0.7个百分点。另外货币政策的边际效应在递减，相对需要更多的货币投放才能见效，这必将对经济结构的调整带来更大的危害。二是必须加大信贷投入，维持房地产市场必要的流动性。其后果是银行和金融机构一方面必须继续对之前所发的理财产品执行刚性兑付，继续维持社会无风险利率的高价位，另一方面继续面临吹大房地产市场泡沫的风险。这两方面的代价，是在旧的代价未消除的基础上又新增的。新老代价、新老危害交织在一起，将使房地产对经济的侵害、房地产金融的风险，越积越大。另外，庞大的房地产库存继续以加速度增加，成为始终高悬在市场头上的“堰塞湖”，总有一天会突然崩溃，到那时，其破灭时爆发的风险更大，危害也更大。正如著名宏观经济学家张平所讲，需求管理政策的价值在于短期急剧的恢复，对原有经济增长的路径和结构调整没有任何启动意义，政府过多地进行相机抉择，试图拉动经济增长，除了容易使微观主体患上政策依赖症，加重经济结构失衡外，几乎没有任何实际效果②。

---

① 余永定：《更迫切的问题是实体经济效益下降》，载《第一财经日报》，2014-06-27。

② 参见张平（2010）《后危机时代宏观政策转变：从需求扩张转向供给激励》，转引自刘迎秋、吕风勇《中国宏观经济运行报告2012》第68页。

（四）高房价下的市场繁荣并不利于经济健康发展

房地产业产业链长，对拉动经济增长贡献度高，是一个事实。但是，房地产业中，对实体经济起主要拉动作用的，其实就是房地产业成本构成中建筑安装装修装饰这一很小的部分（对大城市而言），而房地产业成本中越来越大的部分是属于虚拟经济范畴的，如土地、资金成本等，房价畸形高涨的繁荣，造成大部分财富都流入房地产业虚拟经济的腰包，其实与建筑安装等实体经济范畴的关系不大。上述事实表明，低房价下稳定发展的房地产市场，也是完全能够起到拉动经济增长的作用。因此，房地产市场的理性繁荣，并不必然与高价画等号，而非理性繁荣下必然带来高房价，则是对经济增长有害的。其一，同样的一套房子，人民多付出了来之不易的积蓄，甚至凝结着几代人的财富积累，但是却并没有实现财富的真正增加，增加的只是纸上财富。过多的财力被房子占据，消费水平只能下降。其二，高房价下的房地产市场占据过多社会资本，导致社会流动性在总量宽松的背景下，反而显得资金紧张。粗略测算，全国2003年以来新增的房屋存量，总量大约在150亿平方米，按全国平均房价大约6000元/平方米计算，中国沉淀在房地产领域的资金90万亿元，这还是比较保守的估计。假定房价下降一半，则会腾出大约50万亿元的资金资源，而房地产市场的价值并没有变化。因此，保持一个相对低房价的市场，对人民生活消费水平、对扩大内需、对经济结构调整都是有利的。

（五）房价下跌并非房地产金融面临的最大风险

从前面的分析中得知，现阶段我国房地产金融风险，主要面临的是销售低迷、资金链断裂的风险。相对而言，房价下跌的风险，倒不是主要风险。银行一般能够承受房价下跌30%以内的风险，从这个意义观察，由于房价下跌而导致住房贷款大面积违约、形成银行损失性风险的可能性并不大。一方面，房价大幅下跌超过30%的可能性并不大，另一方面，受银行具有追索借款人其他资产权力的制约，借款人发生“道德风险”的可能性也不大。一般情况下，房价下跌，往往伴随着成交量的萎缩，或者房屋滞销，往往房价也随之下跌。其中最重要的原因，就是市场预期下跌后还会继续下跌，因此经济人最理性的行为，就是观望等待。一旦探明底部，房价已经降幅很大了，市场预期不会再进一步下跌了，这时就会恢复正常的购买行为，需求不断增加，需求曲线不断右移，带动价格再次步入上涨周期，销售量同时大增，市场很快出清，恢复良性循环。

（六）只有市场出清才能恢复良性循环

房价进一步下跌是当前房地产市场机制发挥作用的内在要求。通过现实分析已经显示，目前中国房地产市场的内部条件和外部影响因素，都不支持维持现状的稳定，反而更支持促使房价进一步下跌，这是市场内在供求规律的客观反映。

经济学家夏斌指出，只有市场出清，才能纠正扭曲的资源配置，市场机制才能真正起到作用。市场出清是通过危机来解决的，为了守住不发生系统性金融风险的底线，可以对金融机构动作小一些，对实体企业动作大一些①。法国经济学家梯若尔公共干预理论认为，政府干预可以激活处于冻结状态的市场。按照经济学理论，泡沫最终都会破灭，严重的房价泡沫对经济的负面影响非常大。因此，在当前潜在风险的威胁下，政府应该主动采取干预措施，引导市场尽快出清。通过上述分析，发现只有对泡沫采取“创造性破坏”，主动挤出泡沫，才能将风险降至可控限度以内。因此，本书大胆设想，可以对房地产泡沫实施外科手术般的“创造性破坏”。如果能够在很短的时间内，摸清各主要城市的房价底部，也就是人们愿意而且有能力购买的、市场合理价位区间，在这个底部政府机构可以无限量收购托底，引导供给者主动将房价一步降价到位，引导新的接盘者踊跃进入市场，促进市场在短期实现良性循环。一次性调整到位的策略，实施成本最小，收益最大，风险可控，理论上是可以实现的，实践中福州市已经在实施。按照制度变迁理论，这种制度变迁的收益明显大于成本，这是一种符合帕累托改进原则的做法，因为不伤害各方的利益，表面上伤害了地方政府和开发商的利润，但是由于在现状下其利益并不能实现，因此反而有利于地方政府和开发商以暂时利润损失换取生

---

① 夏斌：《我国经济系统性风险与对策》，载《中国市场》，2014-06。

存和发展的长期利益。更有利于社会福利的增长，有利于社会成本的降低，有利于宏观经济的恢复和改善。我们应该尊重市场经济规律，发挥市场供求规律对资源的配置作用。具体如何实施，本书将在目标模式和对策建议的章节中进行详细论述。

中国经济需要转向内需驱动，高房价和高地价已经成为经济转型的最大阻力，因为高地价高房价使社会成本整体抬高，使过多的资金占用在房地产业，也使社会资金成本难以降低，与流动性过剩局面同时存在的融资难、融资贵的“悖论”成为经济顽疾，压缩了第二产业和第三产业的融资机会和利润空间，也使得国民无能力扩大消费。另外，地方政府高度依赖于土地财政，而土地财政的维持依赖高房价，从而陷入恶性循环。因此，只有彻底让房地产市场出清，中国经济才会实现真正转型，经济活力才能重新显现。

正如张孝德教授（2014）所说，房地产价格泡沫是中国经济最大的风险所在，房地产价格泡沫也是导致产能过剩的深层原因。因此，解决产能过剩问题的关键是化解房地产价格泡沫。

四、中国房价泡沫将如何向金融风险演变

房地产市场的缩量下跌，是市场风险发生的标志。房地产市场风险向金融风险的传导，一般来说会通过以下几种路径。

（一）通过房地产民间融资渠道演变

这里指的民间融资渠道是没有金融牌照、不受监管的民间金融，主要包括担保公司、地下钱庄、民间借贷、典当行等，其融资特点是利率高、期限灵活、资金到账快、要求标准低。凡是大量使用民间高息融资的房地产企业，或是项目不规范，或是超出自身实力去开发项目，或者处于金融机构限制进入的三四线城市，最终是得不到银行等体制内金融机构的资金支持才无奈进行民间高息集资。在房地产市场滞销或下跌的情况下，由于不堪高息成本和还款现金流要求的双重压力，这类开发商将成为多米诺骨牌中最先倒下者。当参与民间融资的投资人不能从集资的开发商处按时收回集资本息时，便开始围堵开发商和政府，恐慌情绪蔓延，该开发商的项目销售自然会被暂停，

引发一连串的如供应商会断供、建筑承包商停止施工、购房者要求退房等问题，资金链也随即中断。问题项目不论是被政府接管清理，还是降价销售，抑或打包处理，其羊群效应必然会出现，将加重社会风险情绪，影响当地其他正常项目出现滞销，总体趋于紧张的流动性将会传染到建筑承包商、民工、供应商等，引起连锁反应，可能出现全社会的债务危机。其他影子银行体系尤其是利率高的小贷公司、典当行等首先会受到冲击，遭受带来负面影响或直接的信用风险，最后冲击银行体系的流动性，可能导致局部房地产金融风险。事实上，自 2011 年温州民间借贷危机爆发以来，各地民间金融的风险便已陆续暴露。尤其是 2014 年以来，此类危机更是频频发生，如宁波奉化、河北邯郸等地的民间借贷危机。《新京报》2015 年 3 月 17 日以“湖南娄底全民放贷一人自杀引百亿借贷挤兑潮”为题，揭示娄底作为一个中部的地级城市，全市民间借贷总量多达 400 多亿元，其中目前出现问题的达 118 亿元，涉及 73 家企业。2015 年 3 月 18 日曝出的河南省南阳市房地产民间融资危机显示，当地大部分房企陷入困境，并且普遍存在民间融资行为，上千投资人围堵市政府，交通一度堵塞。据称该市大约一半人参与了民间借贷，数名参与的投资人自杀身亡。文章指出，在河南省的安阳、洛阳、焦作、信阳等市，也都存在类似现象①。央广网记者千寻 2015 年 4 月 11 日报道，河北最大的国有担保公司河北融投控股集团日前陷入了困境，已经暂停了所有担保业务，正式被河北建设投资集团有限公司托管。据了解，多地担保公司从 2014 年开始就已经集体陷入资金链断裂、兑付危机和挤兑风波中。中国经济体制改革研究会研究员陆琪表示，目前担保行业跟房地产关联度高，整体面临的风险非常大②。有些做民间金融担保的，大部分集资款被投向了房地产市场，终于在房地产市场出现风险的同时，大量开发商资金链断裂，出现偿付危机，将民间金融迅速推向崩溃。

（二）通过影子银行渠道演变

影子银行的贷款金额大，利率高，大约三分之一以上投向了房地产行业

---

① 《湖南娄底全民放贷　一人自杀引百亿借贷挤兑潮》，《新京报》，2015－03－17。

② 千寻：《河北融投陷担保风波 百亿资金谁来兜底》，载央广网，2015－04－11。

以及与土地市场相关的基建领域，在房地产市场下滑的情况下，非常有可能出现大面积的信用违约风险。以影子银行中最容易出现问题的信托业为例。近年来，国内信托业发展迅猛，目前已成为金融业的第二大行业。2014 年第一季度信托资产总规模已达 11.73 万亿元。针对媒体披露的 2012 年信托不良资产达 200 亿元、2013 年不良资产又增加的担心，中国人民大学信托与基金研究所所长周小明教授认为，信托业净资产达 2700 亿元，不良资产率不足 1%，不必要担心系统性风险①。如果动态地看，现实恐怕没有如此乐观。原因是，第一，金融风险区分流动性风险和损失性风险，目前中国面临的多是流动性风险。因此即便不良贷款率不高，但是如果其净资产过多沉淀在流动性较差的资产上，流动性不足以应对集中兑付需要，照样会发生风险。第二，2012 年、2013 年都属于房地产市场高歌猛进的年代，不良贷款大多产生于个案项目，呈现的是微观风险或主观风险，而从 2014 年第二季度以来，房地产市场逐渐趋于调整下滑，量价齐跌，呈现的是客观风险和宏观风险，不良贷款的产生就会以批量的形式出现，成倍甚至数倍地增加即将成为可能，因此潜在的风险巨大。第三，在房地产市场下滑的背景下，即便持有的资产为优质项目，即便不存在亏损的风险，但是在市场流动性普遍紧张的情况下，市场缺少接盘者，资产变现非常困难，以至于流动性得不到及时补充，流动性风险甚至会演变为清偿性和损失性风险。事实上，由于影子银行普遍利率很高，而且存在客观上的刚性兑付要求，因此面临的风险非常之大。2013 年至 2014 年两年间，被曝发生流动性危机的信托计划多达 25 款，涉及 13 家信托公司。民间融资危机之后，最有可能接过风险接力棒的就是所谓牌照管理下的影子银行体系。

（三）通过地方债务平台渠道演变

经济学家夏斌指出，“土地财政”是当前中国经济运行传导机制的主要特征。地方政府以土地为杠杆，撬动金融，推动经济增长。在土地财政、金融杠杆、经济增长三者之间紧密相连的扭曲局面未彻底改变之前，在房地产价

① 周小明：《中国信托业刚性兑付风险及策略》，载《中国市场》，2014－06。

格泡沫想挤破又不敢挤破、现在开始有点挤破之时，房地产市场的缩量下跌，土地出让金的下降，将导致银行资产质量的下降，信贷活动趋于收紧，最终自然会导致整个社会债务处于自我紧缩的循环之中①。

中国地方政府债务的主要特点是：一是总额大，2013 年底大约为 18 万亿元；二是投资的期限长而且回报率低，大多投向了基础设施等公共事业领域，靠自身经营偿还债务的可能性不大；三是严重依赖土地出让金来偿还。近年来，土地出让金收入占地方政府财政收入的比重逐年上升，从 2001 年的 17% 大幅上升到了 2010 年的 74%②。2013 年，地方政府狭义的土地财政对房地产的依赖度达到 53%，有些地方更高，100% 多的都有③。在这种形势下，如果房地产市场缩量下跌，开发商购置土地的意愿必然大减。2014 年 5 月，已经有武汉、沈阳、长沙、佛山等地出现土地卖不出去的现象，一些重点城市土地出让金大幅减少，将直接导致许多地方政府收入下滑，极有可能出现债务违约风险，到期不能按时偿还金融机构的贷款，使金融机构不能按计划回收流动性，从而面临支付链断裂的风险，严重时会导致多家金融机构同时陷入流动性危机，容易引发储户的"羊群效应"，诱发挤兑行为。2013 年末，已有昆明、常州等地出现 BT 项目政府回购违约现象。当前，地方政府债务正逐渐进入偿还高峰期，如果处理不好，债务危机随时可能爆发，从而引发房地产金融风险。

另外，人们习惯采用的地方政府债务统计分析中，并没有证据显示土地储备贷款被纳入其中。实际上，土地储备贷款也是地方政府债务的一部分。土地储备贷款主要投入到土地的征收、整理环节，也是以土地的出让为还款来源的。土地出让活动随房地产市场的疲软必然出现变故，原来的出让计划有可能得不到落实，从而使按期还款的意愿落空，引发信用风险。据人民银行统计显示，2014 年上半年土地储备贷款余额为 1.6 万亿元，占 2013 年土地出让金总额 39073 亿元的 41%，这个比例已经相当高了。

---

① 国务院参事夏斌：《中国经济困难陷入严重萧条》，载《华尔街见闻》，2014－11－26。

② 《中国金融安全报告（2014）》，56 页，上海财经大学出版社，2014。

③ 国务院参事夏斌：《中国经济困难陷入严重萧条》，载《华尔街见闻》，2014－11－26。

（四）通过银行房地产开发贷款渠道演变

在房地产市场风险逐渐增大的情况下，银监会组织了多次以房价下跌、利率上涨为主要影响指标的商业银行房地产贷款质量压力测试，得出“房地产抵押品重度压力测试下跌40%，贷款风险仍然可控”的结论[①]。

本书认为，这是一种将风险和实际损失混淆的认识误区，还混淆了信贷风险和流动性风险的关系。当前中国房地产金融风险主要是流动性风险，基本与抵押率无关。房价下跌或不下跌，都有可能导致房地产开发贷款的违约，形成金融风险。没有房价泡沫的城市也有可能发生房地产金融风险，如河南省周口市、贵州省兴义市等地，由于房地产市场过量供给，导致房价很低，房价收入比只有5倍左右，但是在销售低迷的情况下，房地产企业的资金链随时都有断裂的可能，房地产金融风险爆发的可能性非常大。

实际上，除了直接的房地产融资，还有许多融资与房地产相关，如有的贷款表面上为非房地产业贷款，但实际上是投入到房地产行业。还有，非房地产行业的贷款，很多是以土地、房产作为抵押物的。

海通证券首席经济学家李迅雷2014年3月4日在《财经》撰文称，据海通证券统计，在中国商业银行表内贷款中，个人住房按揭贷款占13%，房地产开发贷款和建筑公司贷款共占10%，地方政府融资平台占15.2%，因此约38%的银行贷款直接与房地产和地方政府融资平台相关。预计商业银行的表外贷款为13万亿~16万亿元，其中70%左右投向房地产和地方政府融资平台。另据邓念（2010）研究，中国房地产开发资金的构成是开发企业自有资金约30%，银行开发贷款30%，购房预售房款40%。而预售房款中60%到70%又是银行的按揭贷款。所以总体计算，银行贷款要占到房地产业开发资金的55%以上。由此可见，土地与房产的未来价格变化，基本决定了银行资产的风险度。

一般来说，我国房地产业融资的抵押率整体是偏低的，如房地产开发贷款的抵押率一般不超过60%，即便抵押率较高的个人住房贷款，其抵押率总

---

① 徐晓明：《中国房地产行业风险分析研究》，吉林大学博士论文，2012。

体也不超过 70%，而且每个月还本还息，静态来看，安全边际较高。但是，动态分析，实际情况与上述静态数据的差距较大。一是房地产融资的抵押率是建立在第三方评估基础上的，事实上存在着高估抵押物价值的情形，这部分融资的风险就会比表面上的要大。二是虽然主要金融机构不良贷款率总体只有百分之一点多，但不可否认的是，一些账面上属于正常的贷款，事实上却早已是不良贷款，结果是各种技术操作出来的。三是房价由升转跌后，人们对房价走势的预期一旦形成，便会自动强化下跌趋势，俗话说买涨不买跌，其跌势往往会比较大，可能超出多数人的判断，除非政府出台强力干预措施。四是影子银行和民间融资的高成本将会放大房价下跌的风险，引发房地产金融风险。

还有，银行可以使用多种方法掩盖坏账的真实水平，包括在风险最大的贷款变成不良贷款之前将其移出资产负债表，并重组为一些表外信托产品。由于房地产的前向和后向联动产业极多，房地产市场的滞销，将使得三角债大量增加，影响其他行业的资金流动，导致其他行业的信用风险发生的可能性增加。最严重的是，可能导致社会资金流通速度大大下降，形成全社会实际货币供应的减少，资金面整体呈现事实紧缩。

（五）通过个人住房贷款渠道演变

尽管个人住房贷款余额已达 10 万亿元之巨，但是由于其风险特点与房地产开发贷款截然不同，所以风险发生的条件、风险的程度都大不相同。一是与房地产开发贷款不同的是，个人住房贷款属于长期限的，首付款一般在 30% 以上，个人每月还款的压力较小，因此除非房价在短期大幅下降 30% 以上、同时居民个人收入普遍大幅下降导致普遍丧失偿付能力，这个时候才有可能发生个人住房贷款的信用风险。另外，即便房价下跌使多数抵押贷款者变成负资产，出现大面积违约的可能性也不大。因为中国的抵押贷款偿还责任并不仅仅局限于抵押物，银行还有权进一步追索借款人的其他资产以还清贷款本息。这是中国做法与美国最大的不同。而开发贷款则不同，只要房地产市场销售下滑，开发商资金链断裂，开发贷款的风险就会发生，而并不需要房价大幅下降。因为房地产开发贷款都是短期限的，一般为两年左右，而且到期本息一次性还清本息，还款压力很大。所以，中国现阶段，不会发生个人住房贷款的大面积违约现象，零星的违约并不会导致房地产金融风险。

（六）商业银行必将承担所有融资渠道风险的冲击

因为银行是资金结算、汇划、流动的中枢，所有非银行体系的融资，都必然流入银行这个池子里。我们前面已经证明信托业渠道的集合信托计划，基本上都是由银行代理发行的，银行对此的风险承担还算是比较直接的。即便是看起来与银行关系不大的融资体系，如民间融资就是投资人自身的行为，地产基金的直接投融资行为，甚至资本市场直接融资行为，等等。在大面积的偿付危机发生后，一方面机构出于维持自身信誉、减轻投资人过激行为冲击的考虑，必然会集中从银行提款，造成银行被动应付短期集中支付。而银行普遍存在“短存长贷”的现象，预留的备付金往往无法满足短期集中大额支付要求，极有可能发生流动性风险。另一方面，当储户发现银行支付出现困难时，出于自我保护的目的，也会自发去银行取款，致使银行面临包括自身业务在内的三重风险考验。据周小川行长透露，2015 年上半年就有可能正式推出存款保险制度，届时，商业银行的国家信用背书就会消失，取而代之的是自身风险管理的背书和存款保险机构有限的风险背书，商业银行整体风险不断增大将成为必然。

五、中国房地产金融风险爆发的表现

如果房地产泡沫引发金融风险，可能的表现形式有以下几种：

（一）单个房地产金融产品风险向同类产品、其他房地产金融产品风险的传染

当房地产市场风险发生，首先表现出来的不是价格下跌，而是市场的滞销。当越来越多的项目销售不畅，资金紧张的开发商将首先降价促销，引发连锁促销降价的反应。消费者这时反而持币观望了，开发商中间就会有资金链断裂先倒下的。这类开发商资金实力小，一般不具备获取银行贷款的条件，只能在民间融资市场承受高息成本的资金。资金成本越高、期限越短的金融产品，其风险爆发的可能性越大，民间融资产品将首先落难。当这类产品集中爆发风险时，紧随其后的就可能是牌照体制内的影子银行贷款产品，因为它们的利率只是略低于民间借贷，远远高于银行贷款利率。随着时间的流逝，开发商心里在流血，因为时间就是成本，利率越高时间成本越高。相对而言，银行的房地产开发贷款的风险稍稍低一些，风险也相对小一些。市场风险下金融产品风险扩散规律是从民间融资产品向影子银行贷款、最终波及商业银行的房地产开发贷款。

（二）单个金融机构风险向同类机构、系统性风险的扩散

在房地产市场风险发生的情况下，中小城市的民间融资机构如典当行、担保公司将首先受到冲击。因为这些机构从民间分散的投资人手中以高息为诱饵筹集到大量资金，动辄以十亿元为单位计，绝大部分投向了土地和房地产开发领域，因为只有这个领域才能承受如此高的资金成本。一旦房地产市场低迷向下，开发商房屋卖不出去，到期无法偿还民间机构的资金，投资人到期拿不到钱，马上就会采取群体性的极端行动，造成社会风险情绪的扩大。温州、榆林、鄂尔多斯、洛阳、娄底等，多地先后曝出开发商、担保公司老板跑路，民间债务大量搁置，群体性事件频频发生的问题。民间融资体系中，大部分的融资都不是散户投资人直接把钱交给典当行、担保公司等机构，而是存在中间充当资金掮客的人。这些人一般是将亲朋好友的资金归集起来，再一并交给机构。当机构老板跑路后，这些资金掮客是跑不了的，在亲朋好友的逼迫下，只好将自己的其他金融资产取出一部分，以应付一下局面，因此就不可避免地会发生对银行资金的集中提款需求，冲击银行的流动性。当银行的大量到期房地产开发贷款也不能收回的时候，短期的储户集中取款必然使银行在一定程度上面临流动性风险。

（三）单个城市风险向区域风险、全国大范围风险的传染扩散

据华夏时报 2014 年 5 月 23 日报道，全国已有 20 余个城市出现了“零首付”促销楼盘，在成交更加低迷的二三线城市，开发商垫首付现象更为普遍，甚至包括万科、保利、华润等大型房企在内，目前也都推出了首付分期等方式，为购房者设计更多便利购房的金融手段。这种情况说明，一是销售不畅，开发商普遍资金紧张，随时会发生资金链断裂的威胁。二是金融风险在增大，

因为零首付的最终目的是套取银行按揭贷款。据了解，2014 年年中以来，陕西榆林、河北邯郸、唐山、河南洛阳、焦作、南阳、信阳、宁波奉化、广东惠州、湖北襄阳、湖南长沙、株洲、娄底、山西临汾等城市，继温州、鄂尔多斯之后，也加入了开发商或担保公司跑路、民间融资危机爆发的行列。上述多个城市之间，就具有明显的区域扩散迹象，如鄂尔多斯对陕西榆林等地的扩散，娄底市向周边的长沙、株洲等地的传染，河南省南阳市向周边的信阳市、焦作市等地的传染，等等。当有城市爆发房地产金融风险的时候，一定会引起连锁反应，迅速向邻近的城市扩散。因为邻近的城市之间，情况更为相似，风险特点几乎相同，应该引起高度的重视。

六、中国房地产金融风险爆发的危害

房地产业和金融业都具有很强的外部性。房地产金融不是孤立的，而是与经济、社会、人民生活紧密相连。尤其特殊的是，房地产在中国经济中的地位极其重要。2014 年，房地产开发投资占 GDP 的 14.9%，约是美国、印度、中国台湾地区房地产投资高峰时期的 3 倍。瑞银估计，房地产在我国总需求中的占比高达 1/4，如再考虑上下游的关联产业，房地产业在 GDP 中的占比超过 1/3。社会融资的 30% 投向房地产，固定资产投资的 30% 在房地产，家庭资产 70% 集中在房地产，地方财政收入 50% 以上依靠房地产①。房地产金融风险如果爆发，将对整个社会带来灾难性的打击。

（一）对中国金融市场造成极大的冲击

假如风险爆发，对房地产行业参与过多的银行、信托公司、小贷公司等金融机构，由于快速且出现的流动性需求往往得不到满足，从而可能大面积陷入困境甚至破产倒闭。这一方面使这些金融机构的存款人遭受损失，极易导致社会动乱。另一方面导致这些机构的金融活动尤其是信贷业务的停止，使社会信用创造能力大大降低，并且招致人们对金融体系产生普遍的不信任，存款和理财活动减少，导致社会货币流通速度大大降低，同时货币乘数下降，

---

① 张其光、崔勇：《设立国家住房银行条件已成熟》，载《山东商报》，2015－04－05。

货币创造功能大大弱化，从而使社会真实货币数量大为减少，流动性日趋紧张，形成通货紧缩的可怕局面。

（二）房地产金融风险也会重创中国实体经济

房地产泡沫的破裂，首先带来房地产量价齐跌的市场风险，导致房地产市场呈现市场冻结的可怕局面，市场交易活动运行中断。接下来，一方面容易形成复杂的债务链。由于中国房地产开发普遍存在垫资施工、材料费用拖欠等现象，一旦房地产销售出现困难，三角债的形成就是必然的。另一方面，房地产市场的不景气，连累房地产产业链上下游的50多个行业陷入困局。这些行业的企业销售下滑，必将减少产量，随之减少产业工人，就业也会受到极大的冲击。随着大量失业大军的形成，社会矛盾极易激化，社会稳定局面受到实实在在的威胁。多年改革开放和经济发展取得的来之不易的成果，就有可能毁于一旦。

（三）房地产金融风险对消费内需形成直接打压

第一，房地产价格泡沫的破裂，使许多参与民间融资的投资人遭受血本无归的极大损失，直接降低消费能力。第二，随着越来越多的影子银行甚至商业银行陷入兑付困难的境地，使参与其中的投资人面临损失，财富缩水，消费能力下降，生活水平只得降低。第三，如果金融机构大量倒闭，就会使储户面临存款损失的风险。第四，社会失业人数的增加，伴随的是收入锐减，势必降低整体的消费能力。第五，房地产泡沫的破灭，意味着房价大幅下跌，形成巨大的财富负效应，使人们的收入预期趋于悲观，边际消费倾向必然下降。

（四）房地产金融风险对投资产生负面影响

通常，投资需求主要受投资回报率、信贷可得性、资金利率等因素的影响。房地产金融风险一旦发生，对投资需求带来很大的拖累。第一，房地产金融风险会导致大量金融机构出现危机，一方面信用创造能力降低，社会流动性趋于紧张，另一方面金融机构对实体经济的信贷活动趋于谨慎，贷款必然大大减少，投资和扩大再生产就变成无源之水，整个经济趋于收缩态势。第二，房地产泡沫的破灭，导致与房地产业相关的上下游产业链出现产能过剩，同时波及其他行业形成严重过剩局面，致使投资活动因缺少投资机会而收缩，从而对宏观经济带来通货紧缩的威胁。

（五）对房地产金融市场利益主体都造成直接伤害

房地产金融风险一旦爆发，首先，弱小开发商群体哀鸿遍野，损失惨重。而实力强大的开发商反而趁机展开并购，形成强者恒强的马太效应，容易导致市场垄断，不利于房地产市场的健康发展。其次，地方政府遭受两方面的压力，一方面房地产市场的低迷，直接造成土地市场的低迷，土地财政下滑，地方政府债务面临违约风险。另一方面还要防止发生大规模的社会动乱。再次，消费者如果购买跑路开发商的楼盘，则面临着烂尾楼的风险，辛辛苦苦积攒的财富面临缩水风险。持有多套房的投资人则必须面对房价大幅下跌带来的利润损失和投资被套的风险。

房地产金融风险必然会迅速蔓延、扩大，处理不好，房地产金融风险可以恶化为金融危机，进而导致经济危机，在全球化背景下还可能蔓延到与我国经济贸易关系紧密的国家，变成全球性的经济危机，后果不堪设想，必须引起中央政府的高度重视。

本章小结

在供求关系规律的基本框架下，本章通过实证检验和理论分析，证明中国房地产价格泡沫形成的最主要原因，在于市场长期供给不足。鉴于处于房改及经济增长背景下，市场对住房需求持续旺盛，长期供不应求，卖方市场特征明显，需求弹性低，因此供给就成为决定性因素。土地供给制度和效率、房地产开发管理制度和效率、房地产项目审批制度和效率、房地产金融政策和效率、房屋开发建设效率、项目销售审批制度和效率、政府对房地产市场供给方面的调控政策效应等，都是影响房地产市场供给的主要因素，其中土地供给制度和效率是最主要的决定性因素。当然，推动房价长期上涨的因素非常多，不少因素也起到了重要作用，如信用膨胀和流动性过剩为放大需求提供了条件，收入提高、人口流动及家庭裂变给中心城市提供了不竭的房价上涨动力，房地产开发成本的提升和质量环境的改善客观上要求价格同步上涨，投机活动起到了推波助澜的作用，宏观经济高度景气为房地产市场提供了“顺周期”环境。按照“转轨时期的社会主义双重经济体制理论”对转轨期间市场不统一所导致的一系列问题的原因所做出的理论解释，可以认为土地垄断导致市场供给不足是推动房价上涨的必要条件，处于短缺阶段的市场，当然其决定性因素在于供给方而不是需求方。供给不足因素假如不存在，房价不可能连续十几年过快上涨。信用膨胀和流动性过剩导致购买力大增是促进房价泡沫的充分条件，缺少流动性支撑的房价不可能形成泡沫。需要分清的是，流动性过剩并不等于金融支持过度，两者并行不悖。

按照制度变迁及其路径依赖理论的解读，正是由于行政管理制度的原因，导致土地垄断、金融垄断，房地产市场被人为割裂，要素不能自由流动，加剧了市场供求失衡，使房地产价格泡沫不断膨胀，房地产金融风险高悬。要彻底化解房地产金融风险，必须从源头解决问题，政府职能转变和土地垄断制度的改革就是问题的源头。

由于当前中国房地产市场处于增量房主导的阶段，房地产价格泡沫并不与金融风险对等，金融风险并不取决于泡沫大小，而是取决于房地产市场的去化能力；房地产金融面临的最大风险，并不是房价下跌的风险，而是房地产市场表面稳定、实则运行不畅带来的流动性风险。按照明斯基的理论主张，建立在刺激政策基础上的稳定，最终都会导致风险的发生。在梯若尔教授公共干预理论的启示和明斯基主张的指导下，本书认为化解当前中国房地产金融风险，绝不应该以小幅刺激的政策维持市场稳定，而是应该采取“创造性破坏”的措施，引导市场短期完成出清，以恢复市场自身的良性循环，这才是彻底的解决之道。

本章研究发现，不论是金融不稳定假说、资产泡沫化理论，还是现有的其他相关理论，对于中国房地产金融风险的特征及其表现形式，都无法作出全面合理的解释。如传统理论显示，房价泡沫大就意味着金融风险大，房价泡沫破裂导致金融风险发生，经济增长回落和经济周期下行导致房地产市场相应下行，等等，都与中国所表现出的具体实际不相符。因此，需要进一步通过实践活动超越旧理论，发展新理论，以便更好地正确指导实践活动。

第四章

房地产金融风险管理的国际经验教训及其启示

本书第二章的研究中表明，房地产金融风险问题的核心所在，是房地产价格泡沫以及与其相伴的房地产市场内部的波动性。第三章的研究发现，当前中国房地产市场正在经历房地产价格泡沫的劫难，并且泡沫正在发生局部破裂的风险，随时可能引发全面的房地产金融风险。艰难之局，亟待以最小的代价破之。

国际上对于房地产金融风险的管理，有许多成功经验，也有许多失败的案例。借鉴国外成功的经验，吸取失败的教训，对于一个新兴加转轨期、正在推行市场经济改革的国家，对于正处于房地产价格泡沫临界点、随时面临房地产金融风险的国家，具有非常重要的现实意义。

如何防范和有效管理房地产金融领域的风险，就需要具体研究典型国家是如何平衡房地产市场的供求关系，如何抑制投机活动，如何抑制房地产价格泡沫；也有必要研究典型国家在房地产价格泡沫形成和膨胀过程中，是如何控制泡沫以及如何管理房地产金融风险的；还有必要研究有的国家在发生房地产金融风险后，是如何处理风险及危机的扩散的，是如何亡羊补牢、堵塞漏洞、建立健康发展长效机制的，等等。这些宝贵的经验教训，必然会成为有益于我们的巨大财富，指导我们尽可能地少走弯路，尽可能地降低风险，减少损失，减小危及范围，并建立起适合中国特色的房地产金融风险管理模式，使得房地产市场和房地产金融市场长期健康稳定发展。

由于国际上历次房地产泡沫破裂的案例，都是发生在住房市场和住房金融领域。当前学术界国际案例研究的重点，也都集中在住房金融领域。因此，本书对国际经验教训的研究，主要侧重住房金融领域的风险管理。

第一节　日本房地产金融风险管理模式

一、基本内容

日本实行的市场经济模式属于典型的“政府导向市场经济模式”，政府对经济活动的干预通常以产业政策的规划和引导手段为主，行业协会等社团组织在其中起到了很大的作用。因此日本的房地产金融风险管理，不可避免地打上这种模式的烙印。虽然日本的房地产市场经历了泡沫的破灭和金融风险的爆发，但是其在正常情况下的管理还是有许多成功之处。

日本地少人多，国土面积的71%是山地，全国适合居住的土地资源非常有限，城市化率非常高，2005年全国1.2亿人口中逾89.6%的人居住在城市，人口密度远远超过了世界上大部分国家的人口密度[①]。可想而知，日本住房问题相当突出。

第二次世界大战后，日本经历过两次住房短缺的时期。第一次是20世纪50年代，当时大约四分之一的家庭缺少住房，住房问题成为亟待解决的社会矛盾。第二次是20世纪80年代，主要由于战后“婴儿潮”、居民收入快速增长、人口大量流入、家庭结构裂变等的原因使城市住房供不应求。

政府积极推行住房保障，并且运用多种手段促进住房供给。一是在住房短缺阶段，政府启动应急住房建设方案，另外还实施了以优先满足特定对象为主的住房供给政策，及时解决住房困难问题。但是实施效果并不理想，与住房实际需求差距很大[②]。二是建立起《住宅金融公库法》、《公营住宅法》、《日本住宅公团法》等住房保障政策三大支柱体系，分别对高、低、中不同收入阶层提供住房扶持、救助、资助解决方案，基本上做到了全覆盖。三是依靠国家信用、运用市场手段筹集到足额的低成本长期限资金，为三大支柱体

① 佘南平：《世界住房模式比较研究——以欧美亚为例》，141页，上海人民出版社，2011。

② 住房和城乡建设部住房改革与发展司等编：《国外住房数据报告No.1》，87页，中国建筑工业出版社，2010。

系提供了源源不断的资金支持，满足了住房供给的资金需求。值得重视的是，住宅领域的立法贯穿了整个过程。

日本于1968年就已经实现全国住宅总套数超过家庭总户数，1973年全国47个都道府县全面实现住宅总套数均超过家庭总户数①。不难看出，日本是通过促进住房市场供求平衡，来抑制房地产价格泡沫，防范金融风险。

在抑制住房投机方面，主要有两方面的手段，一是通过税收体系提高持有和交易成本，二是严格限制外籍人士使用银行贷款购房，抑制了国际热钱的炒作。但是总体上效果不佳，尤其是土地炒作活动没有得到有效制止。

由于一系列政策失误，酿成了20世纪90年代的房地产金融危机。日本20世纪80年代末的房地产泡沫，实际上主要是土地价格泡沫。第一，住房价格的涨幅远远低于土地价格涨幅。以东京都为例，新上市公寓与普通工薪阶层的房价收入比从1985年的4.2倍，上涨到1991年的8倍，涨幅不到100%，而土地价格涨幅则在3倍以上。第二，土地泡沫并不是国内住房有效需求推动的，而是来自于商业投资的推动，商业用地价格的涨幅远远高于住宅用地价格的涨幅，东京都的商业土地价格1991年是1985年的6倍②。第三，从当前现有研究文献中，难以找到因住房价格泡沫、住房抵押贷款大面积违约断供而导致金融机构破产的证据。另外，即使在泡沫破灭危机期间，日本的住房抵押贷款违约率也保持了非常低的水平③。

二、成功做法

（一）政府注重发挥规划和产业政策作用，稳定了市场预期

一是发挥政府计划和产业政策作用。日本的政府计划都是诱导性的，国家先后出台了十个“住房建设五年计划”，同时地方政府也制定了本地住房供应的“五年计划”，并且通过官助民办的行业组织对企业进行“行政指导”，

① 参考了《中国房地产发展报告（2014）》之“日本泡沫经济对住房建设的影响”，作者李国庆，社会科学文献出版社，2014。

② 李国庆：《日本泡沫经济对住房建设的影响》，载魏后凯、李景国主编的《中国房地产发展报告（2014）》，247～260页，社会科学文献出版社，2014。

③ 余南平：《世界住房模式比较研究——以欧美亚为例》，158页，上海人民出版社，2011。

对房地产市场施加了导向性影响。二是注重住宅产业化建设。日本政府积极推进住宅产业工业化，实施几十年来，通过明确设计标准、技术标准、性能标准、质量标准、户型标准等，提高了建筑施工的效率，降低了建筑工程的成本，提升了住房内部的利用率，还发挥了节能环保的作用，可谓一举多得。住宅产业化的推进，及时满足了旺盛的住房消费需求，同时有效地控制了住房的总体成本，对住房价格奠定了基础作用。三是政府非常重视新城区公共交通规划和建设，通过前瞻性的城市道路、基础设施、公共交通等公共领域的建设，基本上做到了住宅小区在建设之前，公共交通就已经到位，快速扩大了城市建设用地的边界，对调节房地产市场的供应具有显著的作用。

（二）政府非常重视通过增加住房供应维持市场平衡

面对住房短缺，政府于 1945 年即制定了《受灾城市应急简易住宅建设纲要》，启动了大规模住房建设的政策导向。但由于战后日本重点发展重化工业和大型企业，财政对于住房保障的投入有限。于是从 1951 年开始，政府就在短短四年内出台《住宅金融公库法》、《公营住宅法》和《日本住宅公团法》等住宅领域三大支柱政策，三大住宅政策支柱的着力点是运用金融手段和调动社会力量，将住宅保障、建设、财政补贴、金融支持等手段有机结合，形成独特的住房金融保障机制，既可以减少政府财政投入，降低管理成本，减少寻租行为，也有利于解决融资困扰。其中，住宅金融公库发挥了巨大的作用，并且逐渐成为住房金融领域的领头羊。住宅金融公库利用国家信用背书下的邮政储蓄源源不断的资金支持，主要服务于高收入阶层，承担政府致力于提高自有住房率的政策目标，为私人自建或购买商品房提供长期、低息的贷款，也让不动产建设公司得以及时回收建设资金。按照《住宅金融公库法》规定，购房者最高可以获得 80% 的购房贷款额度，期限长达 30 年，因此 50% 以上的购房者使用过公库贷款。《公营住宅法》实施主体是地方公共团体，国家财政给予二分之一至三分之二的费用资助，并且国家不收回资金，从而使地方公共团体有能力建设大量低成本的廉租房，保障低收入阶层的基本居住需求。《日本住宅公团法》主要面对城市“夹心层”，作为准政府机构的住宅公团大规模建设容积率较高的、同时环境舒适的集合型的公共住宅，政府给

予少量财政补贴[1]，按成本价向符合条件的中间阶层出售或出租房屋。三大支柱政策着力点是帮助居民家庭提高自力解决住房的能力，为满足各类居民住房需求发挥了巨大的作用，一直延续到了21世纪初。伴随着三大支柱政策，形成了以政策性的住宅金融公库和商业银行为共同主导的独特住房金融融资体系，甚至政策性的住宅金融公库还处于市场份额更高的地位，相当于政府形成了对住房贷款市场的主导权力。加之住宅金融专业公司、劳动金库、信用金库、养老金福利信用团、保险公司、信用合作社等其他辅助性的融资金融机构[2]，组成了健全的房地产金融体系。

另外，还通过《提供特定优质出租住宅法》，对私人土地所有者建设的优质租赁住房给予补助或征购，用于提供给中间阶层租赁居住。还运用税收优惠政策支持私人建设住房。按照《住宅取得促进税制》，对于贷款购买或自建住房的家庭，在五年内每年可以从所得税中扣除年底住房贷款剩余本金的1%，同时还对不动产所得税、城市建设税给予减免。

在土地实行私有化的背景下，政府为调节土地市场供应，一是建立了土地储备制度，以类似土地银行的机构以市场化运作的方式收购大量土地，以调节土地市场供给。二是政策性的住房都市整备公团以市场价收购或租赁私人土地，还有在新的城区开发整理土地，以保证住房建设用地的供应。

（三）独特的财政投融资体制，对于政策性住房金融发挥作用功不可没

日本将邮政储蓄银行体系、国民养老金体系、简易人寿保险体系等主要依靠国家信用的金融机构筹集的资金与财政预算资金共同结合，然后通过政策性住房金融机构如住宅金融公库等，支持具有政策性目标的住宅公团和公营住宅建设，以及符合政策目标的民间住房开发建设和个人住房建设。日本的邮政储蓄体系，由于属于日本政府所创办，背靠国家信用，无破产之虞，点多面广，因此在争取个人储蓄存款方面存在优势，曾经长期占有个人储蓄存款市场份额的约30%，为政府提供了长期稳定成本低廉的资金用于政策性

---

① 李国庆：《日本泡沫经济对住房建设的影响》，载魏后凯、李景国主编的《中国房地产发展报告（2014）》，247～260页，社会科学文献出版社，2014。

② 杨明秋：《国际住房金融制度分析》，57页，上海财经大学出版社，2011。

开发。在20世纪90年代之前，日本的财政投融资体制为住宅领域提供的资金长期占到该领域资金总量的20%～30%。近年来，日本政府逐渐取消财政投融资体制，代之以更加市场化的模式。

三、存在的问题

（一）经济增长模式没有及时转变，导致流动性过多投机于资本和房地产市场

战后日本一直实施“赶超型”战略，确立了“贸易立国”的出口导向政策，实现了奇迹般的长期高速增长，在1955年至1973年期间，年均增长率高达9.8%，居世界首位。到20世纪80年代初期，已经成为仅次于美国的第二大经济体。过于偏重出口的模式，依托的是高投资、高储蓄的支撑，其副产品便是经济结构的失衡。在“广场协议”和日元升值的压力下，出口战略受阻，客观上需要实施经济结构的调整，经济增长动力需要从外需向内需转变，产业发展需要向自主创新型转变，产业结构需要从制造业向服务业转变。但是，日本没有耐心地实施经济结构转型和升级，而是为了尽快拉动国内需求，推出大规模国土开发计划，大量实施公共工程建设，直接扩大了土地的需求，在供给没有变化的情况下，导致供求失衡，推高了土地价格，从而吸引了投机行为。本来经济高速增长积累了充裕的流动性，急于寻求投资渠道，土地投机的赚钱效应，吸引了过多的投机型流动性和金融支持，使泡沫愈演愈烈。

土地资源一直是日本经济发展的最大瓶颈，对土地不断升值的预期使人们笃信“土地神话”。事实上，第二次世界大战后出现的两轮房地产市场泡沫，都是土地价格泡沫。除此之外，早在20世纪70年代，在政府大搞的“列岛改造热潮”中，也出现了全国性的地价上涨，尤其以东京都、大阪等六大都市圈的住宅用地为最盛。所不同的是，20世纪80年代的土地泡沫，以商业用地涨幅最大，而且主要发生在六大都市圈，并没有出现全国性的普涨格局①。最后在金融紧缩、利率提高、自身价格畸高难以为继的多重因素压制

---

① 李国庆：《日本泡沫经济对住房建设的影响》，载魏后凯、李景国主编的《中国房地产发展报告（2014）》，247～260页，社会科学文献出版社，2014。

下，泡沫破裂。

（二）对房地产市场投机缺乏强力的抑制手段

在房地产税收方面，呈现持有税率低、流转税率高的特点。按说日本的不动产税制体系还是比较全面，在住房的取得阶段，有登录许可税、印花税等，在持有阶段，有赠予税、继承税、固定资产税、营业场所税等，在交易阶段，有个人所得税、法人税，还有一种特殊的不动产取得税，针对开发商的新建房屋，如果六个月没有交易，则征收此税。税收体系还有多种优惠，如对持有土地和房屋的投资人，持有时间越长，持有的不动产价值越小，税率就越低。还在财产登记税、不动产所得税、城市建设税、赠予税等方面实行了减免政策。这种税制没有起到抑制投机的作用。

还有重要的一点是，政府为抑制投机，提高了交易税，但是却没有同时提高持有税；还实施了土地交易管制措施，导致市场对土地升值的预期更加强烈，进一步吹大了泡沫。

（三）危机中的金融政策失误

1985 年开始，在金融监管没有及时改进的情况下，迫于国内外压力，仓促实施金融改革，放开国际资本的投资限制，实施利率市场化、金融混业经营和金融自由化。长期升值预期下国外游资大量投资于日本股市和房地产市场，推高资产价格。为防止国际游资过度流入，被动长期维持超宽松低利率的货币政策。从 1986 年 1 月到 1987 年 2 月，日本央行连续五次降息，从原来的 5% 降至 2.5%，并且一直维持到 1989 年泡沫膨胀之时。其时，土地价格已经在 1986 年开始快速上涨，初步形成泡沫，降息使得银行在流动性过剩的压力下不断扩大土地信贷规模，造成了市场短期需求集中放大，导致地价快速上涨，进而又刺激了投资投机需求。泡沫膨胀后，为抑制过度投机，政府在 1989 年 5 月至 1990 年 8 月短短的一年多，急剧将利率从 2.5% 提高到 6%，急剧紧缩土地贷款政策，使泡沫快速破裂。在泡沫形成期间，金融监管过于松懈，对土地信贷基本失控。

日本的土地泡沫形成及金融危机的爆发，基本上可以运用资产泡沫化理论模型给予比较贴切的解释。

政府的危机处理手段滞后。不管是房地产泡沫上升时期的金融管制措施还是泡沫破裂时期的税改措施，在时间上都有一定的滞后，政策出台时市场情况已经改变甚至发生反向运动，从而不能实现预期的政策目标①。危机中对不良债权等负面信息遮遮掩掩，不敢公开，反而强化了市场恐慌情绪。

（四）危机后的财政政策失误

房地产泡沫的破灭，引发大范围的银行危机，大量银行面临巨额不良资产带来的破产倒闭困境。日本财政部犯下了一个致命的错误，非但没有选择关闭已经资不抵债的“僵尸”银行，反而实施了“宽容管制”措施，即默许甚至怂恿事实上已经资不抵债的银行过高上报其资产价值，如对所持有股票的估值竟然比该股票的历史价格还高，这就给人造成这些银行资产负债表处于健康水平的假象。同时，财政部也没有选择为具有自身存活能力的银行注入流动性。这样处理的结果是，不论是“僵尸”银行还是健康银行，均缺乏必要的流动性，均没有能力扩大信贷规模，实体经济得不到金融必要的支持，从而在一定程度上推动日本进入“失去的十年”。到了 2003 年，日本政府才下决心彻底处理已经严重受损的银行系统，推动经济走上恢复道路。

四、对我国的启示

（一）房地产市场稳定要求重视住房供给和住房保障

日本在住房极度短缺的情况下，只用短短的 20 年左右，就基本解决了全国的住房问题，不能不说是一个奇迹。始终将住房供给尤其是保障性住房供给摆在重要地位，并且注重将住房保障与政策性住房金融制度有机结合，是日本住房市场成功稳定的核心所在。以至于在 20 世纪 80 年代末期的房地产市场泡沫中，住房价格的涨幅远远低于土地价格涨幅。而且房地产泡沫的破灭，并没有导致住房贷款不良率的明显上升。这从另一个角度说明了日本的住房市场基本上是稳定的。反观我国在住房分配制度改革以后，也面临住房短缺的问题。我们的做法不是加大市场供给，而是千方百计控制供给要素

① 余建源：《中国房地产市场调控研究》，上海社会科学院博士论文，2009。

（土地和信贷）和压缩需求；不是优先提高保障性住房的覆盖面，而是不断甚至大幅减少保障性住房供应，从而导致房地产市场泡沫日趋严重，不能不引人反思。

（二）经济结构调整应该置于优先地位

日本在外向型增长模式难以为继的情况下，没能抓住经济结构调整的机遇，经济发展方式没有成功转型，自主创新领域难以吸引社会资本，从而使得多年来积累的过剩流动性缺乏合适的投资渠道，只能过度炒作资产市场，导致泡沫膨胀以致破灭，陷入了“失去的十年”。我国也是长期实施出口激励政策，配套以高投资、高储蓄、低消费的模式，创造了过多的流动性，不断推高房价，形成了严重的房地产泡沫。该模式目前也遇到了发展的瓶颈，客观要求必须尽快实施经济结构的转型和产业升级。但是，在经济增长速度下滑的背景下，政府一方面面临维持一定的增长速度的压力，另一方面必须加快结构调整，而经济结构的调整必然会带来阵痛，即需要通过市场机制淘汰一批“僵尸企业”，以改善资金和资源存量结构。在处于矛盾的状态下，政策如何运用，日本的教训值得反思和重视。

（三）金融开放和金融自由化应该稳步推进

日本在面临国际收支失衡、经济结构失衡的背景下，仓促推行金融开放和金融自由化，立即带来了众多负面影响，造成了政策的被动应付和矛盾重重。如国际游资大肆进入从事资产市场的投机活动，为了防范国际资本的继续流入，就必然要求降低利率，而降低利率又降低了资本投资资产市场的成本，促进市场流动性增加，客观上对投机行为形成激励。因此，金融深化改革的时机非常重要。我国目前正在实施利率市场化、金融混业经营、金融开放等方面的改革举措，虽然人民币币值趋于稳定，但是经济结构失衡的局面并没有得到显著改善，尤其是房地产市场还存在土地垄断、住房保障不力等现象，房价泡沫还在持续发酵，如果金融改革过快实施，放松的金融体系就会创造更多流动性，对房地产市场将会形成更严重的冲击。

第二节　美国房地产金融风险管理模式

一、基本内容

美国实行自由市场经济模式，住房规划、建设、分配都强调完全由市场机制决定。在住房短缺的特殊阶段，政府也曾经大规模建设公共住房，但是实际效果与计划相距甚远。在正常情况下，政府对住房市场的干预，都是通过对住房金融市场的干预来实现的，注重更好发挥市场的力量，间接达到政府政策目标，取得了显著的成效。美国房地产金融风险管理的模式，也是建立在市场化机制起决定性作用、政府通过政策性住房金融体系对市场施加影响这个基础之上的。

美国住房基本政策是通过促进住房供给保持市场供求平衡。政府始终鼓励增加住房供给，以保障中低收入群体的住房需求。一是在20世纪60年代以前，政府大力建设公共住房（但是总体效果不佳），重点是保障低收入者的基本住房需求。二是在20世纪60~70年代，重点实施了对开发商建房进行补贴的政策，重点是资助接近低收入阶层的中低收入者住房需求。三是通过税收优惠政策鼓励支持房地产信托投资基金（REITs）建设、运营持有型的房地产项目，以增加有效供应。

政策对住房投机进行抑制。一是注重运用较重的综合税种对住房投机进行抑制，保持了房价稳定。政府通过征收随市场变化调整的不动产财产税、个人所得税、遗产税等，加大了房屋持有成本、交易成本、传承成本，对投机行为的抑制作用明显。对不满两年的自住房屋出售征收高额罚金，对投资型房屋出售征收所得税。二是对非自住型住房，在贷款利率上、租金税收等方面有惩罚性的政策。三是通过使房屋业主承担较多的法律责任，如闲置房屋责任区域发生诸如因不及时除雪而使行人受伤等事故，业主需承担法律责任。

美国现行住房金融体系健全，金融市场发达，政策性住房金融机构在一

级市场上主要是通过对特定房地产贷款的担保介入房地产金融市场，降低了房地产市场的抵押贷款风险，同时也使中低收入家庭对住房商品的需求得到满足。在房地产金融市场上收购金融机构的住房抵押贷款，按利率、期限等进行组合包装，并以此组合进行抵押或担保，在二级市场向社会发行抵押担保证券。政府在整个住房金融制度中处于相对隐性的位置，主要通过市场化的手段对社会资金进行引导。房地产市场资金来源主要是资本市场和私人机构，市场在资金配置中起决定性作用，金融市场对房地产市场的资源配置也起着决定性作用。

美国实行高度自由的市场经济体制，但是对中低收入群体提供了多种形式的住房保障。在住房保障方面，对中低收入家庭购房实行税收减免、财政补贴、贷款担保等一系列扶持政策，以降低购房成本，扩大住房自有率。对于购房能力不足的家庭，发放租房补贴，创立租房券计划，居民可以自由租房，房租超出居民家庭收入的30%以上的部分由政府进行补贴。租金券计划没有直接干预微观市场，没有破坏市场机制，而且使用灵活，效率更高，交易成本和财政成本更低，据2000年的一项调查，该计划要比公共住房计划大约节省8%～19%的成本[①]。

住建部政策研究中心主任陈淮主编的《地产　中国：引导我国房地产业健康发展研究》一书（2009）中，认为美国的房地产价格一般是表现平稳的[②]。余南平认为，美国住房领域的市场化调节机制，使美国住房自有率居于发达国家前列的同时，保持了世界最低的房价收入比，即使在严重房地产泡沫的期间，其房价收入比也没有超过5倍[③]，说明美国的市场调节模式总体上是非常成功的。20世纪80年代，实现了住房套数多于家庭户数的目标，2004年住房自有率达69%，人均居住面积达65平方米，居于发达国家前列。

① 邹永华：《中国住房政策要向美国学习什么?》，载《中美住房政策与金融比较》，20～45页，上海社会科学院出版社，2011。

② 陈淮主编：《地产　中国：引导我国房地产业健康发展研究》，79页，企业管理出版社，2008。

③ 余南平：《世界住房模式比较研究——以欧美亚为例》，119页，上海人民出版社，2011。

二、成功做法

（一）市场化的运行模式是美国住房金融市场成功的基础

美国从20世纪30年代以来，在住房市场制度管理方面，也经历过多次的政府直接干预实践，但是都以效果不佳或失败而告终。如20世纪70年代以前，政府曾经三次出台大规模公共住房建设的计划①，但实施的效果并不理想。最后逐渐转向为私人和开发商建房提供财政补贴或金融信贷支持，以促进供给的增加，成效反而显著。2007年的次贷危机，与政府的直接干预也不无关系。政府一是鼓励金融机构为低收入者提供购房贷款支持，如《金融服务现代化法案》的主旨就是帮助低收入者和包括没有信用记录的美国公民实现住房梦，鼓励金融机构在按揭贷款领域开展业务竞争，还删除了关于信贷风险的条款，推动金融机构正式进入次级贷款领域②。二是要求“两房”等政策性住房金融机构加大对低收入者购房贷款的担保，甚至还要求“两房”购买的目的为证券化的抵押贷款中，次级贷款须达到一定比例。正是政府的“有形之手”，直接推动了次级贷款的蓬勃发展，为次贷危机埋下了祸根。相反，在缺少政府干预的2000年以前的几十年里，美国的住房市场保持了相当的平稳态势，说明市场机制是能够很好发挥作用的。

理论上，市场机制发挥作用的前提条件是要素的自由流动和市场环境的有序性及稳定性。在此基础上，市场机制会将资源配置到最有效的领域，趋于帕累托最优状态，使社会福利最大化。当然，在市场机制不能很好起作用的领域，如低收入者的住房问题，政府的保障作用也是必不可少的。但是政府的调节作用，要么将保障性住房市场与商品房市场完全隔离，要么是帮助市场清理阻碍因素，辅助市场机制更好发挥作用。直接干预措施，容易导致市场失灵。

---

① 住房和城乡建设部住房改革与发展司等编：《国外住房数据报告No.1》，82页，中国建筑工业出版社，2010。

② Kruti Lehenbauer、陈北：《美国躲过金融危机了吗》，载魏后凯、李景国主编的《中国房地产发展报告（2014）》，261~274页，社会科学文献出版社，2014。

（二）政策性住房金融体系发挥了稳定器的作用

政策性住房金融体系起到了发展和稳定市场的作用。政策性住房金融机构主要由联邦住房管理局、联邦住房金融管理局、联邦住房贷款银行系统和房利美、房地美、吉利美等一系列具有政策性金融功能的机构组成。非常特殊的是，美国的政策性住房金融机构中，竟然有三家机构即联邦住房贷款银行和房利美、房地美（简称“两房”）为民间资本所有，接受政府政策扶持或资助，如税收优惠和更低的资本金要求等，同时在政府信用担保下承担政策性目标职责，因此被称为“政府支持企业”。他们主要从事为特定群体购房贷款提供担保或保险，以及承担抵押贷款二级市场做市商的职责。在一级市场上主要是通过对特定房地产贷款的担保介入房地产金融市场，降低了房地产市场的抵押贷款风险，同时也使中低收入家庭对住房商品的需求得到满足。在房地产金融市场上收购金融机构的住房抵押贷款，按利率、期限等进行组合包装，并以此组合进行抵押或担保，向社会发行抵押担保证券。通过住房贷款证券化运作，政府拓宽了房地产融资渠道，使房地产金融成为配置房地产市场资源的主导力量，也使房地产金融收益大众化——房地产资金来源中银行资金只占15%左右，70%是社会大众的资金（其中35%是退休基金等，35%是不动产基金）。大多数人都可以通过不同方式参与房地产的投资，主要渠道是房地产投资基金（REITs）、MBS（房产抵押贷款证券）等，既分散了房地产金融风险，也让行业利润被民众分享①。在次贷危机发生期间，商业性金融机构或无力或主动收缩住房抵押贷款业务时，“两房”承担了大部分的抵押贷款融资或担保业务，成为美国住房市场重要的稳定力量。

政府对房地产市场的调控和住房保障都是借助政策性住房金融体系来完成的。由于政府直接建设公共住房的低效率，从20世纪70年代以来，政府就不再进行直接建设，而是通过金融支持、税收减免、财政补贴等金融经济政策对市场进行调控。在需要促进住房供给时资助开发商和个人增加住房建设，在房地产市场过热时通过减少政策资助、提高利率等手段降温，等等，

① 中国房地产业协会金融专业委员会：《中国房地产金融2012年度报告》。

而不是直接干预市场，以免扭曲市场信息。对于低收入群体的住房保障，一方面，政府通过鼓励和引导商业性金融机构加大对低收入者即次级借款人的购房贷款支持，另一方面通过政策性住房金融机构加大对低收入者贷款购房的担保力度，促进了住房政策目标的推进。

（三）发达的住房金融二级市场是市场化模式成功的重要因素

美国发达的住房金融二级市场，为银行等金融机构化解流动性风险提供了条件。众所周知，银行存在将短期存款用于长期贷款的期限错配风险，在储户集中要求取款的情况下，极易发生流动性风险。通过将长期限的住房抵押贷款证券化，就使银行提前收回了流动性，发生流动性风险的几率就大大减少。

住房金融二级市场，为美国住房市场提供了源源不断的低成本资金，有助于房价的稳定，也有助于吸收社会更多流动性。住房金融市场的稳定，与资金来源的稳定息息相关，或者说有赖于形成一个稳定的、较低成本的资金来源。美国通过“两房”实现证券化的住房贷款利率比非证券化的利率低 20 个基点，这是证券化的成本优势。另外，次贷危机发生时，商业银行体系的贷款活动几乎全面中断，美国住房贷款的资金来源几乎全靠二级市场提供，才避免了住房市场波动的进一步扩大。

（四）法治和社会信用的有效管理

法治和诚信对抑制投机起到了重要作用。美国对每一个公民都建立了唯一的社会信用号码，人们从事一切经济活动，如信用卡、贷款、交通违规等行为，都会记录在案。开发商和投机者如果违规操作，其不良行为一方面有可能受到法律的严惩，另一方面必然导致其信用记录出现污点，使其商业信誉受损，商业活动处处受限，不利于今后的发展。对非自住型住房等涉嫌投机的行为，给予提高贷款利率、提高税率等惩罚性的制度安排，社会诚信体系使得非自住型购房者不敢弄虚作假，从而增强了制度的执行效力。法治和诚信对住房金融市场的健康发展创造了必要条件。可以说，法治和诚信社会是房地产金融市场化制度取得成功的前提条件。美国住房金融市场的成功，与美国社会法治的健全与信用的有效管理是分不开的。

（五）次贷危机中的有效管理

一是在危机中敢于及时公开信息，有利于缓和市场的恐慌情绪，稳定市场预期。二是及时救助问题领域，控制危机蔓延。危机发生时及时转变货币政策，美联储采取了不断降低利率的常规性宽松货币政策，以及面临零下限问题时采取非常规宽松的货币政策，如收购了逾1万亿美元的私营公司债券和债务，并且还推出三项贷款工具（贴现窗口扩展、短期标售工具、为非银行金融机构也提供贷款的新贷款项目），其中仅短期标售工具就为市场提供了达4000亿美元的流动性，为市场注入充足的低成本流动性，稳定了市场预期。三是堵住金融机构多头监管的漏洞和对大型金融机构监管疲软的不足。成立联邦住房金融局，对住房金融二级市场进行统一监管；出台《多德—弗兰克华尔街改革与消费者保护法案》，一方面加大对大型金融机构的风险监管力度，另一方面加强对消费者免受金融欺诈的保护。四是财政政策治标与治本相结合，既有解决短期抵押贷款违约问题的办法，也有刺激经济增长的措施，如推出抵押贷款债务减免的税收豁免法案、大规模退税方案（780亿美元）、及时救助问题金融机构甚至注资接管进行直接干预，如通过《2008年经济复苏法案》，财政部实施了高达7000亿美元的资产救助计划，用于收购陷入困境的银行持有的次级抵押贷款或向银行注入流动性支持，并且临时上调存款保险额度，从10万美元调至25万美元，以稳定存款者市场信心。2009年又推出《美国复苏与再投资法案》，实施了高达7870亿美元的财政扩张计划。五是住房政策方面，修改相关法案为贷款购房者提供面临贷款欺诈时的保护、推出再贷款计划、出台《住房和经济复苏法案》以稳定投资者和消费者的信心。

危机发生后，美国金融和经济尽管遭受到重创，但是由于政府救市及时，措施得力，针对性强，及时稳定了市场，没有发生大的社会动乱。之后在超宽松货币政策及相关配套政策的支持下，市场逐渐出清，美国金融市场也率先恢复正常功能，经济也步入了缓慢但是坚定的回升之路。

三、存在的问题

（一）私人机构承担政策目标容易走向两个极端

“两房”作为政府信用背书下的民营企业承担政策性住房金融职责的特殊机构，在联邦政府显性担保下，积极为低收入者提供住房贷款的担保以及其他间接扶持，成功地实现了政府住房政策目标。但同时，由于政府信用担保，导致其经营上的肆无忌惮，也带来了一系列的问题，如存在滥用政府信用、过度进行高收益高风险的投资等道德风险，放弃了金融机构应该坚持的审慎原则，以至于最终酿成了危机，被政府注资接管。对于“两房”借助政府信用的利弊，曾经在美国国内也进行过激烈的争论，但是由于“两房”存在时间过长，存量业务规模巨大，最高时均达 1 万亿美元左右，再加上金融本身具有强外部性的特点，形成了骑虎难下的局面。理论上，针对政策性金融机构，政府如果不对风险兜底，则难以形成激励，容易造成保障不足。但是，如果政府对风险全部兜底，又容易导致激励过度，形成保障过度。美国次贷危机就集中体现了政策性住房金融保障过度的弊端。

（二）房地产过多承担拉动经济的职责易导致过热

新经济泡沫的破灭，使美国经济承受着下行的压力。美国政府错误地将房地产业作为拉动经济增长的新引擎，将实现美国人的住房梦与之相结合，以政府“有形之手”频频干预市场。1997 年出台《社区再投资法案》，重点是引导金融机构加大对消费者的支持力度。1999 年出台《金融服务现代化法案》，删除了有关金融信贷风险的要求，鼓励金融机构在住房贷款领域开展竞争，以更好地帮助中低收入阶层以及尚无信用记录的家庭拥有自有住房。政府为“两房”发行的抵押贷款支持证券提供担保，“两房”大量收购商业银行发放的住房抵押贷款。在政府政策的引导下，在政策性住房金融机构的担保下，同时在房地产市场繁荣景象的诱惑下，商业银行为抢夺市场份额，不断开展业务创新，不断降低贷款门槛，开发出如零首付、前期少还款后期多还款、前期低利率后期高利率等的新业务，鼓励低收入者贷款购房，为房地产市场泡沫的形成提供了催化剂。

（三）政府对土地进行管制易导致供给不足和预期升温

地方政府对土地的不当管制，导致市场过热。在第二次世界大战以来，美国房地产市场的土地自由供给的局面有所改变，部分城市对房地产开发的土地供给实行了较为严格的政策管制，如规划用途管制、城市发展边界和市政服务边界管制，这类城市被称为“严格土地供给城市”。也有部分城市管制较松或基本无管制，被称为“弹性土地供给城市”。从而在美国内部，形成了土地市场管理的“二元结构”。政府对土地的不当管制，导致土地供给不足，形成市场投机预期，推动房价高涨。与此相反，在土地无管制的纽约州，房地产市场是一种理性的有起有落，密歇根州在泡沫期间反而出现了房价缩水的情况①；相关统计显示，从20世纪90年代至今（即2009年，本书注），美国部分城市新增房地产开发用地的价格上涨了近10倍，也进一步推升了住房价格的上涨。在2000年至2006年期间，那些“严格土地供给城市”的房价年均涨幅大约为“弹性土地供给城市”的2倍②。

（四）频繁的需求管理政策变动是金融市场不稳定的重要因素

各国政府普遍推崇的凯恩斯需求管理理论，其出发点是在经济过度的波动中，利用政府的“有形之手”反向操作，以对市场的过分反应进行适当纠正，引导经济步入平稳发展的轨道。但是明斯基就明确反对凯恩斯的需求管理，甚至也反对微调，认为依靠扩大投资会导致通货膨胀，加大经济系统的不稳定，鼓励风险投资者的冒险行为。需求管理的本质属于短期手段，并不适合长期频频使用，否则容易导致市场预期混乱，反而会增加不稳定因素。

为了刺激经济活跃市场，美联储自2001年初至2003年6月连续13次下调利率，使得联邦基金利率从6.5%降到1%，成为1958年以来美国利率的最低点，并将这一超低利率水平维持了一年。如此宽松的货币环境一方面大大刺激了房地产投资热情，加大了房地产供给，另一方面随着住房抵押贷款

---

① Kruti Lehenbauer、陈北：《美国躲过金融危机了吗》，载魏后凯、李景国主编的《中国房地产发展报告（2014）》，社会科学文献出版社，2014年，261～274页；以及［美］托马斯·索维尔《房地产的繁荣与萧条》，吴溪译，机修工业出版社，2013。

② 王志伟：《失衡背景下的房地产市场：泡沫与风险管控》，113页，经济管理出版社，2010。

利率的相应下降，也刺激着房地产需求不断上升，房地产市场进入持续繁荣阶段。为了给经济降温，从2004年6月到2006年6月，短短两年时间，美联储连续17次加息，将联邦基金利率从1%提升至5.25%[①]。住房抵押贷款的还款利息也大幅度上升，购房者的还贷负担大大加重，贷款违约现象开始出现并呈现增加之势。同时紧缩的货币政策也使房地产市场持续降温，市场接盘者趋于减少，整个房地产市场的自我循环功能退化，抵押贷款市场流动性面临断裂风险，随着房地产金融衍生产品风险的放大效应显现，引发次贷危机就是顺理成章的了。

美国次贷危机基本上就是一个明斯基金融不稳定假说的实战演习，随着债务从抵补性融资到对冲性融资的演变，再到市场狂热下的以贷款所购房屋再次抵押贷款，庞氏融资占据越来越多的市场，从而将不稳定直接推向危机。

四、对我国的启示

（一）美国储贷危机凸显出制度安排的适应性要求

美国储贷协会是一种互助合作性质的金融机构，成立于20世纪30年代，危机爆发于20世纪80年代。储贷协会为贯彻政府住房政策目标，积极发展住房贷款业务，为提高住房自有率作出了贡献，由此也获得了政府的许多支持，包括储贷金融机构许可证及其他立法扶持，使其在最初30多年里，发展速度甚至超过商业银行。储贷协会的经营特点是“短存长贷”和“固定利率”，即吸收短期固定利率的存款，发放长期固定利率的住房贷款，这就埋下了两方面的祸根——期限错配的流动性风险和利率风险。在20世纪70年代以后，随着通货膨胀率的提高，社会资金利率也随之提高，使储贷协会面临两难境地，如果维持原利率意味着存款会流失，业务萎缩，而提高存款利率则会加大成本，但是贷款利率为长期固定利率无法提高，客观上将导致经营亏损。美国政府最初的解决方案是放松对储贷协会的利率和经营范围限制，给予储贷协会更自由地开展业务。随后，储贷协会业务经营趋于冒险化，过

① 李新、周琳杰著：《中国转型金融风险问题研究》，172页，首都经济贸易大学出版社，2013。

多投资于高回报、高风险的领域，在 20 世纪 80 年代美国经济下滑、房地产价格普遍下跌的背景下，绝大多数储贷协会陷入流动性偿付危机，以及巨额亏损的清偿性危机。虽然没有引发大规模的房地产金融危机，但是也给美国社会敲响了警钟。为彻底解决储贷协会面临的困境，住房抵押贷款证券化以及房贷二级市场获得了发展机遇。

与日本住专破产案相似的是，储贷协会体系的生存发展，必须要有与之相适应的一系列制度配套和环境条件。当其赖以生存的基础发生改变，原有的制度要么随之变迁，要么被淘汰。美国教训与日本教训最大的不同点是，在危机面前，美国选择了制度变迁，引入了资产证券化和二级市场制度，成功地转危为安。而日本住专则永远消失了。

（二）宽松的金融环境更需要金融监管

美国次贷危机形成的重要原因之一，就是金融监管的放松和存在监管漏洞，放任了金融机构的冒险行为。日本金融监管就更为松懈，甚至土地泡沫已经处于膨胀之际，监管当局要求银行控制土地贷款总量，竟然不起作用。我国当前正处在金融深化改革进程当中，利率市场化、存款保险制度已经实施，金融机构混业经营正在逐步放开，民营银行市场准入正在破冰，互联网金融如火如荼，金融创新风生水起，等等，金融自由化已经离我们不远了，客观上给监管水平提出了更高的要求。全国现行金融监管机构主要是“一行三会”，容易导致两个不良后果，一是存在监管交叉区域，二是存在监管真空地带。为了防止发生美国式的金融监管失误，必须加强监管机构之间的协调配合，进一步明确监管责任，及时消灭监管真空，改进监管技术和管理能力，守住不发生大的金融风险的底线。

（三）房地产经济不可过度拉动经济增长

房地产具有实物稳定性和价值稳定性特点，既是人们生活必需品，又是投资的理想资产，因此本身就存在价格泡沫的易生性。同时，房地产业具有很长的产业链，其前向和后向带动产业多达 52 个，因此又具有拉动经济增长的客观功能。另外，基于“有恒产者有恒心，无恒产者无恒心”的理念，大多数国家都会将“居者有其屋”作为治国安邦的政策选择。房地产背负着多重政策目标。如果一个国家过度依赖房地产拉动经济，必然会出台有利于房地产发展的政策，如购房贷款支持、购房税收减免、财政补贴、降低利率、实行宽松的货币政策等，必然会招致更多的投资投机，不断推高房价，很容易催生房价泡沫和金融风险。美国的教训值得我国认真总结与汲取。

在1998年住房市场化改革之初，我国确立了以经济适用房为市场供应主体的思路，以使得80%左右的家庭都能够享受经济适用房，少数高收入家庭则通过市场解决。但是2003年国务院第18号文件将房地产提升为支柱产业，强化了房地产的经济功能，弱化了保障功能，逼迫大多数原本应该享受经济适用房政策的居民无奈入市购买商品住房。从这一年开始，住房价格连续加速上涨，催生泡沫。

第三节　德国房地产金融风险管理模式

一、基本内容

德国实行的是“社会法团市场经济”模式，一是所有经济活动都必须在立法的框架下进行，而立法需要经过社会各个利益阶层的协商博弈，保证了住房制度和政策的相对稳定性与合理性；二是体现中央政府与地方政府的分权分责。德国社会民主党的《哥德斯堡纲领》提出，“住宅必须得到社会的保护，而不仅仅是私人谋取利润的对象，鼓励建设公共住房，土地投机必须制止，必须通过税收抑制土地攫取非正当利润”①。这一旗帜鲜明的价值观受到了社会各界的高度认同，也对住房市场及其金融管理体系产生了重要影响。

德国房地产金融风险管理的基准是通过强调住房的社会属性和居住属性，抑制其经济属性和投资属性，清除泡沫生成的条件，保持房价的稳定。第二次世界大战以来，德国房地产金融风险从没有出现过，居民的住房问题也得到非常好的解决，维持了稳定的社会和政治局面。

房地产市场及住房金融也深深地铭刻着法律管制和社团约束的烙印。从历史动态视角观察，第二次世界大战后德国住房政策基本上是由四大政策体系所构成，并且随着客观环境条件的变化而适时做出调整。四大政策主要包括促进社会住房建设、租金及房价地价管制、促进自有住房建设、住房补贴等内容，既涉及支持住房供给，也涉及支持住房需求，还涉及抑制投机，同时都包含住房保障的内容。

健全的政策性住房金融体系为住房市场保持长期稳定起到了重要作用。政策性住房金融主要由两部分构成，一是各州政府设立或资助的地方性住房金融机构，为低收入群体建房、购房、租房等提供信贷支持或财政补贴，也为个人建设廉租房提供低息贷款；二是由全国31家住房储蓄银行构成的合同

---

① 余南平：《世界住房模式比较研究——以欧美亚为例》，3页，上海人民出版社，2011。

储蓄银行体系，国家通过该体系为符合条件的中低收入群体发放储蓄奖励和购房奖励。住房储蓄银行体系是德国最大的特色。

德国政府于1998年在住房政策领域开始了从“住房政策到住房市场政策”的市场化改革，四大住房政策体系均被改变。2001年重新修订“住房补助金法”，以使住房补助金数额与上涨的房租和消费价格相适应；还对“租赁法”作出有利于租赁人的修订；2002年出台新的《房屋建设法》，取代1965年主要致力于增加住房供应的《住房建设法》，将政府资助的范围从“大众模式”变为“剩余导向”，缩小了补贴的范围；2006年取消了“私有住房促进”计划，加上早已颁布的《中止住宅管制和保证社会租住权法》，由此完成了住房领域的市场化导向转变①。

通过设定地上权法，鼓励在长期租赁土地上建设产权房屋，逐年缴纳土地租金。这样，既减少了土地成本，又能够在短时间内有效增加土地供应，满足市场需求。地上权法是德国土地管理制度的一大特色，为稳定土地市场居功至伟。

总的来说，德国的住房政策取得了巨大的成功。作为欧洲人口最稠密的国家之一，从1977年至2007年的30多年间，在居民个人平均收入增长达3倍的前提下，住房价格平均才上涨了60%，相对于年均2%的通货膨胀率，房价在某种程度上呈现下跌态势。相反，在2008年国际金融危机中，德国房价不降反升，成为世界上最稳定的房地产市场。

二、成功做法

（一）注重运用市场经济规律，促进住房市场供求平衡

第二次世界大战后及20世纪90年代，住房短缺是当时房地产市场的主要矛盾，强调社会福利和公民基本居住权的德国政府，将解决居民住房问题作为工作的重中之重，通过多种渠道，以强有力的政策加大住房供给。一是运用财政补贴、税收优惠、低息贷款等对私人建房及开发商建房给予支持和

---

① ［德］比约·恩埃格纳：《德国住房政策：延续与转变》，左婷译，载《德国研究》2011年第3期，第26卷，总第99期，第14～23页。

资助，以增加住房供应；二是政府以优惠提供土地、资助等方式鼓励住宅合作社、大型单位等社会团体建造住房；三是政府鼓励合作建房、互助建房等住房供应形式增加住房供应；四是以低息或无息贷款扶持私人和开发商建设出租房。可以看出，政府增加住房市场供给的手段一般是通过支持、扶持、资助私人及开发商建房，而不是政府直接投资建房。目前德国人口大约8200万人，住房存量达4000多万套，满足每个家庭至少一套住房的基础上，还略有富余。充足的住房供应，是保持房价稳定的前提。

供求基本平衡以后，注重发挥市场的自我调节作用。一是及时取消房租管制法律，代之以市场化的房租，同时出台新的住房补贴法，用于超出低收入者可支付能力的房租部分给予补贴。二是及时逐步取消住房供给激励政策，以市场化的机制引导住房建设。三是逐步取消对大多数人的自有住房补贴和税收优惠政策，代之以保留少数低收入群体的住房保障。最终的政策趋势表明，市场化方向是殊途同归之路。

（二）强调住房的社会保障属性，政策目标成效显著

政府更多强调住房的居住属性、社会属性和保障属性，弱化并抑制其投资属性，通过多种渠道增加廉租房供应。一是政府资助公共住房建设。公共住房建设主要分两类，由政府住房建设基金建设的公共住房，和由开发商、住宅合作社或个人在政府资助下（一般是政府提供高达建设费用的85%的利率为0.5%的长期贷款）建设的公共住房。这些住房建成后必须在政府规定的租金标准内提供给低收入者，租金水平一般为市场价的50%～60%。在1949年到1979年间，政府建设或资助建设的公共住房数量达780万套，占同期住房市场新增量的49%[①]，有力地保障了低收入阶层的住房条件；二是规定房地产开发商必须将一定比例的面积（一般是20%）作为低价出售、出租的房屋，面向低收入家庭；三是以优惠供应土地的方式鼓励开发商建造廉价出租房，政策性的租金与市场化租金的差额由政府补贴给开发商。

政府还为中低收入阶层提供多种住房救助。一是对低收入群体发放房租

① 孟艳：《我国住房金融的体系重构与政策优化》，63页，经济科学出版社，2013。

补贴，居民实际需要缴纳的租金与可承受租金之间的差额由政府补贴，居民可承受租金按不超过家庭年收入的25%核定。二是对中低收入租房者实行法律保护。三是通过住房储蓄银行体系对中低收入个人或家庭给予储蓄奖励和购房奖励。从中发现，政府对住房政策目标的调节，主要是通过对住房金融市场的干预来实现的。

按照“混合经济”理论，德国的住房保障领域以政府资助、扶助的方式，引导私人和社会资本建设和提供公共住房的模式，纯粹就是“混合经济”模式的实践。

（三）独有的房地产价格社会估价机制为稳定房价发挥了巨大作用

德国房价稳定机制的最大特色，是以住房协会和住宅合作社为代表的社会法团发挥的特殊作用。一方面，作为非盈利组织的法团拥有数量较大的住房存量，这些住房在建设期间就接受了政府财政的不同形式的资助，同时也就承认了政府对它们的租金和出售价格的约束。另一方面，这些住房专业团体连同各地成立的“房地产公共评估委员会”，以及私人估价师，对当地的房价和地价都做出了公正的估价，以“指导价”的方式对交易双方进行约束。专业的注册评估师需要对评估结果的公正性承担长达30年的责任。这种房地产价格决定机制已经成为了德国社会共同的价值基准理念。另外，德国法律规定，对房价、地价、房租存在暴利行为的，予以严惩。如超出当地“合理价位”20%者，违法者面临最高可达5万欧元的罚款。对于超出“合理价位”50%者，则面临最高3年的牢狱之灾①。

（四）成功的住房储蓄银行制度是住房市场和金融市场健康运行的保证

可以说，德国的住房储蓄银行体系是集政策性住房金融功能、商业性住房金融功能、互助性住房金融功能于一体的伟大创举。其特点主要有以下五点。一是固定利率。住房储蓄银行体系中的存、贷款利率均不受货币政策和供求关系影响，实行较低的固定利率制度。二是封闭运行。住房储蓄银行体系中的资金，必须专款专用，全部用于为开发商提供建设贷款以及储户住房

① 余南平：《世界住房模式比较研究——以欧美亚为例》，55页，上海人民出版社，2011。

贷款，直接受托支付给开发商。该模式保证了开发商真正实现了订单化建设，降低了开发商的风险，也降低了金融机构的风险。三是存一贷一。储户首先要与住房储蓄银行签订协议，规定每月的存款额及总合同额。当存款达到储蓄合同总额的一半时，储蓄银行将为该客户配套与存款额相同额度的贷款，统一交给建房者。先存款后贷款的制度，彻底消除了贷款断供的风险，也消除了投机的土壤。四是具有政策性金融性质。国家奖励手段的嵌入使住房储蓄银行承担了政府对低收入群体住房的保障性职能。国家一方面通过住房储蓄银行体系为年收入不超过25600欧元的个人或不超过51200欧元的夫妻提供住房储蓄奖励，奖励的标准以储蓄存款的10%为限，每年最高奖励不超过51欧元。另一方面国家还对借助住房储蓄建房的家庭，一次性给予贷款总额14%的奖励[①]。雇主一般自愿每月向雇员的住房储蓄账户支付雇员资金积累款，每月不高于40欧元。另外，纳税基数低于17900欧元的雇员，还有权向政府申请针对雇员资金积累款的奖励。五是国家规定住房储蓄银行不能开展其他银行业务的经营活动，只能专注于住房储蓄贷款领域的业务，受联邦信贷监督局的监管。

三、存在的问题

（一）政府在住房领域承担责任过重，住房补贴提供过多，导致财政压力不堪重负

1956年制定的《住房建设法》，确立了帮助广大市民阶层拥有私有住房的政策目标，当时的住房补贴是一种“大众模式”。政府在住房领域的财政支出，一是直接资助公共住房建设。对非盈利性的住房建设，政府将从私人手中购买的土地租赁给建房企业，并且提供高达建设投资50%的无息贷款，期限长达25年，利息由政府承担。经过20世纪50年代大规模的资助公共住房建设，到1960年新建的400万套住房中，政府资助的就占60%。二是房租补贴。1960年取消房租管制以后，租金经历了快速上涨的过程，使得中低收入

① 余南平：《世界住房模式比较研究——以欧美亚为例》，40页，上海人民出版社，2011。

者难以承受，于是1965年政府实施《住房补贴法》，为中低收入阶层提供租金补贴，补贴金额考虑家庭人口、收入、租房面积、租金等因素综合而定，确保每一个家庭都有住房消费能力。德国接近60%的家庭租房居住，20世纪60年代，德国的房租每月平均为每平方米1.5马克，20世纪70年代上涨到了4.5马克，[①] 政府的租金补贴使财政压力重重。三是税收优惠政策鼓励私人建房购房。建、购房费用可以在前8年内折旧40%，相当于每年可以将5%的建房费用从个人所得税中扣除。免征地产转移税和10年的地产税。这项政策实际上主要优惠了高收入阶层。四是自有住房补贴。1996年开始实施，2003年时该项补贴财政支出就达110亿欧元，成为最大的一项财政补贴项目，由于实施效果不佳而且财政负担过重，终于2006年被取消[②]。住房福利过多，导致德国财政压力过大，不利于国家财政安全和金融稳定。

（二）低租金的公共住房难以实现良性循环

德国的公共住房并非完全意义上的公共物品，更多的是由财政资助、团体或私人经营管理的政府与市场相结合的产物，实际上是一种我国目前正在倡导的PPP模式。该模式的好处是政府只需投入少量财政资金便可以撬动更多社会资本，达到与政府投资同样的效果。而且，大多数公共住房建成后是由私人管理，客观上还存在管理和运营成本低的优势。但是，1997年开始，德国政府鼓励进行公共住房私有化，如德国邮政将39000套公共住房出售给德意志银行的下属子公司，从此公共住房私有化进程大大加快[③]。之所以会发生如此大的政策转向，主要原因，一是联邦政府和州政府等地方政府出现了严重的财政赤字，需要通过包括出售公共住房在内的多种措施改善政府财政状况。二是由于德国政府要求公共住房实行低租金的政策，公共住房的租金收入过低，入不敷出，导致房屋修缮和经营维护困难重重，不能形成自身的良性循环。

① 孟艳：《我国住房金融的体系重构与政策优化》，65页，经济科学出版社，2013。

② 左婷、郑春荣：《德国住房政策的转变及其原因分析》，载《中外企业家》，2011（10），282页。

③ 左婷、郑春荣：《德国住房政策的转变及其原因分析》，载《中外企业家》，2011（10），282页。

四、对我国的启示

（一）住房储蓄银行制度的成功，必须以相关配套制度的同时建立与配合为前提

德国住房储蓄银行的成功及美国储贷协会制度的失败再一次说明，每项制度都有其生存和发展的环境和配套条件。德国的住房储蓄银行与美国储贷协会从最初的制度设计看，非常相似。但是，存在三个明显的区别。第一，德国的住房储蓄银行是一个封闭的体系，存款和贷款都有严密的对应关系，都是为了购房而储蓄的。而美国的储贷协会在发展的过程中，脱离了存贷挂钩的限制，而是成为开放的住房贷款银行，但是其固定利率的制度又与经营定位存在不可调和的矛盾，客观上无法避免流动性风险。第二，德国的住房储蓄银行制度与国家住房奖励和储蓄奖励实现了有机结合，成为带有政策性特征的制度，对储蓄者具有难以抗拒的吸引力。而美国的储贷协会则没有政府财政补贴和其他优惠，完全商业化运作，对储户没有约束力。第三，德国经济在第二次世界大战后保持了超乎寻常的长期稳定，也为住房储蓄银行体系的成功提供了宏观环境。而美国宏观经济则相对起伏较大，发生过 20 世纪 80 年代的经济衰退、2000 年的新经济泡沫破裂、2007 年的次贷危机等，宏观环境大的改变使储贷协会制度难以生存。

（二）德国住房政策市场化转向说明政府管制过多并非最优选择

早在 1960 年开始，德国就启动了住房管理领域的市场化改革，于 2002 年就基本上实现了市场化导向的改革。德国房价的长期稳定，并非管制模式的成功，而是德国法律、社会价值观、专业协会、社会团体、住房储蓄银行、合作建房模式等多种因素相结合的结果。主要因素有几点：第一，社会市场原则替代了市场原则。社会法团、住宅合作社、评估委员会、注册估价师等第三方公正的房地产估价力量，对房地产合理价格的形成起到了显著的作用。法律对房价地价暴利的制约起到了明显的威慑作用。第二，政府长期致力于增加供应的各种政策，以及鼓励多元化供应方式的做法，维持了房地产市场保持供求平衡、适当富余的局面，目前住房存量达 4 千万套，德国家庭数大

约为3800万户，充足的供应稳定了市场预期。第三，住房储蓄银行体系独特的存款与购房一一对应的模式，使住房建设计划、建设资金来源、住房销售等不确定的因素通过该体系得以明确，降低了房地产开发的市场风险，同时也降低了金融风险。第四，特殊的历史经历，尤其是第二次世界大战使大部分住房毁灭的事实，使得德国人意识到将财富集中在住房上存在巨大风险，因此包括富裕阶层在内的大多数德国人并不愿意购房，而愿意租房，法律对租房者的保护使租房的保障不亚于购房。这也是作为发达国家的德国，其住房自有率只有41%的主要原因。

（三）合作建房等多元化供应模式，有利于市场竞争和保持房价稳定

德国住房供给方式多元化，有私人市场化提供、社团提供、政府鼓励非盈利性机构提供、大型企业开发建设等，尤其特殊的是，合作建房模式已经成为德国住房供应最重要的方式之一，大约占据每年新建住房中30%多的市场供应份额①。合作建房模式的实质是以互助的方式解决住房问题，主要参与者是城市中间阶层，主要的组织者是社团、居民委员会或大公司雇员组织。合作建房模式之所以能够在德国发展起来，主要得益于社会基于住房的根本属性就是保障人的基本生活权利的价值认同，以及政府的大力提倡和政策资助。政府的扶持政策主要包括，一是提供期限长、利率低的优惠贷款；二是为商业性的贷款提供担保；三是提供合理价格的土地；四是提供优惠税收政策支持；五是对合作社持有经营的出租房承租人提供租金补贴。该模式有效增加了住房供给，较好地解决了广大中间阶层的居住需求，打破了开发商的市场垄断，对稳定房价十分有利。

① 余南平：《世界住房模式比较研究——以欧美亚为例》，55页，上海人民出版社，2011。

第四节　新加坡房地产金融风险管理模式

一、基本内容

新加坡是一个典型的城市国家，国土面积小，人口少，建国晚，起点低，但是发展非常快，已经成为世界上最发达的国家之一。该国实行自由市场经济体制，政府对国家的社会经济生活进行了强有力的干预和调控。在房地产领域和房地产金融管理方面，体现两大特点，一是实行了高覆盖的公共住房制度，二是实行了全覆盖强制性的中央公积金制度，成就了该国以政策性住房贷款为主的住房金融格局，低房价低利率的组屋住房贷款组合，成为住房金融市场稳定的基石。

在新加坡建国初期，住房短缺矛盾非常突出。政府将解决国民的住房问题置于战略性地位，经过近 30 年的努力，政府便为 86% 的人口提供了较体面的住房，而且其中 81% 的公共住房产出售给居民个人①，这是任何一个国家都没有做到的。从而成功地跻身住房解决最好的国家行列，成为包括中国在内的许多国家学习的典范。新加坡住房市场最鲜明的特点，是在国家强力干预下，拥有市场经济国家中比例最高的保障性住房市场——政府组屋市场和比例最低的商品住房市场，而且这两个市场是完全隔离的。

建屋发展局作为承担政府政策性住房的责任部门，具体负责公共住房建设和分配，为中低收入阶层提供政府组屋，并为受保障家庭提供住房贷款，基本上覆盖了全国 80% 以上的家庭。政府组屋所需土地由政府免费划拨，建屋发展局为非盈利组织，不追求利润，因此组屋成本低，结构齐全，保证了各类中低收入人群都有能力买得起或租得起住房。

中央公积金制度覆盖了全国所有人群，涵盖了包括住房储蓄、养老、医保等所有政府公共服务体系，为强制性储蓄制度，每月由雇主和雇员分别按

① 余南平：《世界住房模式比较研究——以欧美亚为例》，133 页，上海人民出版社，2011。

工资的一定比例存入雇员的公积金账户，作为雇员住房储蓄、养老和医疗的保障基金。中央公积金中心通过强制性储蓄，累积了巨额的资金，为建屋发展局和建筑商提供建房资金，为居民家庭提供购房贷款所需首付款，一般为20%，以后每月的贷款本息都可以从公积金账户中提取。

二、成功做法

（一）组屋制度与中央公积金制度的有机结合是住房制度成功的关键

政府组屋市场在新加坡总体住房市场中，占据80%以上的市场份额。组屋制度经历了三个明显的阶段。一是在1964年以前，政府以财政投入，以建屋发展局为主体，大量建设公共廉租住房——政府组屋，分配给无房的家庭。二是在1964年以后，政府本着建立一个“有产”社会的理念，推出“居者有其屋”计划，促进住房自有化。建屋发展局为大量中低收入者提供了低价的组屋，但是由于低收入的现状，制约了住房消费能力。政府给予大量财政补贴，又使财政压力不堪重负。仅仅依靠建屋发展局大量建设组屋，但是缺少金融的支持，使低收入者购房能力不足的矛盾得不到有效的解决，从而使政府组屋计划实施的效果大打折扣。三是为解决存在的矛盾，新加坡政府于1968年修改了中央公积金法，允许居民运用本来属于养老和医疗用途的公积金购买政府组屋，从此形成了独特的中央住房公积金和建屋发展局相结合的制度框架。中央住房公积金制度成为住房金融市场最重要的资金来源，充足的资金帮助政府组屋计划得以顺利实施，取得了巨大的成功。

在引入中央公积金对居民购房支持以后，中央公积金强制性储蓄积累的巨额低成本资金，一方面为居民缴纳购房首付款提供了保证，另一方面为建屋发展局提供了源源不断的资金来源，使得后者大量建设组屋并且发放住房抵押贷款成为可能。两项制度组合在一起，从而形成了这样一个良性循环：建屋发展局从中央公积金取得资金—大量建设组屋—向符合条件的中高收入以下阶层低价销售组屋—中央公积金提供20%首付款—建屋发展局提供低息贷款—中央公积金提供每月的贷款偿还支持—大量居民拥有了属于自己的住房。说明有效的住房金融制度，是一国住房市场健康发展的关键因素。

（二）政府注重增加市场供给及实行高覆盖的住房保障制度，房地产金融风险失去基础

新加坡在建国之初，政府就将住房保障和住房供给摆在非常重要的地位，大规模建设公共住房，用较短的时间就满足了居民基本的住房需求。保障性的政府组屋，覆盖了全国大约86%的居民，起到了住房市场“定海神针”的作用。一方面，政府组屋占据住房市场的绝大部分份额，组屋价格保持低位稳定运行，也在一定程度上起到了抑制商品住房市场价格过快上涨的作用。另一方面，即便商品住房市场价格上涨，也只影响到少数的高收入家庭和外籍人士，对接近90%的群体均无影响。这就决定了风险承担能力弱的群体，由于受政府保障，不存在贷款的信用风险；而风险相对高的商品住房市场抵押贷款，由于贷款主体为风险承担能力强的群体，而且商业性住房贷款总量只占全国住房贷款的40%左右，所占商业银行全部贷款的比例则更低，因此爆发金融风险的可能性大大降低，风险基本可控。

（三）实行组屋市场与商品住房市场隔离运行的制度，成功地稳定了住房市场价格

政府组屋基本上属于封闭运行。对于政府提供的低成本组屋，有严格的管制法规。组屋一级市场只允许本国公民中的中低收入者购买，同一户家庭不允许购买第二套组屋，所购组屋五年内不允许转让，如确需在五年内转让，则由政府原价回购。超过五年的如转让，则需向政府缴纳费用。组屋二级市场的购买者也限定为新加坡公民和持永久居留权的人。使用公积金支付首付款和月供的，卖房后必须将所使用的公积金归还到自己公积金账户，等等，这样就可以避免购买多套房子和套取公积金的现象。少数高收入群体和外国人，则不能享受低价政府组屋的待遇，只能依靠完全商业化的市场解决住房。

三、存在的问题

（一）存在公共干预过度的问题

政府组屋占据住房市场的绝大部分份额，覆盖了全国大约86%的居民，造成了政府投资过大的问题。新加坡每年用于公共住房即政府组屋建设的投资大约占其国内生产总值的9%。相比较而言，德国、日本每年住房投资占其国内生产总值大约在5%～6%，而美国更低，大约只占4%。政府投资挤占了私人投资空间，市场化的商品住房面对的客户群体只占新加坡常住人口的15%左右，以及海外投资者。

与特殊的住房市场结构相对应，新加坡的住房金融领域，也是政策性住房金融机构“一家独大”，政策性的住房抵押贷款最高占到全国住房抵押贷款的80%以上，目前大约占60%的比例。在此背景下，商业性的住房金融体系就难以发展起来，处于非常弱势的地位，一定程度上不利于一个开放的、市场化的房地产金融体系的建设。

（二）现行制度有可能损害中央公积金养老保障功能

经济学理论显示，存在预算约束的情况下，如果用于购买一种商品的费用过多，那么可用于其他消费的费用就相应减少。按照目前的中央公积金制度，居民的公积金账户可以支付贷款购房的首付款和月供还款。中央公积金制度，本来是作为解决居民养老、医疗等社会保障而设立的，按照现行规定，雇主和雇员每月分别缴纳工资的20%进入雇员的公积金账户，用于住房、养老、医疗等。由于没有将住房保障与养老、医疗保障分账户管理，存在住房保障过多时，将会挤占养老和医疗方面的费用。这种矛盾在人口整体处于年轻化的时候不会突出，但是一旦步入人口老龄化，养老和医疗所需费用将大大增加，届时资金被“挪用”的问题就将凸显。

（三）新加坡制度模式对于其他国家的局限性

新加坡房地产金融市场的成功，不仅仅是住房组屋制度和强制性的中央公积金制度，更重要的是其高效廉洁的政府体系、城市国家信息的可获得性、交易（管理）成本的可控，以及过少的国家人口。新加坡城市型国家的独特性，决定了其经验不具有普遍推广意义，但是也具有一定的借鉴意义。第一，尽管新加坡实行土地私有制，但是政府实行土地储备制度，有权从私人手里征地，用于公共建设和房地产建设需要，由此保证了政府组屋土地的成本控制。第二，政府以前瞻性的规划来平衡各区域和各阶段的土地供求，并建立了公开透明的土地出让制度，从而减少了因信息不对称而产生的土地投机活动。

四、对我国的启示

（一）保障性住房市场与商品住房市场隔离运行是有效降低房地产金融风险的重要途径

在亚洲金融危机中，新加坡的房地产市场和金融市场均保持了相对稳定的状态，成功抵御了亚洲金融危机的冲击，一个重要的原因，具有一定分量的独立运行的公共住房市场和以保障性住房贷款为主的房地产金融市场，起到了保驾护航的作用。新加坡的公共住房即政府组屋市场庞大，覆盖率高，86%的家庭享受到了政府组屋的福利，而且政府组屋市场并没有与商品住房市场并轨，而是隔离运行，依靠严格的管理制度对组屋的交易进行了限制，得以维持了组屋市场房价的低位运行。与此相对应的房地产金融市场，也是政府组屋按揭贷款占据最大市场份额（60%），得益于没有任何泡沫的保障性组屋市场，成就了政策性的政府组屋按揭贷款市场难以形成金融风险。同时，庞大而低价位组屋市场的长期存在，一方面，使得商品住房市场难以过分上涨，另一方面，即便商品住房市场出现一定程度的房价泡沫，其对应的房地产金融风险也相对可控，因为商品住房市场的购房者和借款人都是风险承受能力很强的高收入人群，而且他们往往更注重自己的名誉和信用记录，不会轻易使贷款违约。这就不难解释为什么新加坡能够在亚洲金融危机中独善其身了。

（二）住房公积金制度必须与住房保障制度有机结合才能成功

新加坡中央公积金制度之所以能取得成功，关键的一点是其高覆盖率的组屋制度与之配合。1955 年，新加坡开始实行强制性的中央公积金制度，要求所有受雇的公民和永久居民都必须参与，采取雇主和雇员每月向雇员的公积金账户存入一定比例的金额，以备疾病、养老、医疗等急需时所用。开始时规定每月缴存比例为雇员月工资的 5%，目前已提高到 20%。但是在 1968 年以前，中央公积金制度并没有与政府组屋制度相结合，也并没有发挥出住房保障的功能。当时限于政府财力和个人住房消费能力，住房保障效果并不理想。为解决存在的资金矛盾，新加坡政府于 1968 年修改了中央公积金法，允许居民运用本来属于养老和医疗用途的公积金购买政府组屋，从此形成了独特的中央住房公积金和建屋发展局相结合的制度框架。中央公积金强制性储蓄积累的巨额低成本资金，一方面为居民缴纳购房首付款提供了保证，另一方面为建屋发展局提供了源源不断的资金来源，使得后者大量建设组屋并且发放住房抵押贷款成为可能。中央住房公积金制度成为住房金融市场最重要的资金来源，充足的资金帮助政府组屋计划得以顺利实施，取得了巨大的成功。

我国大多数城市学习引进新加坡公积金制度，建立我国住房公积金制度，大约已经有二十年了。但是，越来越多的文献显示，这项制度不但没有能够发挥为中低收入阶层住房保障的作用，反而起到了恶化收入分配状况的“马太效应”，基本上形同鸡肋。说明一项制度要想取得成功，必须有配套制度与之结合。新加坡有低成本的政府组屋制度与中央公积金制度配合，而我国却没有高覆盖率的住房保障与公积金制度相配合，住房公积金制度独立无援。

第五节　国外房地产金融风险管理模式的比较与借鉴

日美德新四国都早已完成了工业化和城市化，进入成熟的发达国家行列。虽然都是市场经济国家，但是各国情况不同，房地产市场和金融风险管理的模式也不同，都取得了成功的经验，也有一些失败的教训，值得我们借鉴。

一、国外普遍采用的成功做法

（一）政府注重促进房地产市场的供求平衡是房地产金融风险管理的保证

上述各国实践证明，一个供求平衡的房地产市场，是房地产金融市场稳定的前提。因此，在住房短缺、需求旺盛之时，各国政府都非常重视房地产市场的供给调控，通过多种手段平衡供求关系。

1. 各国都将增加住房供给置于最重要的地位。一是上述各国都有在短缺时代政府直接建设公共住房的经历。二是都有支持住房供给的优惠政策，通过提供低息无息贷款、优惠税收政策、财政补贴等手段扶持开发商和个人进行住房建设，以尽可能增加市场供给。三是各国都鼓励住房供给的多元化。尤其是德国的合作建房模式，提供了低价并且丰富的住房供给，非常值得借鉴。重视增加供给使各国在较短的时间内基本满足了民众的客观需求，减少了市场的恐慌心理，使民众产生了对政府的信任，达到了稳定市场的效果。房地产供给主体多元化，就打破了市场可能形成的垄断，有利于及时增加供给，促进房地产市场的供求平衡。

2. 各国都非常重视住房保障。基本上都是通过强有力的政府住房保障制度和完善的政策性住房金融体系，更好地起到了服务于中低收入群体住房目标的作用。从上述四国经验中可以发现，他们大都经过了从政府直接建设和分配公共住房，到政府以财政、税收、信贷等优惠政策支持具有公共住房性质的私人开发提供，再发展到以财政、税收、信贷等优惠政策支持商品住房私人开发、支持消费者购房或租房的过程。政府建设公共住房一般只有在住房短缺的时期才会发生。这种做法虽然可以在短时间内满足最低的住房需求，但是其弊端也很多，一是加重财政负担，提高政府债务；二是导致资金短缺，而且提高管理成本；三是降低经济效率；四是容易导致腐败寻租活动；五是容易扭曲市场主体行为，不利于市场机制作用的发挥。于是大多数国家在度过住房短缺阶段以后，都不约而同地选择经济手段和市场化路线进行住房保障。美国主要是以税收减免、财政补贴、抵押贷款担保等手段，支持低收入群体的购房或租房需求。德国、日本、新加坡对低收入群体的保障更到位，尤其是新加坡对中等和较高端收入群体的住房保障都覆盖了。在市场化住房保障模式中，德国的住房储蓄银行体系和多元化的住房供给模式，一方面供给主体更为多元化，有各种社团、住宅合作社、合作建房、大型单位等，供给更充分。另一方面政府对供给主体的资助和扶持更趋于市场化，政府的直接干预更少，尤其是德国稳定的住房储蓄银行体系，使住房供需更为对应，使低成本的住房供给更充分，低收入群体的住房问题更容易得到解决，房地产金融市场更容易保持稳定。

3. 各国都有稳定市场、抑制投机的政策体系。如美国通过住宅租赁法规、不动产财产税、遗产税、承担房屋区域内民事责任等综合法律体系，对住房投机给予了有效的制约。德国、新加坡的管制就更为严厉，新加坡的公共住房市场实行与商品住房市场隔离运行，因此市场的稳定性更好。

4. 各国土地都实行私有化制度，实行完全市场化供给，但是政府调控方式不同。上述各国都有土地储备制度，而且实施的效果较好，主要是以土地银行采用市场化的方式征购土地，关键的一点，政府储备土地目的不是牟利，而是为了平抑土地市场供求，促进土地市场均衡。由于历史原因，美国政府拥有不少土地，因此政府对土地市场具有很强的调控能力。但是在次贷危机前的房地产市场过热阶段，部分州政府对土地进行管制，推高了土地价格和房价，形成了泡沫。德国政府虽然手中不像美国政府那样掌握大量土地，但是各级政府都有详细的房地产发展规划，信息公开透明，便于市场决策，并且通过鼓励长期租赁、引导和鼓励土地开发建设的法规，促进了土地市场供给的有效增加，维持了房地产市场的供求均衡，在土地市场的调控非常成功。

5. 各国都不约而同地推行自有住房政策。孟子说，“有恒产者有恒心，无恒产者无恒心”，只有让百姓拥有稳定的财产和收入，让百姓安居乐业，社会才能稳定。这种治国之道，在任何国家、任何阶段都有其广泛的积极意义。上述各国都将提高自有住房率作为政府施政纲领，通过对购房者提供税收减免、金融支持、加速折旧、财政补贴等不同方面的优惠政策，鼓励私人买房，提高住房自有率。

6. 各国都已形成发达的房屋租赁市场。房屋租赁市场可以快速、低成本、高效率地解决最基本的住房条件，对缓冲住房短缺矛盾、稳定住房市场价格、稳定社会情绪具有积极作用。但是一个发达的住房租赁市场，有赖于政府健全的法制环境和健康的市场秩序。各国房屋租赁市场都有明确的法规，尤其是德国，尽管取消了租金管制，但是由于对双方权利的保护性政策及第三方对租金合理的定价机制，形成了运行良好的房屋租赁市场，有力地促进了房价的稳定。

（二）完善的房地产金融体系是房地产金融风险管理的基础

1. 各国都建立了完善的房地产金融体系。虽然上述各国房地产金融体系的特点不同，如美国是市场化的金融体系，以资本市场作为房地产金融资源配置的主导力量。德国是典型的银行主导型金融体系，合同型的住房储蓄银行体系为主导力量。日本以大银行为金融体系的主导者，在房地产金融领域，政策性的住宅金融公库与商业银行成为市场的双核。新加坡是高度的政策性住房金融体系占据市场的绝对份额。但是，各国都建立了完善的房地产金融体系。

金融机构健全。各国以政策性住房融资和担保机构、住房储蓄银行、从事住房抵押贷款业务的商业银行、房地产基金、房地产信托、房地产直接融资、抵押贷款证券化等，组成了多元化的金融体系。

各国均已形成住房贷款一二级市场。尤其以美国房地产金融一级市场和二级市场为最发达。美国建成了世界上最为完善的房地产金融一二级市场，其一级市场主体多元，竞争充分，金融服务的提供也更为丰富，使房地产市场对金融服务的需求能够得到更好的满足。二级市场为一级市场源源不断地提供了资金支持，为社会提供了收益较高的投资理财渠道，同时也分散了抵押银行的流动性风险。但是其金融衍生产品的风险较大，监管难度加大。其他三个国家以抵押贷款一级市场为主，二级市场为辅，二级市场也为一级市场提供了支持。

房地产金融资源的市场化配置是各国的共同政策。各国对商业性房地产金融机构的准入管理，以市场化为主，机构的进入和退出均可以依法自由流动，基本上形成了市场化的金融资源配置机制。政府对金融市场的调控，基本上都采用间接手段，具体以利率、货币投放以及公开市场操作的方式来完成。

2. 政策性住房金融体系与住房保障政策的结合是住房制度成功的必要条件。政策性住房金融机构在各国的住房保障方面都起到了不可替代的作用。

其一，在政策性住房金融体系尚未完善的阶段，各国的住房保障效果均不是很理性。日本在三大住房支柱政策建立以前的五年左右，仅凭政府一己之力，其公共住房建设计划的实际执行情况很差，住房政策目标的实际完成程度与客观需要差距仍然很大。在 1950 年开始采取长期的住房保障政策即三大住房支柱政策以后，仅仅用 18 年的时间，就实现了全国平均一户一套房的目标。美国在以政府投资建设公共住房为主的年代，也走过了坎坷的历程，政府的住房建设完成情况与计划的差距相当大。在转向以市场化的建房补贴以及与住房金融相结合的道路后，住房保障目标得到了较好的落实。德国和新加坡也都经历了几乎相同的过程。究其原因，主要是，第一，公共住房建设需要大量资金，如果缺少金融手段的支持，其效果必然大打折扣。第二，如果没有金融的支持，政府建设的公共住房就会与中低收入者的实际消费能力相脱节，往往导致供求不匹配。

其二，各国建立起完善的政策性住房金融体系以后，住房保障效果得到明显改善。美国作为一个大国，虽然政策性住房金融机构起着辅助作用，政策性金融的运作模式也是市场化、间接的方式，但是其政策性金融层次较多，功能齐全，通过为商业银行的中低收入者抵押贷款进行担保和以证券化为目的的收购，有力地提高了国民的住房自有率，2004 年最高时曾达到 69%，为西方发达国家中住房自有率最高的国家之一。新加坡的中央公积金机构和建屋发展局在住房金融领域占有统治地位，日本的住宅金融公库、德国的住房储蓄银行体系起到的都是基础性作用。目前德国主要以政府拥有的住房储蓄银行体系行使政策性金融功能，政府对低收入群体的政策性支持通过对居民在储蓄银行的账户补贴来实现。而且这类住房储蓄银行不大量建设分支机构，而是将业务委托给同类型的商业银行网点，从而节省了大量费用，有效控制了成本。

其三，政策性住房金融体系都成为本国房地产金融风险管理的稳定基石。美国的政策性住房金融体系，一方面通过为低收入家庭住房贷款提供担保，起到了降低金融风险的作用。另一方面，通过抵押贷款二级市场的成功运作，有效分散了抵押贷款银行的流动性风险，促进了整个房地产金融体系的良性循环。新加坡的政策性住房金融体系与公共住房制度相结合，解决了80%以上家庭的住房需求，从而使整个国家的房地产金融市场实现了平稳发展。德国的合同型住房储蓄银行体系，使订单式的住房供应成为可能，降低了房地产市场的销售风险和价格风险，成为德国房地产市场长期稳定的主要功臣。

3. 金融市场已经或正在成为各国住房市场资源配置的决定性力量。美国由于政府直接建设公共住房的低效率，从20世纪70年代以来，政府就不再进行直接建设，而是通过金融支持、税收减免、财政补贴等金融经济政策对市场进行调控。在需要促进住房供给时资助开发商和个人增加住房建设，在房地产市场过热时通过减少政策资助、通过提高利率等手段降温，等等，而不是直接干预市场，以免扭曲市场信息。对于低收入群体的住房保障，政府也是主要通过住房金融市场的手段来解决的。一方面，政府通过鼓励和引导商业性金融机构加大对低收入者即次级借款人的购房贷款支持，另一方面通过政策性住房金融机构加大对低收入者贷款购房的担保力度，促进了住房政策目标的推进。

德国在传统的四大住房政策进行市场化改革以后，政府对住房市场的干预，主要通过对住房金融市场施加政策影响来间接调节住房市场供求，一直坚持法制手段、财政手段、金融手段等间接手段进行干预，而不是直接干预住房市场。这样，不会因为政策而导致微观主体行为扭曲，非常有利于市场机制的正常运行。

随着房地产越来越趋向金融化，金融市场对房地产市场的影响日趋增强。

（三）各国普遍存在政府对房地产金融市场的调控行为

1. 政府“有形之手”处处可见，但主要体现在住房保障领域。尽管各国都实行市场经济制度，但是住房市场都存在政府干预。新加坡政府对住房市场干预程度最高，政府不但承担了80%以上本国公民家庭的住房供给，还占据抵押贷款市场60%左右的市场份额，基本上可以说，新加坡的住房市场，其绝对的主体就是政府组屋市场。日本、美国在正常情况下，政府主要是对中低收入者的住房领域进行干预。只有在非常时期，如房地产市场泡沫破灭并引发金融危机时，政府才出手采取行政手段对商品房市场进行适当干预，并结合长效制度的建设，使房地产金融市场得以在危机过后实现恢复和完善。德国尽管已陆续取消住房市场的政府管制手段，但是房地产金融市场还是维持了惊人的稳定，即便在次贷危机引起全球经济危机之时，也没有发生过房地产价格泡沫和金融风险，得益于该国稳定的宏观经济环境、稳定的法律法规、多元化的房地产市场供给渠道、对投机行为的社团约束机制、有效的住房保障制度等多方面综合的因素。

2. 调控手段间接化、法治化和制度化。第一，各国一个非常鲜明的特点，那就是立法先行，立法是实现住房市场调控的前提。以经过严密论证流程的法规管理市场，有效减少了调控的随意性。相对稳定的政策环境又为市场保持稳定状态创造了条件。第二，各国基本上都是以财政补贴、减免税优惠、金融信贷或担保支持、货币政策等经济的手段，对商品住房市场实现间接调控，而不是直接干预。包括以政府管制而闻名的德国和新加坡，对商品住房市场均已经退出直接干预，实现了间接调控，促进了市场的良性循环，取得了成功。

3. 诚信是房地产金融风险管理的重要手段。一方面，良好的社会信用是金融赖以生存的生态条件，如果社会缺少了信用，金融就不会再向前发展了。另一方面，诚实守信也是政府对房地产市场调控的物质基础，如果人们不讲诚信，弄虚作假，抑制房地产泡沫的许多做法就会失效。在这方面，美国、德国做得非常好，社会信用管理严密，形成了诚信者处处受惠、失信者处处受限的制度和社会氛围，极大地提高了政府调控政策的效力。

4. 各国都能够注重制度的适应性，及时进行制度变迁。如日本对三大住房政策支柱体系适时进行了改革。随着全国住房总数超过家庭总户数，日本对三大支柱政策也先后实施改组，增加了机构市场化运作的自主性。如在2004年将住宅公团从依靠政府的特殊法人改革为独立行政法人，自主经营。在2007年将政策性住房金融体系中最重要的住宅金融公库改革为独立行政法人，不再享有国家信用，自主经营，自负盈亏，从而将政府干预领域大部分退还给了市场。二是在地产泡沫愈演愈烈之时，日本于1989年出台新的《土地基本法》，主要目的是打击投机，并且还于1991年按照《土地基本法》的精神，提出《综合土地政策推进纲要》，对抑制土地投机、引导土地合理利用、增加土地供给、强化土地规划、严控土地信贷规模、增加土地税收等多方面进行改革，这在一定程度上对投机行为形成了约束。可以看出，各国制度变迁的目的，是为了增加市场活力，一方面可以提高统治者的地位，稳定其权力，另一方面可以通过搞活微观市场增加地方政府的税收。因此，存在制度变迁的动力。由于各国都是属于资本主义市场经济国家，因此制度变迁的路径依赖并不明显。

（四）住房领域更加趋于市场化是各国共同的方向

日本分别于2004年和2007年改革住宅公团和住宅金融公库职能，取消国家信用背书和政策性金融职能，使其成为自主经营、自负盈亏的独立法人，同时也将住房领域大部分的政府权力还给了市场。

美国在次贷危机之后，对住房制度和房地产金融市场进行了改革，更加注重强调维护市场化的运行机制，更加注重对消费者的保护，以及政策性金融对低收入群体的直接支持，如恢复联邦住房管理局对低收入家庭和首次购房者提供抵押贷款①，也更加强化金融监管，引导市场恢复良性循环。

① 孟艳：《我国住房金融的体系重构与政策优化》，51页，经济科学出版社，2013。

德国在保持房地产市场超稳定的同时，也带来了诸多负面效应，因此在20世纪90年代以来，逐步加大市场化改革力度，政府也在逐步退出直接管制领域，向市场归还决定资源配置的权力。在2008年这场世界性的经济危机中，德国的房地产金融体系并没有爆发风险，合作储蓄制度下的理性住房消费模式、合作建房模式下的住房多元化供给，以及政府并没有将房地产业作为拉动经济增长的依赖等，是其主要原因。

理论上，“混合经济”模式的明确提出，为各国进行的市场化改革导向提供了必要的理论支持。混合经济虽然倡导在市场机制中嵌入政府干预手段，但是主要还是强调微观经济领域以市场机制为主进行资源配置。可以看出，混合经济模式已经成为各国普遍采用的做法。

二、国外失败的教训应该汲取以免重蹈覆辙

美国、日本均经历了房地产价格泡沫从形成、膨胀到破灭直至引发房地产金融风险和金融危机的过程，教训非常深刻。我们应该汲取以下几点教训：

（一）政府不应该人为打破房地产市场的均衡

美国次贷危机的实质，就是低收入阶层过度通过借债解决住房需求造成的，是政府一系列刺激政策的结果。本来低收入阶层的大部分群体并不具备购房能力，但是政府人为地要求和鼓励金融机构加大对低收入者贷款支持力度，人为制造了房地产市场繁荣的局面。日本政府“列岛改造计划”和80年代初期的“国土开发计划”，人为加剧了土地短缺预期，均成为引发土地投机的重要因素。政府应该保持房地产市场的自然均衡发展，而不应该人为制造需求，这一点对于房地产金融风险的管理是至关重要的。

（二）金融自由化的同时不应该放松对金融机构的监管

美国一方面存在金融多头监管体制，导致出现监管真空。另一方面，在金融自由化的背景下放松了对金融机构的监管。金融衍生品的过度创新，凭借复杂的设计，也绕过了监管的制约，导致金融产品的过度虚拟化和社会杠杆的过度提高。随着金融对房地产的过度支持，加速了房价泡沫膨胀的进程。日本也同样存在放松金融监管的问题，在地价泡沫愈演愈烈的情况下，日本

大藏省要求对土地贷款实行总量控制，但是金融机构依然我行我素，表明当时对金融机构的监管是失效的。美国和日本的情况显示，在金融开放的同时，客观上必然造成更为复杂的局面，监管难度大大提高，应该根据新的情况和新的特点，采取相应的金融监管措施，改善监管技术和手段，加强金融监管。

（三）不应该长期实施需求管理的政策

凯恩斯主义的需求管理理论，是基于防止市场调节机制下经济波动过大而提出的短期政策主张，不应该作为长期手段使用。在各国的实践中，需求管理的政策虽然收到了短期效果，但是也都带来了诸多后遗症，部分甚至更大程度上抵消了政策实施的效果。明斯基就强烈反对凯恩斯式的刺激政策，认为刺激政策必然导致社会融资结构更多向高风险融资行为转换，而高风险融资不可能将资金投向实体经济领域，更多会投向房地产、股票等资产市场，推动资产价格过分上涨，更加强化了金融的不稳定性和金融风险。美国和日本在房价泡沫之前，为刺激经济增长，均大密度降息，并且长时间保持低利率的扩张性的货币政策，在拉动经济增速上升的同时，也带来了资产市场泡沫化的现象。在房价泡沫膨胀之际，又大幅度、大密度加息，导致市场资金成本大幅提高，导致泡沫过快被挤破，引发房地产金融风险。因此，刺激政策不可过度使用，货币政策及其他调控政策也不应该过度过快在宽松和紧缩中转换。

（四）房地产业不能过多承担拉动经济增长的责任

美国在经历了新经济泡沫的破灭和“9·11”之后，经济面临下滑甚至衰退的风险。为尽快拉动经济增长，美国政府错误地将房地产市场作为经济的新引擎，在房地产市场已经处于成熟阶段的当时，政府只得将购房需求的大幅增长对象定格在低收入群体。因为除了这个群体，其他家庭均已解决了住房问题。低收入群体信用较差，偿还债务的能力差，社会地位低，在政府导向下大量的住房抵押贷款投放在这个群体，房价快速上涨，最终酿成了大祸。中国中央政府和地方政府也在不同程度地将房地产业视作经济增长的支柱产业，依靠房地产市场的繁荣，作为拉动经济、抬高 GDP 的法宝，这无异于饮鸩止渴，必将导致短期繁荣、长期失衡的苦果。美国教训说明，政府对住房应该更多强调其社会属性和居住功能，应该回归其使用价值本性，而不应该过多发挥其经济属性。

综合上述模式，我们发现，即便作为最发达的经济体，四个国家中也没有一个完美的模式，都存在这样那样的不足和问题。如果将美国模式与德国模式有机结合起来，在美国模式中嫁接德国模式稳定性的优势，或者在德国模式中嫁接美国模式市场化的优势，理论上可以形成一个比较稳定、又有市场活力的模式。

三、国外成功做法与经验教训对我国的借鉴

中国房地产市场从 1998 年正式开启商品化、货币化、市场化、金融化的新阶段以来，房价上涨有时慢，有时快，有时飙升，在走到第 16 个年头的 2014 年年初，才终于停下了上涨的步伐，进入了缩量下跌的新阶段。目前房地产市场正处在房价泡沫严重、市场调整、金融风险不断增大的危险境地。

对于中国房地产市场问题的形成原因，社会各界众说纷纭，莫衷一是。对于如何解决问题，更是观点矛盾，争议不断。我们非常有必要通过学习借鉴外国成功经验，来剖析、认识中国问题，为解决中国房地产金融风险问题找到答案。

深究外国成功经验背后的逻辑及其一般规律性，我们从中可以得到如下启示。

（一）必须坚持适合本国发展的模式

第一，上述各国实行的制度不同，但是都取得了不同程度的成功，说明适合本国国情的道路才是最好的。美国对房地产市场实行自由竞争的市场经济体制，政府对微观活动不进行直接干预，只是通过税收、法律等手段对市场投机行为给予惩罚，通过政策性住房金融机构、财政补贴、税收减免等手段对低收入者予以保障，在 2000 年以前，取得了成功。日本政府在住房短缺年代，主要以经济手段承担了大部分的社会住房责任，目前已经从大部分行政管制领域退出，包括对主要的住房保障性金融机构也实行市场化运作。德国也已经从原来政府深度介入商品住房市场，转变为更多倡导住房市场的经

济功能，让市场机制发挥资源配置主导作用。新加坡政府深度介入住房保障市场，对交易活动进行严格管制，但是对商品住房市场，取得了成功。

第二，总结上述各国的成功经验，我们发现，大国与小国对住房市场的制度安排和调控手段具有明显的差异。大国具有住房保障手段多样性、住房金融多元化、住房制度市场化的特点。相对而言，小国具有住房保障手段比较单一、住房金融层次较少、调控手段存在较多管制等特色。我们从交易成本经济学、信息经济学角度，可以找到理论依据。大国与中小国家最大的区别，就在于交易成本（管理成本）的不同以及信息完全程度的差异。大国的地域广，人口多，管理层次多，管理范围大，相应地，就必须配备庞大的管理机构，虽然存在规模效益的可能，但是最重要的是，效率层层衰减，官僚寻租行为难以避免，从而加大了管理成本。另外，大国内各地房地产金融市场差别更大，信息收集的成本大、周期长，层层上报以及层层下达信息的过程中，容易导致信息失真。因此，对于大国来说，不适宜采用过多的政府管制，而应该主要由市场机制去配置资源。而中小国家则不同于大国，他们管理面小，机构精简，效率高，各地情况差异小，信息获得性好，管理成本和信息成本均小，政府直接管制的成功率高。因此，借鉴外国经验，应该坚持与本国实际情况相结合，选择符合自己的道路。作为世界上人口最多的大国，我们的特点与美国比较接近，而与新加坡、德国等相差较大。因此，美国的成功经验对我国可能比较适合，但是不否认其他国家的经验对我们也有借鉴学习意义。

（二）必须坚持市场化改革毫不动摇

各国政府对住房金融市场的直接干预逐渐减少，运用经济的、市场化的间接干预成为主流，尤其是金融机制正在成为各国房地产市场的主导力量。

第一，美国是实行市场经济最彻底最自由的国家，表现在房地产管理方面，基本上完全以市场机制决定资源配置，政府对市场的干预都是通过间接手段，如金融、税收、法律及其他激励手段。对于可能发生的房地产投机套利活动，美国政府并不是听之任之，而是运用较重的物业税和法律责任进行抑制，成效显著。从第二次世界大战后一直到次贷危机之前，房地产市场和房地产金融市场均保持了比较稳定的发展态势，房地产金融市场对住房市场起到了资源配置方面的主导性甚至决定性作用，总体看应该说是比较成功的，表现出了美国房地产金融市场相当的成熟性和完善性。次贷危机的惨痛教训，主要之过错并不在市场，而在于政府。在网络泡沫破灭以后，联邦政府一度将房地产业作为拉动经济增长的接力棒，对低收入者住房问题的解决过于急切，出台了不当的政策激励，同时运用包括放宽金融管制、舆论工具在内的多种手段，鼓励金融机构对低收入者贷款购房进行支持，导致市场过热；部分州存在政府对土地的不当管制，导致市场价格信号对土地要素传递的失灵，土地供给不足推动房价的过快上涨；金融监管体制不合理，多头监管导致存在监管真空，再加上对金融机构监管的放松，出现了房地产金融的过度化，即金融支持过度和衍生工具泛滥。次贷危机的爆发并不是对美国市场型模式的否定，恰恰是对政府不当干预的否定。美国在次贷危机以后，除了加强金融监管、加大消费者保护、及时向市场增加流动性等措施以外，仍然坚持市场机制配置房地产金融资源的方向不变，经过几年的调整，目前又成功地恢复了市场的良性循环，房地产市场又进入了平稳增长的轨道。德国在政府管制过多、责任过重的情况下，导致财政压力过大、公共住房入不敷出难以为继的情况下，也在进行市场化改革，逐渐退出政府管制，引进市场机制以增添市场活力。日本和新加坡也都对商品住房市场实行完全的市场化制度。

第二，中国的经济体制改革历经了三十多年，已经取得了巨大成功。新中国成立后，中国借鉴前苏联的计划经济模式，在国民经济领域实行高度集权的中央计划经济管理，使国民经济处于濒临崩溃的边缘。在城市房地产领域，20 世纪 80 年代前，我国住房供应主要是单一的行政管理加低租金的福利分房模式，从住房计划、建房、分配等各个环节，都是政府包办，事实上能够分到住房的居民数量极少，造成住房的严重短缺，许多家庭不得不“三代同屋”“四世同堂”，人民生活水平低下，经济没有活力。同时住房的政府提供模式，造成政府入不敷出，住房体系不能自我循环，财政压力日增。正是得益于向市场经济体制的改革，让经济规律调节经济运行，迸发了经济系统的活力，国民经济得到快速发展，经济总量跃升为世界第二位，仅次于美国，综合国力得到增强，人民生活得到极大改善。资料显示，20 世纪 80 年代初，全国人均居住面积由解放初期的 4.5 平方米下降到 3.6 平方米[①]。房改使人均住房面积由初期的 17.8 平方米增长到 2014 年的 30 多平方米。实践证明，中国的市场经济体制改革是成功的，应该坚持更为彻底的市场经济改革。

第三，有的学者从新加坡、德国的政府管制有效论出发，认为房地产市场不是一个有效的市场，即市场机制不能正常发挥合理配置资源的作用，市场常常失灵，需要政府对此加强管制。本书显然不同意这类观点。其一，中国就是在深受政府管制经济的危害后，才进行市场经济体制改革的，加强政府管制，无疑是倒退到计划经济思维上了。从经济全球化趋势看，从中国历史教训看，闭关锁国只能接受被动挨打的命运，拒绝市场经济体制就意味着落后，市场经济体制以及与之相配套的金融自由化、国际化是我们唯一的选择。房地产市场领域也是如此。其二，理论上，政府管制要想取得成功，需要满足几个条件，即信息是完全的、交易（管理）成本低、政府代理人能够以公共利益为重、政府决策和执行的时效性强等。这几点，中国目前都不具备，国家太大，信息不可能收集完全，信息还存在层层失真的问题，收集信息的成本极高。政府的管理成本高也是众所周知。政府代理人的腐败问题严重，将自身利益凌驾于公共利益之上，几乎成为普遍现象。政府决策和执行的时滞非常长，常常贻误时机。其三，“尽管市场经济存在着种种缺陷，但是迄今为止我们还没有找到比市场经济更有效的资源配置方式”[②]。不要幻想“市场 + 政府管制”的混合经济模式，中国各级政府存在管理上浓厚的路径依赖，近几年来房地产市场调控中频频出现的行政直接干预政策，如“限购、限贷、限价”、“90/70”政策等，说明政府尚未摆脱强权迷信的习惯思维，出现了经济管理方式的倒退。其四，德国、美国等国家市场化改革的行动，有力地说明了市场经济体制的优势。本书已经证明，中国房地产市场的严重泡沫，恰恰是政府调控失灵造成的，是改革不彻底造成的，而不是市场失灵的结果。

---

① 余建源：《中国房地产市场调控研究》，上海社会科学院博士论文，2009。

② 刘迎秋、吕风勇主编：《中国宏观经济运行报告 2012》，67 页，社会科学文献出版社，2012。

第四，理论上，以强调市场化为主导的“混合经济”模式已经成为世界发达国家普遍采用的经济管理模式。住房管理模式及房地产金融风险管理模式的总体趋势，是更多市场化机制而放松政府管制，政府重点是保障房和治理市场失灵，以及限制投机。政府应该更多运用经济、法规等间接手段，以增加市场活力。但这一过程应该是循序渐进的。政府调控需要更高超的手段。在危机发生时，应该及时采取有力有效措施，并且必须注重对普通消费者的保护。

第五，事物都有两面性，市场经济体制虽然利大于弊，但是“弊端”也是难以避免的，主要表现在经济的周期性波动甚至经济危机是客观存在的，房地产金融市场的周期性运动所带来的风险也是时刻存在的，中国要实行市场经济体制，必须面对现实并且积极加以应对。德国和新加坡的成功经验可以给我们以启迪。

（三）应该坚持制度的协同性

第一，房地产金融市场是一个涉及多个子市场、多方利益主体、多种产业协调的大市场，要维持市场的顺利运转，必须满足子市场之间无割裂、各个环节衔接正常，否则，极易导致大的问题。美国本来是一个市场机制配置房地产资源的国家，政府应该在诸如消除垄断、公共住房、信息公开等市场容易失灵的方面进行弥补，而不应该人为干预微观市场活动。当政府这样做的时候，房地产金融市场保持了多年的稳定有序，市场机制较好地发挥了合理配置资源的作用。但是，2001 年以后，在政府为刺激经济增长，从而不切实际地刺激低收入群体的购房需求时，部分州反而还对土地进行了不同程度的管制，需求被人为创造出来，而土地供给被限制，形成了要素市场的割裂，最终催大了房价泡沫，酿成了次贷危机。如果说美国次贷危机是市场失灵的表现，那是对事件缺乏全面的认识，或者说是理论的无知。

第二，中国的教训不少于美国。1998 年的房改，政府将住房需求推向了市场，但是在保障性住房建设方面却没有尽到责任，而土地市场的制度变迁，形成地方政府利益最大化的土地垄断。住房需求的市场轨完全由供求关系和价格决定资源的流向，而土地的政策轨并不是主要受供求关系和价格影响，而是受政府供地计划和工作效率的制约，还受到政府对经济增长目标追求的影响。李连仲教授“转轨时期的社会主义双重经济体制理论”认为，转轨时期由于双重体制并存导致了两种相互对立的政策并存，不能形成完善的市场体系，生产要素不能自由流动，价格并非完全由市场机制所决定，不少生产要素由政府垄断，其价格主要由政府机构决定。各种生产要素之间并非孤立的，而是存在关联性。一部分要素价格由政府决定，另一部分要素价格由市场机制决定，在此情况下，不论是政府定价还是市场价格，都不会也不可能合理，作为计划经济后遗症的价格扭曲问题并没有得到解决。由于价格不合理导致竞争条件不平等，竞争条件不平等又削弱了市场机制作用的发挥。这就相当于两种矛盾的交通规则同时发出信号，时刻存在撞车的风险①。相互碰撞的结果，无疑是短缺的现实和房价的泡沫。还有，中国先后引进新加坡的住房公积金制度和德国的住房储蓄制度，但是总体上都不成功。在 2009 年房价飙升的压力下，中央政府也出台了新增二手房交易所得税的政策，但是并没有取得预期效果。究其原因，主要还是严重的供求失衡，使得本来应该卖方承担的税负可以轻松转移到买方身上。一项制度的成功，并不是孤立的，需要相关制度的配合与协调。而我们只引进一项制度，并不去改变相关配套制度，不去营造制度发挥作用的环境条件，当然难以取得成功。

（四）应该坚持法规和制度的相对稳定性

第一，各国都注重保持房地产市场法规的稳定性，而且对房地产市场调控的手段，更多采取法律形式，经历严谨的立法程序，确保了制度的长期稳定性，以及合理性，减少了市场的不确定因素，从而使投机失去了基础。美国的房地产税收体系，几十年来保持了非常好的稳定性，期间虽有些调整，但是大的原则、方向、体系不变，只是小的调整。还有其法律体系的超稳定性。德国、新加坡也都是制度稳定的典范。稳定的制度，降低了市场的不确定因素，保证了预期的稳定，从而较好地抑制了投机活动。

第二，反观中国房地产市场调控，一是以政府和部门的文件为主，随意

① 李连仲：《转轨时期的社会主义双重经济体制及发展趋势》，中国卓越出版公司，1989。

性强，稳定性差，在支持与打压之间来回转换，左摇右摆。二是政策频繁改变，导致市场无所适从，预期混乱，也容易使人对政府失去信任和信心。

（五）房地产市场供求平衡是房地产金融市场稳定的前提条件

第一，供求平衡状态下的稳定是有效控制房地产金融风险的基础和前提。房地产金融风险来源于房地产价格泡沫的形成和膨胀，房地产价格泡沫则主要由于长期供求失衡所导致。上述国家中，德国、新加坡成功地维持了住房市场的供求平衡，没有出现过房地产价格泡沫，当然也没有发生房地产金融风险。相反，美国住房市场在政府推动下，出现需求急剧膨胀的状况，从而形成泡沫破裂的风险。日本的地产市场，也是在外力的作用下出现供求失衡，导致土地价格泡沫破灭和经济危机。

第二，房地产市场是可以实现供求平衡的。社会上有一种论调，认为房地产市场不可能实现均衡，因为该市场是“买涨不买跌”。理论上，任何商品市场均可以实现供求均衡，包括房地产市场。实践中，由于房地产市场的供求存在客观上的时间错配，即需求无时滞而供给存在时滞，比较容易形成不是短缺就是过剩的状况。但是，国外的实践经验显示，房地产市场完全可以实现供求平衡。上述各国尤其是德国、新加坡的住房市场，就保持了多年的稳定和平衡。日本和美国的住房市场，大部分的时间段也保持了供求关系的相对稳定。

第三，增加供给以适应需求是供求平衡的最根本途径。由于住房具有生活必需品的特殊性，所以需求属于客观存在，在住房短缺的情况下，依靠压制需求不可能解决根本问题，而且实际上需求也是压制不了的，因为住房是每个人最基本的生活需要。只有增加住房供给，满足市场需求，才是实现供求平衡的根本途径。上述各国都经历过住房短缺，甚至曾经面临极度短缺的困境，各国都不约而同地选择了促进住房供给的政策措施，从而在较短的时间里完成了住房保障的目标，实现了住房市场的平衡，保持了房价的长期稳定。

（六）应该越来越注重发挥金融市场对房地产市场的支配作用

第一，各国经验表明，住房保障目标的实施，有赖于政策性住房金融市

场作用的发挥。当政府直接提供公共住房与政策性住房金融相互独立发挥作用时，政府的住房政策目标往往得不到较好的落实。只有与住房金融机制相结合、并通过政策性住房金融制度发挥作用时，住房政策目标基本上都得以成功达成。这是因为，通过政策性住房金融手段解决住房保障问题，对于达到保障条件的任何人来说机会均等，公开透明，保证所有被保障者都享受同样的福利待遇，并且可以给他们以自由选择的权利，公平性得以提高。而政府直接提供公共住房等方式，属于人为因素，存在供求不匹配、权力寻租等弊端，无法与市场功能相提并论，常常会导致资源配置的无效率。

第二，由于房地产市场客观上对金融杠杆的依赖，导致房地产市场成为金融主导下的市场。政府可以通过对金融的干预，间接达到调控房地产市场的目的。由于政府对金融市场的调控基本上都是间接方式，如通过提高或降低利率、增加或减少货币投放等，不会干预市场主体的行为，有利于形成政府调节金融市场、金融市场影响房地产市场、房地产市场趋于平衡的良性循环局面。应该注意的是，必须注重发挥政策性金融机构对住房公平方面的独特作用，以防止市场失灵。

第三，金融市场必须适应房地产市场的发展要求，以多层次的金融体系主动适应多样化的市场需求，政策性金融支持低收入家庭的住房金融需求，以金融二级市场拓宽资金来源以及化解房地产金融流动性风险；房地产市场与金融市场必须协调统一成一个整体市场，在这个市场中所有要素应该都能够自由流动，市场机制可以充分发挥配置资源的作用。

（七）应该合理确定政府与市场的边界

发展市场经济，必须处理好政府与市场的关系。一方面，市场经济的内在要求是市场机制发挥配置资源的决定性作用，政府应避免对市场的直接干预，而是应该清除有碍于市场机制发挥作用的因素，以利于市场机制正常发挥作用。另一方面，市场和政府都存在失灵的可能，市场不可能解决公平问题，需要政府发挥必要的作用。如果政府取代市场发挥作用，就会造成政府失灵。美国次贷危机的教训之一，就在于政府之手过度干预了市场正常行为，过度干预了政策性住房金融及商业性住房金融的运行。而德国房地产金融市场的成功，也得益于政府适时取消了过度的管制，进行了市场化导向的改革。在住房金融市场领域，政府应该重点致力于市场机制容易失灵领域的补缺作用，如低收入家庭的住房问题和金融服务问题，在发生房地产金融风险时期发挥政策性金融和政府的稳定作用。应该分清政策性住房金融与商业性房地产金融的界限，在商品房市场发挥商业性金融的基础作用和主导作用，在保障性住房市场发挥政策性住房金融体系的主导性作用。凡是市场可以解决的领域，应该全部交给市场。

本章小结

上述各国房地产金融风险管理的成功做法，都是在其本国长期的实践中，在不断进行试错和纠错的过程中形成的。重要的是，这些成功的制度，并不是孤立存在的，而一定是与其本国其他制度相配套、相协调的，必须具有适合生存的环境和发挥作用的条件。同时发现，没有一个国家的模式是完美的，也不存在一个适合所有国家的普适模式。

日本模式带给我们的并不完全是泡沫破灭的教训。日本非常注重增加住房供应，通过三大住房政策支柱和与之配套的特殊投融资体制，对高、中、低端各类群体都给予了住房扶助、资助和救助，建立了高度覆盖的住房保障体系，非常好地解决了住房短缺问题和住房保障问题，也保持了房地产金融市场的阶段性稳定。只是因为政府在面临经济增长压力的形势下病急乱投医，在经济结构失衡的情况下匆忙扩大国土开发和基础设施建设、盲目实行金融自由化、对不动产投资投机缺乏有效制约、被动实施超宽松的货币政策等多方面的失误，才导致房地产泡沫的破灭和金融危机。

美国模式表现出鲜明的市场经济特色，以其发达的房地产金融市场和政策性住房金融职能，有力地支持了住房市场供应和需求，以其发达的房屋租赁市场、健全的房地产税收体制、完善的社会信用管理机制、眼花缭乱的法律责任不确定性、市场化的住房保障制度等一系列制度安排，曾经非常好地维持了住房市场价格的稳定。只是政府不切实际地将房地产视为经济增长的"救命稻草"，并且实施了诸如纵容金融机构随意放宽住房贷款条件、支持政策性住房金融机构扩大对低收入阶层的住房贷款的收购和资产证券化、长期实行需求管理的宽松货币政策，以及部分州政府对建设用地的管制等，这些因素交织在一起，导致房地产市场泡沫越积越大，最后膨胀到了无以复加的地步，泡沫轰然破灭，次贷危机演变成全球金融危机和经济危机，至今很多国家如欧洲尚未走出危机的泥潭。

日本与美国最大的差异，在于金融危机中以及危机后的处置模式不同，并且收到了截然不同的效果。日本最大的失误，就在于危机中一是不敢公开信息，半遮半掩，反而加大了市场的恐慌预期；二是为了挤泡沫，过度的货币政策转向，加快了危机的爆发；三是不敢让“僵尸”银行从市场退出，不能救助比较健康的银行，从而使金融市场仍然不能恢复正常交易，停留在梯若尔公共干预理论的市场冻结状态，不能达到市场出清；四是缺乏标本兼治的一揽子手段，从而导致长期陷入经济通缩状态。反观美国，在危机中敢于及时公开信息，引导市场预期；在淘汰五大投资银行中的两家金融机构后，基本上处于市场出清状态的情况下，政府果断出手救助市场中的比较健康银行，大规模向市场增加流动性支持，收购问题资产以引导市场恢复正常交易，加强金融监管制度建设，出台经济恢复法案，出台消费者保护法案，等等，一系列力度大、针对性强的救市行动，使得金融市场及时得到稳定，从而筑起了坚实的底部，为回升打下了基础。美国的危机干预实践，也为梯若尔完成其著名的公共干预理论提供了微观基础，从而也成为践行公共干预理论的典范。

德国是大多数学者都愿意列举的正面典型。德国房地产金融风险管理的最大特征是，将房地产价格泡沫消灭在萌芽状态，从根本上消除房地产金融风险的诱因。德国成功经验内容非常丰富，除了传统的四大住房政策即促进社会住房建设、租金及房价地价管制、促进自有住房建设、住房补贴等措施——这些内容既涉及支持住房供给，也涉及满足住房需求，还涉及抑制投机，同时包含住房保障的内容——以外，还有其他重要内容，如嵌入国家住房储蓄补贴政策的住房储蓄银行体系、地上权保护制度、社会法团及协会评估“合理价格”的机制、发达的租房市场、合作建房模式等，都对房地产市场的稳定发挥着积极作用。需要注意的是，德国经验并非是管制模式，并非是政府自建保障性住房模式，因为政府从 1960 年就取消了房租管制，代之以市场化决定租金。保障性住房建设方面，第二次世界大战以后，政府主要以财政资金资助、无息低息贷款帮助、税收减免优惠等方式，鼓励开发商、个人、住宅合作社、大型企业等社会主体建设和经营公共住房，并没有经过政府大规模建设公共住房的过程。德国的住房保障，主要通过补贴和税收减免的方式，而非实物保障。德国房价的超稳定状态，并非政府管制、税收抑制的结果，而是上述一系列综合因素共同作用的结果。可以说，德国的房地产金融管理模式，是一种真正的市场化决定资源配置的模式。

新加坡则是典型的政府主导模式。新加坡政府承担了高达 86% 的国民住房保障责任，成功地维持了住房市场价格的稳定，保持了房地产金融市场的健康状态。新加坡模式的成功，并不单单是政府组屋制度的成功，也不仅仅是中央公积金制度的成功，而是两者有机结合的成功，并且还有赖于政府部门的高效、廉洁的工作作风，以及城市国家管理成本低、捕获信息成本低的优势。

四国共同的成功做法，是坚持供给优先以保持供求平衡、注重住房保障、非常注重政策性住房金融职能的发挥、注重制度的协同性、注重法规和制度的基本稳定性、市场化导向等，这些都对我们改善房地产市场管理、防范和化解房地产金融风险具有积极的指导和借鉴作用。

中国当前正处于房地产金融风险持续发酵当中，亟须学习借鉴国外成功经验，并避免重蹈其失败的覆辙，以便更好地化解当前所面临的房地产金融风险，同时建立适合自己国情的房地产市场和房地产金融风险管理体系，维持房地产金融市场的长期稳定健康发展。因此，本章的内容具有极其重要的意义。

第五章

中国房地产金融风险管理的目标模式

在上一章，我们对四个典型国家房地产金融风险管理模式进行了考察，归纳总结了他们成功的经验，也分析了存在的问题和教训，并且从理论层面上对其原因进行了研究。我们发现一个规律，即一个健康的房地产金融市场，一个可控的房地产金融风险管理模式，理论上应该满足以下条件：一是有完善的住房保障政策，与之相配套的政策性住房金融机构健全且发挥正常作用；二是房地产市场供求基本平衡，房价随经济增长而温和上涨，基本无泡沫或只有轻微泡沫，市场供需双方良性循环；三是不存在明显鼓励投机行为的政策环境，应该建立起抑制投机活动的制度，使多套房持有者付出沉重代价；四是房地产金融市场具有流动性风险分散机制和信用风险分担机制；五是政府调控方式应该适应市场发展阶段的特点；六是建立起处理金融危机的快速反应机制。上述国家的成功经验，都历经长期实践的检验，成为我们可以学习借鉴的宝贵财富。甚至部分国家的失败教训，我们也应该积极地汲取，以指导我们避免重蹈覆辙。

在本章，我们将在借鉴上述发达国家房地产金融风险管理的成功做法的基础上，重点分析我国房地产金融风险管理应该采用的目标模式，从而确立总目标模式，以及实现总目标所需的分层次、分阶段具体推进的路径选择。第一节是对目标模式应该遵循的原则、指导思想等总体思路作出理论概括。第二节是目标模式的构建，具体将进行总目标模式和分目标的设计，以及对总目标模式进行深入阐述。第三节将对总、分目标模式的具体实施路径进行研究。

第一节　中国房地产金融风险管理目标模式选择的总体思路

一、批判地学习国外成功经验，选择适合本国实际的模式

世界上没有任何一个国家的模式是完美的，也没有任何一种模式是通行于各个国家的。每个国家自然禀赋不同，资源条件不同，人口数量和结构各异，更重要的是，国家之间所处的发展阶段差别较大，这就决定了任何一个已经成功的模式，简单复制到别的国家却不一定会取得成功，必须从自身所处的阶段和国情出发，选择适合自身发展的模式。这么说，并不表明我们学习外国成功经验就没有意义。因为，尽管成功模式都有赖以生存的条件和土壤，这是其个性的一面。但是事物发展都有其一般规律性，这是其共性的一面。这种共性不论是在外国还是中国，都是相通的。因此，我们学习借鉴外国经验教训，从中吸收共性的规律，可以指导我们少走弯路，尽快踏上正确的轨道。相反，如果我们不借鉴国外已经经过实践证明的成功做法或者失败教训，改革就缺乏一个明确的方向，我们只能继续摸着石头过河，待到我们进入深水区时，就难以摸到石头了。

二、着力点是必须清除阻碍市场机制发挥作用的制度

中国房地产市场存在的最主要问题，就是房地产价格泡沫高悬，房地产金融风险压力过大。对照上述各国在住房短缺情况下大力推动住房供应的共同做法，反观我国在面临住房短缺的同样条件下所实施的诸如实施土地垄断制度、“把好土地和信贷两个闸门”、减少保障性住房建设等政策，可以判断造成目前这种不利局面的主要因素，是土地垄断制度下的供给不足、房地产开发制度限制下的供给主体不足、政府调控的错位、金融垄断下的资源配置扭曲、缺乏对投机行为的有效制度约束等，基本上都属于市场供给方面的因素。上述几方面原因背后的机制，则是政府与市场没有合理的边界、政府职

能改革不到位，致使政府频频出现越位、缺位、错位，加剧市场失灵，推动房地产价格泡沫愈演愈烈，膨胀到了难以为继的程度，加剧了房地产市场风险，加重了房地产金融风险，甚至可以说正在引发房地产市场风险与金融风险，必须引起政府和社会的高度警惕。李克强总理在2015年“两会”闭幕后的记者见面会上，在回答关于“大众创业、万众创新本是市场的事情”时说，目前还存在阻碍市场创业和创新的制度和政策，只有打破那些限制性、约束性的制度和政策，才能给市场主体创造一个适宜创业的环境条件，创业热情才能得到极大的激发。理论和实践说明，制度确实是决定市场发展的最关键因素。

三、基本原则是建立可管理的房地产金融市场有限波动模式

尽管房地产金融风险产生的源头是房价泡沫，房地产金融风险管理的核心也是抑制房价泡沫的形成和膨胀。但是市场经济条件下，经济波动是客观规律，任何人也无法改变这个规律。房地产市场的价格起伏也是客观存在，因为经济增长是大趋势，居民家庭收入增长是大趋势，人们追求生活的舒适享受也是经济发展的最终目的。因此，社会对房地产的需求呈现增加的趋势。从这个意义上看，房价的长期走势应该是向上的。我们应该允许房价泡沫的存在，而不是彻底消除，因为我们无法消除，抑或因为消除泡沫的代价过大，国家和社会无法承受。例如，中国过去多年来实行政府直接建设和分配房屋，确实没有发生泡沫现象，但是新中国成立30年来，人均居住面积不增反降，城市居民的住房条件不是改善了，而是存在某种程度的倒退和恶化。财政不堪重负，房屋得不到及时修缮和维护，居住环境脏乱差现象普遍存在，房地产市场没有活力，不能实现自身的良性循环，发展模式不可持续。因严格管制而保持多年来房地产市场稳定的德国，也因为财政负担过重、市场活力不够、公共住房难以收支平衡等管制成本过高而取消大多数管制领域，走向市场化改革。

但是，由于房地产金融市场具有非常强的外部性，一旦发生风险，对宏观经济和人民生活都将带来极大的危害。因此，必须对房地产价格泡沫和房

地产金融风险予以管理。管理房地产金融风险主要有两类手段，一是事前管理，即在房价泡沫初期就进行适当调控，重在抑制泡沫的膨胀。二是事后管理，即在危机发生时的救助手段。当然，如果能够真正实现第一种管理手段，将大大减小房地产泡沫引发金融风险的可能性，使风险降至最低程度。但是实施的难度非常大，因为房地产泡沫客观上难以准确判断，大部分国家并不能做到这一点，因此可操作性具有相当大的挑战。

四、指导思想是建立真正发挥市场起主导作用、政府起辅助作用的体制

萨缪尔森“混合经济”理论认为，无论是不受管制的资本主义制度还是过度管制的中央计划体制，二者都不能有效组织起一个真正现代化的社会，这一点已经为经济史所证实。前者不可避免地会滋生收入和财富的极大不公平分配，而后者则会酿成经济停滞、供给短缺及消费者种种不幸后果。只有“有限的折衷”，即实行“混合经济”，才有可能使经济达到理想的境界。理想的混合经济模式应该是由市场机制在资源配置中起到基础性决定性作用，政府在调节公平分配、维持市场秩序、监督市场运行方面起到重要作用。

萨缪尔森“混合经济”理论和明斯基金融不稳定假说显示，现代市场经济越来越需要充分发挥市场机制的主导作用，发挥政府调节的辅助作用，即“有限折衷”的混合经济模式。中国房地产市场和房地产金融市场，以及房地产金融风险管理总体目标模式的确定，应该坚持这样的指导思想和理论选择，即：按照中央经济工作会议“统一全国市场、提高资源配置效率是经济发展的内生性要求，必须深化改革开放，加快形成统一透明、有序规范的市场环境”和“要更加注重满足人民群众需要，更加注重市场和消费心理分析，更加注重引导社会预期”的精神，以及十八大以来确定的“让市场在资源配置中起决定性作用，更好发挥政府作用”的改革取向，建立保障性住房市场与商品住房市场隔离运行、建立市场化决定资源配置的商品房市场、主要以法治和诚信体系维持市场健康运行、政府起弥补市场失灵作用的制度。

第二节　中国房地产金融风险管理的目标模式

一个健康的房地产市场和可控的房地产金融风险管理模式，应该具有完善的住房保障体系、健全的政策性住房金融体系、房地产市场供求平衡机制、抑制投机活动的制度、房地产金融市场具有流动性风险分散机制和信用风险分担机制、政府发挥辅助调控作用、建立起处理金融危机的快速反应机制等内容。应该说，这只是上述国家现行做法的真实写照，也是一些最基本的要求。我们创建新型房地产金融风险管理模式，既需要吸收借鉴上述国家的成功做法，至少达到最基本的标准，还不能满足于这些最低标准，应该在他们目前成功经验的基础上，按照总体思路要求，以市场化为方向，创建更优化的模式。

一、中国房地产金融风险管理的目标体系构建

（一）中国房地产金融风险管理的顶层目标设计

新加坡和德国成功做法显示，实行保障性住房市场与商品住房市场分类隔离运行的制度，是稳定房地产价格与房地产金融市场的有效举措。住房是大众生活必需品，保障性住房强调公共物品属性和居住属性，因此，政策性住房应该做到“应保尽保”，保证中低收入者满足基本的居住需求，严格限制投资投机活动，这是稳定住房市场价格、稳定社会局面的基础性条件。当然，保障性住房的独立运行，也有多种实现的方式。而商品住房在保持居住功能的同时，还强调经济属性和投资属性。因此，对于商品住房市场应该在完善投机制约机制的同时，完全实行市场化资源配置机制，放开供给和需求的各类生产要素，实现要素的自由流动。政府调控尽管应该继续存在，但是必须是以间接的、法治化的、财政和金融等经济手段为主的方式，而不应该采取直接的行政干预手段。当然，金融危机等特殊情况下政府可以运用直接调控措施。

基于保障性住房与商品住房在属性方面的巨大差异，因此，应该将二者

相互隔离，并行发展。实行保障性住房市场与商品住房市场隔离运行，其好处主要是，第一，可以有效稳定住房市场价格，降低泡沫发生概率。因为如果中低收入者的住房需求基本得到满足，而中低收入者往往处于社会多数地位，这就决定了商品住房市场的参与者成为了少数群体，没有了大多数人参与的住房投资和投机活动将大大减少，炒作的程度降低，市场稳定的可能性大增。第二，即便形成房价泡沫，一方面问题仅限于商品住房市场，不会传染到保障性住房市场，另一方面，商品住房市场的开发商和住房贷款者都是具有较强经济实力的，风险承担能力较强，发生房地产金融风险的可能性降低。第三，即便出现房地产金融风险，也会因为涉及面较小，总量不大，风险可控。如新加坡政策性住房贷款占据住房贷款市场的60%份额，德国的住房储蓄银行体系占据住房贷款市场一半以上份额，商业性的住房贷款总量并不大。

（二）中国房地产金融风险管理具体目标的选择

在中国房地产金融风险管理目标体系中，首先，需要设计一个总目标模式，以便为分目标提供指导方向。其次，应该坚持分类分层设计的原则。当前，中国房地产金融风险管理，既面临治标的要求，也面临着治本的要求。一方面，各地已经或正在频频发生的民间融资危机和潜在的金融风险，要求我们必须尽快实施治标的措施，以有效防范和化解房地产金融风险。另一方面，构建房地产金融风险管理的长效机制，则要求实施一揽子的治本措施。我们应该从远处着眼，近处着手，标本兼治，分步实施。

管理中国房地产金融风险，理论层面存在从最低目标、次低目标、次优目标到最优目标等四个政策目标层次的递进关系，最后，达到总目标模式。最低目标是尽快化解当前面临的房地产金融风险威胁，以保证不发生全局性、系统性的房地产金融风险，同时建立金融危机应急处理机制。次低目标是防范和化解局部（一般指区域性和行业性）房地产金融风险的发生，制止当前危机扩大化的势头，以及建立地方性的应急处理机制。实际上局部风险目前正在上演，如前不久报道过的河南省信阳市、南阳市、焦作市、洛阳市等，以及湖南省的娄底市、株洲市、长沙市等城市所发生的民间融资危机，已经呈现出典型的区域性、行业性（民间融资行业）特征，我们现在就面临如何遏制住危机势态，使其不再扩大和蔓延的艰巨任务。次优目标是建立有效制约房地产价格泡沫膨胀的机制，使房地产金融风险的威胁远离经济生活。最优目标是构建房地产金融市场健康运行的长效机制，铲除泡沫形成的土壤，并且能够有效应对房地产市场周期性波动带来的冲击。实际上，最优目标实现，就标志着总目标模式的最后达成。

中国房地产金融风险管理分目标和总目标的实施，不可能同步推进，应该坚持由低到高分层次、渐进式的策略，同时必须进行必要的制度配套和环境改善，以利于政策目标的顺利实现。具体实施阶段应该分三个时期，即近期阶段、中期阶段与远期阶段，其中近期阶段推进最低和次低目标，中期阶段推进次优目标，远期阶段推进最优目标，并全面实现总目标模式的构建。

二、中国房地产金融风险管理总目标模式

中国房地产金融风险管理的总目标模式是，建立保障性住房市场与商品住房市场隔离运行、建立市场决定资源配置的商品房市场、主要以法治和诚信体系维持市场健康运行、政府起弥补市场失灵作用的制度。

（一）建立独立运行的住房保障体系和与之相适应的政策性住房金融体系

1. 独立运行的保障性住房市场有利于保持房地产金融市场健康稳定。完善的住房保障体系，不仅对于增加较贫穷家庭的福利、改善社会公平、提高社会稳定性具有重要意义，而且对于提高房地产市场的稳定、抑制投机泡沫、降低房地产金融风险都是不可或缺的。一个完善的住房保障体系，应该保障涵盖中低收入家庭对住房的购买、租赁、修缮等多样化的需求，理论上至少包括政府公共住房的提供或对受保障人群通过市场化解决的财政救助制度、财政补贴等资助制度、政策性住房融资体系、政策性住房融资担保体系、政策扶助下的住房互助体系等多种制度安排。

2. 具备一定规模的保障性住房市场才能起到稳定房地产金融市场的作用。没有一个较大的保障房市场规模，是根本无法发挥稳定房地产大市场的作用。新加坡、德国等运行健康的保障性住房市场，都是严格与商品住房市场相互

隔离，并行发展的。而且，保障性住房市场都具有相当大的规模，如新加坡86%以上的国民居住在政府提供的公共住房里，中国香港的公共住房供给占住房市场总量的50%以上。这也是为什么在亚洲金融危机期间，中国香港房价一度跌去约70%，却没有爆发房地产金融危机的主要原因。中国的保障性住房市场具体应该占住房市场的多大比例，还应该根据中低收入者住房需求而定。有专家测算，建议政府应该逐步解决50%家庭的住房保障。无论如何，在当前住房市场处于阶段性供大于求的新情况下，以后新增的住房供给，至少应该以保障性住房为主，或者至少不低于50%。如果能够实现这个目标，即便发生严重的房地产价格泡沫，那也仅限于商品住房市场的问题，而保障性住房市场不会受到影响，也就是说，市场中信用最脆弱的群体没有了违约的风险，金融风险将会降至最低。强大的保障性住房市场将会起到“定海神针”的作用。

3. 上述四国和地区成功做法显示，各国都有完善的住房保障体系和政策性住房金融体系。而且，日本、德国及新加坡政府每年都向住房保障领域投入大量的财政补贴，并充分借助政策性住房金融体系的优势，来实现政府政策目标，使住房保障政策目标得以更好地推进，取得了比较理想的效果。应该注意的是，政策性住房金融手段的运用，既不能缺位，也不能过度。缺位则住房保障目标就得不到较好的解决，而如美国式的政策性住房金融手段过度运用，以政策性住房金融担保手段和商业银行宽松的信贷政策支持，虚假扩大了低收入群体的住房消费能力，当货币政策和住房市场发生变化时，本来不具备消费能力的次级借款人就露出了其真实的面目，成为风险的制造者和受害者。美国教训警示我们，在充分发挥政策性住房金融功能的同时，不能减少政府财政补贴的职能作用。

相反，如果政策性住房金融过度发展，也会挤占商业性住房金融的生存空间，不利于保持市场活力。政策性住房金融机构份额过大的国家，正在逐步削减政策性金融的地位，为私人金融机构腾出发展空间。如日本逐渐改革政府所有的三大住房支柱性金融机构，取消它们的政府信用背景，将它们一一推向市场，成为民间资本中的一员。新加坡政策性金融机构配合高度覆盖的公共住房制度，一度占到住房抵押贷款市场份额的80%以上，后来政府有意识地减少政策性住房金融业务，扶持私有的商业银行发展。目前商业银行在住房抵押贷款市场的占比已经上升到40%以上。

4. 完善的政策性住房金融体系是住房保障成功的关键。尽管上述各国政策性住房金融体系的运行模式存在差异，但是其目的基本上是相同的，即在政府政策的支持下，以融资或担保等方式，帮助难以获得商业性住房金融支持的中低收入者，提前实现住房梦。同时也以低息资金对具有公益性质的住房建设予以支持。与单纯依靠财政力量解决住房保障不同的是，利用政策性金融手段解决住房保障问题，至少有六大优点。一是金融手段本质上属于经济手段，是一种间接的调节手段，也是市场化的调节手段，一般不会扭曲市场微观主体的行为，非常有利于促进房地产市场机制作用的发挥，有利于提高经济效率，增加社会总产出；二是有利于解决资金不足的问题，弥补政府直接建设资金往往不足的缺陷；三是有利于解决公平问题。由于市场机制无法解决的公平问题，已经在政策性金融制度设计中由政府以财政补贴、税收减免、利率优惠、政府信用担保等措施按不同群体不同标准的方式得以解决，因此政策性金融的手段不易暗箱操作，标准面前人人平等，不会产生寻租下的“开奔驰宝马住经济适用房”等不公平现象；四是可以避免政府腐败现象的发生；五是可以有效降低管理成本和经营成本；六是可以极大地提高保障供给效率。

5. 中国政策性住房金融模式选择。一个完善的政策性住房金融体系，应该包括丰富的政策性住房金融工具和多层次的政策性住房金融机构。目前各国的政策性住房金融工具主要有政府救助或资助下的政策性住房贷款、政策性住房融资担保、政策性住房融资保险和具有政策性质的住房储蓄等具体形式。上述各国政策性住房金融机构主要有国家级住房银行、政府性住房融资担保机构、政策性住房融资保险机构、抵押贷款证券化运行机构、具有政策功能的住房储蓄银行、住房公积金中心、建屋发展局等，以及一些在政府资助下具有互助性质的住房金融机构，如德国的互助合作社、美国的储贷协会等。这些内容都是中国建设政策性住房金融体系所必需的。

（二）建立要素资源自由流动的房地产市场体系

“转轨时期的社会主义双重经济体制理论”提出，搞活经济必须实行政府间接调控，间接宏观调节关键在于经济参数是否规范化，而经济参数规范化的关键又在于市场体系是否完善，市场体系能否完善关键又在于企业行为是否市场化，企业行为能否市场化关键在于企业是否是产权主体，产权改革将产生多元化的经济主体，这又进一步要求宏观调控间接化。五个环节环环紧扣，缺任何一环都会掉链子，从而使改革难以成功。这就要求五个环节必须同步实施。在当前经济参数规范化及企业行为市场化的背景下，必然要求市场体系应该完善，才能在理论上确保新体制的顺利推进。为此必须建立资源自由流动的房地产市场体系和金融市场体系，实现土地资源、开发主体、金融主体的市场化配置与管理。在此条件下，房地产将会日益金融化，金融市场必将发挥出对房地产市场资源配置的决定性作用，届时，政府将通过对金融市场参数的调控，就可以实现对房地产市场调控的政策目标，进而实现完全间接化的调控新模式。各类要素的自由流动，是市场机制发挥有效作用的前提条件。

1. 建立市场化配置土地资源的新制度。

首先，土地资源是房地产市场最重要的生产要素，要实现房地产市场真正的市场化运行，必须首先实现土地资源的自由流动。中国现行的土地储备制度和强制性招拍挂制度，形成了地方政府对土地资源的事实垄断，成为构建市场化运行体系的最大障碍。一方面，中国房地产价格泡沫的形成和房地产金融风险的累积，主要归咎于土地垄断制度的实施对房地产市场化机制的阻隔。另一方面，上述国家和地区成功经验显示，土地要素都是实行自由流动的制度，辅以政府适当的调节，成功被市场机制所支配，最终都促进了房地产市场的供求平衡。

其次，土地市场化配置会促进资源的合理利用。有人会问，为什么日本在土地私有制度下，不存在国家或政府垄断，但还是出现了炒作泡沫？我国如果打破政府土地垄断，难道就可以避免土地的炒作吗？还有，建设用地的供给是需要政府“创造”，即必须满足居民生活生产所需的基本公共设施，水暖电气及道路、通信等条件，不可能在短期内完成大规模基础设施建设，满足建设用地条件的土地就不可能被生产出来，如果市场需求旺盛，土地供不应求怎么解决？要回答这个问题，需要具体分析。日本是一个狭小的岛国，国内适宜居住生活的土地面积只有30%，人口密度居于世界发达国家中前列，城市人口密度远远高于中国，土地资源的稀缺程度是中国所不能比拟的。而且，日本的土地泡沫与政府大规模的基础设施建设导致供求失衡有很大关系。具体到中国的土地制度，理论上讲，垄断一定会导致供给短缺。现实中，在“招拍挂”制度强制执行之前，基本上属于土地市场化多头供给，政府没有垄断，从本书第三章的分析中可以看出，该阶段的土地供应基本上可以满足市场需求，难能可贵的是，在1998年房改后住房需求集中出现的四年左右时间里，房价并没有出现快速上涨，只是温和上涨。实践证明，非垄断的土地制度，由于供给实行市场化，可以及时遵循市场供求规律的调节，灵活满足市场需求，即便短期有可能出现供应不足，在市场机制的激励下，会出现新的供应弥补市场空缺。所以既不会导致长期供给短缺，也不会形成确定的短缺预期，当然也不可能催生长期炒作下的泡沫。

最后，中国未来的土地市场管理模式，应该坚持市场化配置为主导，实现依法管理，在法规范围内自由流动。第一，市场化配置实际上就是价格和资金对资源的支配权利，因此完善的土地金融制度是成败的关键。第二，政府对土地市场的调控，应该主要基于规划、计划的实施和财政金融等激励手段，如日本通过城市道路、公共交通、基础设施等公共领域的建设，有效扩大城市建设用地的边界，从而满足住房建设用地的需要。德国通过制定地上权保护法律，创造了租赁性土地建设产权房的制度。政府的调控应该从法律和制度上受到约束，必须是有利于发挥市场机制的目的，而不是其他。政府对低收入者的保障性用地、对社会互助性建房用地、对公共建设用地等，实行市场化的征收储备制度，然后平价提供。第三，在抑制土地投机方面，应该借鉴德国土地市场的第三方公平估价模式，培育具有公益性、公信力、非盈利的土地协会等组织，对土地价格做出公开、公平、公正的估价。日本在土地泡沫形成后，为了抑制土地投机，专门出台了《土地基本法》及其实施规约，增加了惩罚性的税收制度。第四，还应该确立土地收益的合理分配机制，土地收益主要取决于经济增长和城市规划与发展，因此收益也应该主要由社会所分享。

2. 实现房地产市场供给主体多元化。

首先，住房供给主体多元化是各国共同的成功做法。上述各国情况显示，凡是大国，其住房市场的供给主体都是多元化的，对市场主体的管理完全是市场化的模式，在美国和德国，甚至保障性住房的供给都是市场化和多元化的。德国的住房协会、合作建房、私人自建等模式，形成了住房市场强有力的供给力量，有效削弱了开发商的垄断权力，为保持房价的稳定奠定了坚实的基础。

其次，住房供给主体多元化是中国住房需求多样化的内在要求。作为一个大国，地域宽广，人口众多，东、中、西部之间以及南北之间经济发展和生活习性差异很大，单一的开发商供给模式显然远远不能满足社会需求，越来越凸显出诸多弊病。一是容易导致开发商合谋与相对垄断。美国经济学家曼瑟·奥尔森认为，由于普通人缺乏组织在一起的选择性激励，而大企业和富人的小集团则存在共同的选择性激励，而且人数不多，组织起来相对容易得多①。市场上少数的开发商面对众多的消费者，在正常情况下，消费者往往会吃亏。二是存在供给效率与需求不合拍、供给结构不很合理的状况。开发商唯一的目的，是尽可能多地赚取高额利润，当然也会了解消费者的需求。但是当市场存在少数高收入者奢侈的住房需求时，开发商为了利润，只能是舍弃多数普通消费者的住房需求。三是存在供给相对不足的现象。单一的开发商供给渠道，在没有利润的情况下是不会向市场提供住房供应的。只有多元化的住房供给模式，才能满足中国住房市场的需求。

最后，中国未来的房地产市场应该实行全新的供给制度模式。第一，立法先行，实行负面清单管理，以规范的房地产开发建设法规，促进市场供给主体有序进入和退出。第二，政府有计划地扶持尚未成长壮大的弱势供给主

---

① 曼瑟·奥尔森:《国家的兴衰》，李增刚译，70 页，上海世纪出版集团，2012。

体，如合作建房、互助建房、代理建房等的市场新主体，为他们平价提供土地，减免税收，提供监管服务。第三，必须坚持对建筑质量严控严管，以法律责任和高额罚款对质量违法者予以严惩。

3. 培育稳定的住房租赁市场。

一个与经济发展同步、价格稳中有升的住房市场有助于良好的房屋租赁市场的形成。在此情况下，买房与租房的成本与收益差别不大。消费者在工作事业未稳定之时，宁愿选择租房而不购房，因为租房相对于购房来说，其自由度更好。而一旦购房，如果工作变化或子女上学需要流动到更远的区域或另外的城市时，房屋的卖出需要花费时间、精力和交易费用，对消费者来说综合成本是必须考虑的因素。

一个发展良好的房屋租赁市场也非常有利于房屋产权市场价格的稳定。人们在租房时如果也能拥有稳定的住房预期、舒适的生活品质、便利的生活配套等服务，就不会急于购房，而是会等待事业稳定、上学稳定、合意的住房出现以后，才会选择购房，而且这时候购房者的住房消费能力也提高了，有助于风险的降低。研究表明，欧洲国家的住房自有率与房价上涨存在正相关关系。德国、美国都拥有发达的房屋租赁市场，对于住房价格的稳定发挥了积极的作用。相反，爱尔兰和西班牙的房屋租赁市场非常落后，对促进其房价泡沫的形成起到了相当大的作用。

建设稳定的住房租赁法律体系，保护双方的合法权利，是房屋租赁市场健康发展的必要保证。一方面，法律需要保护承租人的合法权利，房屋租金不应该大幅上涨，租赁期限应该能够满足合同约定，承租人应该能够享受到与出租人同样的居住权利，包括子女上学、成人就业、社保和医保等待遇。另一方面，法律也应该保护出租人的合法权利，房屋租金应该与经济增长和物价上涨同步增加，承租人应该按照合同约定支付房租，如承租人违约，法律应该支持出租人行使自己的权利。

4. 建立市场化运行的商品房管理制度。各国在做好住房保障的同时，都实行商品住房的市场化配置。市场供求双方均有权在市场秩序和法律许可的范围内自由选择。尽管各国政府对住房供给都提供激励和资助政策，以支持住房供给的增加，满足不断扩大的住房需求，但是均以公开的、经济的和间接手段，并不对市场形成直接干预。各国无一例外地实行鼓励自有住房的政策，除了美国存在以金融手段过度支持低收入者住房消费酿成危机以外，其他国家均实现平稳运行，说明对供求双方应该对等支持，否则容易导致供求失衡。

商品的属性就是在自由流动的前提下追逐更高的利润，指挥棒就是价格和资金。本书证明，商品房市场也受到商品供求规律的制约，商品房的供求关系由市场机制所支配。市场机制发挥正常作用的前提条件是，市场应该是完全的，各类要素应该能够不受限制地接受价格和资金的指挥，而不是行政命令的指挥。鉴于商品房市场容易出现市场失灵现象，尤其是在低收入者的住房领域、垄断问题、信息不对称、投机等方面，需要政府“有形之手”加以调控，但是不能以政府调控代替市场机制，而是应该帮助市场机制更好发挥作用。

只要政府在市场失灵的领域发挥正常调控作用，就可以保证商品住房在市场机制调节下，顺应市场经济供求规律，形成自我调节、自我循环的良性发展。

（三）建立完善的市场化房地产金融管理体系

1. 发挥金融市场在房地产市场资源配置中的决定性作用。

首先，金融市场越来越起到对房地产市场的支配作用。房地产市场要求市场主体双方，均需具备较强的经济实力，尤其是市场供给一方，如果没有强大的资金力量，在市场化的竞争中连生存都成为问题，更别说发展壮大了。因此，房地产市场越来越难以离开金融市场的支持，市场化机制进行资源配置，对于房地产行业来说，实际上就是金融市场在起资源配置的决定性作用。

其次，各国的住房金融体系对住房市场的支配作用越来越显著。一方面，上述各国公共住房政策目标的实施，均需要得到政策性住房金融体系的支持，或者说，越来越离不开政策性住房金融体系的协助。美国、新加坡等国家，在政策性住房金融充分发挥作用以后，住房政策目标才得到改善。另一方面，各国政府对房地产市场的调控，基本上都已经摒弃直接行政干预的方式，都

采取经济的、间接的、市场化的手段，如美国、日本、新加坡对商品住房市场的调控，都通过改变货币政策、信贷政策、财政补贴、税收减免政策等方式，间接达到政府的调控目的。形成政府调控金融市场、金融市场影响住房市场的良性循环。

再次，市场化的房地产金融体系才能发挥优化房地产市场资源配置的作用。如果存在金融垄断，金融市场就不具备优化房地产市场资源配置的能力，这是因为，其一，垄断必然造成供给短缺，导致金融抑制，难以满足房地产市场对金融服务的客观需求，从而导致房地产市场也产生供求关系失衡，引发市场波动，不利于房地产市场平稳健康发展，也容易导致金融风险的形成。其二，垄断的金融体系，必然导致金融资源的配置并非是市场之需，往往可能形成金融市场与房地产市场的资源错配，假如房地产市场供给已经过剩，而这时政府的行政决策还在加大公共住房的建设以及金融对公共住房领域的投放，那么很可能会使房地产市场过剩的情况加剧，严重时会直接引发房地产市场风险的爆发。其三，市场化的房地产金融体系，会形成充分竞争，可以最大限度地满足房地产市场对融资、担保、资产证券化等的需求，形成房地产市场与金融市场的良性互动，一个市场化的房地产体系，在资金需求的引导下，必然自觉接受金融市场的支配。而市场化的金融体系，也会在房地产市场高收益的吸引下，自发对房地产市场提供资金、信用、担保、托管等一系列金融服务，使房地产市场的资源配置趋于优化。

最后，各国在商业性的住房金融领域，均实行完全市场化的管理制度，法律面前对国有机构和民间资本均平等对待。只有充分竞争的市场环境，才能使资源配置达到最优。中国未来的房地产金融市场，应该形成开放、多元、健全的房地产金融体系。

第一，彻底消除金融进入壁垒，现有房地产金融机构实现混业经营，实现规模效应，同时鼓励民间资本投资金融业，实现利率、汇率市场化，实现资本的跨境自由流动，形成市场机制决定资源配置的局面。

第二，发展房地产金融二级市场。抵押贷款和 REITs 等资产证券化二级市场，可以为房地产市场提供源源不断的资金支持，同时适当分散金融机构的流动性风险。在此过程中，实现房地产金融市场由银行主导型逐渐向市场主导型和行业主导型转变。房地产金融目前主要有三种模式，即银行主导型、市场主导型、行业主导型。银行主导型比较好理解，就是商业银行居于房地产金融市场的绝大部分份额，德国、中国等大部分国家采用这种模式。市场主导型就是以金融市场包括资本市场作为房地产融资的主要来源，美国就是这种模式的典型代表。行业主导型是指以房地产信托投资基金（REITs）、房地产基金、持有型的开发商等行业内的房地产金融投资机构作为房地产融资的主导力量，其实这种模式也是需要依赖金融机构或金融市场来解决资金问题的，只是将原来由金融机构直接向房地产开发项目融资的方式，变成了由金融机构或金融市场向上述行业内机构融资、再由行业内机构向房地产项目直接投资的方式，这样就促成了房地产开发市场由众多大小开发商群雄混战向专业金融投资机构相对控制的转变，极大地提高了市场的稳定性，增强了房地产项目抵御市场风险的能力，有利于降低房地产金融风险。

2. 实现房地产金融化。房地产金融化就是将房地产市场与金融市场有机地融合并且互相占比不断提高的过程，越来越多的房地产实物在房地产投资基金（REITs）、房地产抵押贷款证券化的实施中，整体产权被金融投资者持有，或被分割成若干份证券卖给众多的投资者，房地产成为了金融产品，房地产金融在全国经济中的比重越来越高，最后是金融控制了房地产，房地产实现金融化，房地产金融市场成为决定房地产资源配置的最主要力量。具体而言，房地产市场的资源配置，会越来越依赖于资金的引导，而资金也会越来越依赖于利率的指挥，整个过程实际上就是资金、资本在成本和收益的引导下对土地资源和房产资源起支配作用。而资金是受金融机制支配着，因此资金对房地产市场的支配作用其实是金融在起着支配作用。金融对房地产市场资源配置的作用，主要通过货币总量政策、利率政策、产业信贷政策、金融监管政策等手段，来达到对资源的合理配置和利用。

（四）建立政府法治化和制度化的间接调控模式

大多数成功的国家，都在趋向市场化改革，从政府管制领域退出。中国房地产金融市场的调控，应该紧紧围绕“发挥市场在资源配置方面的决定性作用、发挥政府弥补市场失灵的作用”这个思路，坚持市场化改革的方向，完成政府职能和房地产管理领域的市场化改革。

1. 明确界定政府与市场的边界。按照市场经济体制的内在要求，政府职能应该转变为服务型、裁判型，维护市场交易秩序，保障私人财产权。政府在维持市场正常运行方面应该有所为有所不为。对于市场机制能够发挥作用的领域应该完全由市场决定，政府不再直接干预，以免误导市场正常预期，扭曲市场行为；对于市场容易失灵的领域，如低收入群体的住房问题、信息不对称问题、行政垄断和自然垄断问题等，政府应该承担起责任，以消除市场失灵，使市场机制更好发挥基础性、主导性作用。政府适当利用税收、补贴等经济手段进行间接干预，并且承担起市场秩序监管的职责，促进市场化机制作用的更好发挥。著名经济学家厉以宁认为，在房地产领域，政府重点做好廉租房（保障房）建设，其他的都应该交给市场去做①。

合理的做法应该是，在房地产市场波动加大时，利用政府干预手段平抑市场，以新的计划影响市场理性预期；在房地产金融风险形成时，加强预期管理，合理引导市场行为，防止“羊群效应”，起到稳定基石的作用；在出现房地产金融危机时，及时以强有力的措施进行危机管理，使市场尽快稳定下来。

2. 建立全面制约房地产市场投机活动的机制。

首先，各国都有对房地产市场投机行为进行抑制的多种制度安排。美国通过市场化的手段，如持有阶段随房价而涨的房产税、遗产税等，非自住型住房购买和转让的高税负，以及多如牛毛的法律使房屋所有人可能承担不可预料的风险，都对房地产投机行为形成威慑。新加坡严格限制政府组屋的买卖。德国最初是以法律管制房租和房价的暴利行为，目前主要以社会法团力量、第三方估价机构“指导价”、发达的房屋租赁市场、住房储蓄银行稳定的供求对应关系、合作建房模式下充足的供给等措施，对房价加以制约，保持了房价的稳定。

① 厉以宁：《反对过分依赖宏观调控》，载《房地产导刊》，2013（6）。

其次，治理投机活动必须采取综合措施。科学完善的房地产税收体系对房地产投机活动具有一定的约束力。差异化的房产税、所得税、遗产税等税种，能够让炒房者背负较高的成本，对投机活动具有约束力。但是，近几年来我国连续出台房产交易营业税、所得税等新的税负政策，效果并不明显，或者说根本没有起到作用。说明仅靠税收体系无法达到抑制投机的目的。从治标的角度看，可以借鉴美国房产税从价征收的做法，并且让房产所有者承担与房产相关的一切法律责任，以多种手段增加投机者的成本。从治本的角度，促进供给以实现供求平衡是根本性措施，同时应该引导社会形成合理的住房消费文化氛围，引导住房回归消费属性，冷却房地产投资价值，从制度层面铲除房地产投机的土壤。

3. 建立制度化、法治化的调控手段和中央地方分级调控体系。各国的经验表明，健全的立法、以法律法规对市场进行调控，是实现住房市场稳定、减少政府调控随意性的前提。立法的最终形成，必须经历一整套严密的流程，因此，可以大大减少法规的随意性，有效降低人为干预因素。而且，立法一旦生效，短期改变的可能性极小，事实上也就形成了稳定的制度，又为市场保持稳定状态创造了条件。

中国政府的房地产调控模式，也应该走法治化、制度化的道路。鉴于房地产市场实际上是一个以城市化特点为主的当地化市场，应该借鉴德国做法，即中央政府管理全局性调控，地方政府承担当地住房市场稳定的职责、具体负责当地市场调控的分级管理模式，将市场调控的主要权力下放给地方政府，更具体地说，应该由城市政府担当起稳定本地住房市场的责任，并且建立严格的问责制度。地方政府的调控方式和权力，应该提前经过立法予以明确，不允许借调控之名越位干预市场正常行为。

4. 建设社会诚信体系形成良好的房地产金融生态环境。以诚信约束来增强社会的契约精神，是上述各国共同的成功做法，尤其以美国为典范。美国为每一个人包括外籍人士建立了统一的社保号，无论是办理贷款业务，还是就医、上学、就业，或者交通违法、电话欠费等，都一一记录在这一信息平台中，任何不良记录都会影响甚至阻碍当事人今后的发展，令违约者无处可藏、寸步难行。

中国的诚信体系建设，应该充分借鉴美国经验，一方面应该尽快将分散在各个领域的个人信息统一到一个平台上，以便完整反映个人甚至担任法定代表人的企业全面真实的信用状况。另一方面应该鼓励民间征信机构发展壮大，形成有效的社会监督机制。

5. 建立起风险防范和危机救助机制。美国危机处置成功做法与日本的危机处置教训，从正反两方面形象地揭示出主动、及时、正确、有力的危机处置措施，对于缓解危机、稳定市场、控制风险、恢复市场功能等方面，均具有重大意义。第一，建立房地产金融风险预警机制，完善事前管理机制。房地产价格泡沫客观上难以判断，这就增加了风险管理的难度。但是，在正确理论的指导下，综合运用实证数据，还是可以达到基本的准确性。在房地产价格泡沫初期，就采取正确的措施，主要以经济的、间接的方式，对市场主体行为进行逆向激励，对市场预期进行合理引导，可以将泡沫控制在温和的状态。第二，发生风险时，政府监管部门在合理引导预期、及时管理市场流动性合理配置、问题金融机构的紧急救助、加强对消费者的保护、及时完善制度、用制度堵塞漏洞等方面，应该充分借鉴美国的危机处理经验，建立起适合中国实际特点的危机处理机制。

第三节　中国房地产金融风险管理目标模式的分步实施路径

中国房地产金融风险管理四个分目标的实施，必须实行分阶段、分层次逐步推进的策略。分目标必须体现主次、强弱的递进变化。

一、近期阶段——以追求最低目标和次低目标实现为主

当前，中国房地产市场在高房价、高库存的双重压力下，从 2014 年第二季度以来，呈现缩量下跌的疲软态势，投资者对市场前景趋于悲观，许多城市先后爆发了以民间融资危机为主要表现形式的房地产金融风险，并且具有逐步扩大蔓延的势头，威胁着全国金融安全和社会稳定。应该说，当前的现状，正在接近让·梯若尔公共干预如何恢复市场功能理论模型中的市场冻结条件。该理论证明，政府以高于自由市场价的价格收购市场中的最差资产，可以激活私人市场购买行为，从而使市场自身功能得以恢复。

（一）近期阶段的主要任务是实现最低目标和次低目标

最低目标和次低目标是全局与局部的关系，也是相辅相成的关系，实现了最低目标，次低目标自然会容易达成。相应地，实现了次低目标，也就促成了最低目标的实现。基于不完全市场化改革的事实，在近期阶段，应该坚持政府调控为主、市场机制为辅的思路。因此实施最低目标，应该主要由中央政府统筹部署，中央部门和地方政府分别具体落实，主要任务是以政府之手有效化解房地产金融风险。由于各地情况千差万别，而且房地产市场极具地域化特色，因此次低目标的实施，应该主要由地方政府根据当地实际情况，按照中央政府统一的指导思路，采取适合当地实际的措施，缓解或化解以民间融资危机为主的金融风险。

（二）促进市场出清才能解决房地产金融风险过大的问题

梯若尔公共干预理论实施的前提，是市场出清状态下出现的市场冻结，这时单靠市场自身功能，难以短期恢复正常交易，客观上要求政府发挥重要

作用。如果市场不能出清，后遗症将会非常严重。日本20世纪90年代的危机处理中，在所谓的"宽容管制"政策下，一些"僵尸"银行得以保留在市场，资源不能重新配置，市场没有实现出清，导致长期处于低迷状态。房地产金融风险的化解，也有赖于市场出清。本书第三章论述显示，中国房地产市场如果不能尽快实现市场出清，所面临的房地产金融风险是巨大的，也是不堪承受的。如果我们坐视房地产市场缓慢调整，迟迟不能到位，导致接盘者寥寥，市场销售低迷，信用风险和流动性风险必然大量涌现，房地产金融风险就会逐渐爆发，从而一发不可收拾，使整个国家付出沉重的代价，并可能引发经济走向衰退的困境。要化解房地产金融风险，实行一步到位的调整、一次性探明底部，可能是当前相对较好的选择。只有实现市场出清，才能吸引人们重新进入的热情，恢复市场的良性循环。这样，房地产价格泡沫才能被挤清，沉淀在房地产市场的巨量资金才能被挤出，房地产金融风险才能彻底得到有效管理。

（三）政府应该出手干预，以促进市场尽快出清

按照梯若尔的理论，政府出手干预市场是有效的。但是，由于中国当前的房地产市场状况与梯若尔理论中的市场冻结并不完全相同，因此不能完全照搬梯若尔公共干预理论中政府以高于市场价的价格收购市场最差资产的做法。这是因为两者的背景存在很大差异。梯若尔理论是基于完全市场化的条件下，出现市场运行于底部区域而仅凭自身机制难以恢复正常状态的背景。也可以理解为市场已经探明底部，这时候的公共干预就应该以激励价格收购不良资产，才能引导市场恢复正常交易。而中国现实情况是，处于转轨期间，房地产市场并非完全的市场，另外市场尚未进入冻结状态，或者说市场还没有探明底部。因此政府干预的具体手段应该有所区别。

经济学理论显示，在经济下行之时，如果任凭市场自身进行调整，则必然会有一个矫枉过正的经历，存在社会福利遭受极大浪费的可能性，而且调整进度缓慢，不利于市场尽快恢复良性循环。何况，中国目前并不主要以市场机制发挥作用，因此，要恢复市场正常的功能，必须借助政府调控手段。在理论层面，应该立足于以政府"有形之手"帮助市场尽快探明底部，然后通过干预手段促进市场出清，以利于尽快恢复市场正常交易活动。福州市的做法值得借鉴。实际上，作为中央主管部门的住建部早在 2014 年 11 月就提出政府收购部分商品房用作安置房的思路，遗憾的是除了福州市以外，尚未发现其他省市实施此类手段的报道。实践中，可以由中央政府出台指导性政策，引导地方政府出台托底政策敞开收购问题开发商的资产。收购资金来源由政府、国有企业、政策性金融机构三方筹措，联合成立特殊资产管理公司，中央银行给予再贷款支持。收购条件是在第三方评估机构公允估值的前提下，并参照近期实际市场成交价，政府将收购价格下浮到合理的、人们愿意购买的价位附近（福州市的办法是下浮 15% 以上）。经过政府短期干预，使房价实现合理回归，底部基本探明，人们自然会放弃观望，重新进入市场，从而开发企业的资金链得到有机连接，高库存得到消化，流动性得到循环，房地产市场自身的造血功能得到恢复，房地产金融风险得到彻底化解。与此同时，需要建立房地产市场风险与金融风险之间的防火墙，一旦出现部分开发公司资金链困难，也可以由特殊资产管理公司收购其资产，保证与之有关联的金融机构不发生信用风险和流动性危机，确保房地产金融风险的有效控制，也使房地产市场形成稳定预期。这种做法，理论上可以在诺贝尔经济学奖新科得主梯若尔的研究成果中找到支持依据。实践中，福州市的方案也取得了初步成效，市区五区 2015 年 2 月住宅签约 1413 套，比上年同期的 943 套大幅增加 470 套，同比增幅达到 49. 84% 。住宅成交面积共 162614 平方米，比上年同期的 106362 平方米，增加 56252 平方米，增幅超过五成，达到 52. 88% 。

（四）尽快建立中央政府和地方政府两级应急处理机制

第一，建立房地产市场风险与金融市场的隔离墙。一方面坚持金融审慎经营、严格监管的原则，另一方面，政府主管部门应该建立金融稳定基金，以便金融机构出现偿付危机时给予紧急流动性救助。第二，保持适度宽松的货币政策和相对充裕的流动性支持，随时给问题金融机构注入流动性，最大限度满足社会对存款的支取需求。第三，及时公开正面和负面信息，以保证政府对社会舆论的主导权，保持民众对政府的信任和信心，以稳定人们的情绪，不使风险情绪蔓延。第四，及时出台保护购房者和包括民间融资的投资人在内的弱势群体权利的法规，以稳定民心，保护他们的合法权益，以保持社会稳定。

（五）近期应该坚持以政府调控为主、以房地产市场调控为辅的原则

在近期阶段，由于房地产市场的主要要素尚未实现市场化配置，土地资源还掌握在地方政府手中，而且短期面临着巨大的房地产金融风险，因此，应该坚持以政府调控作用为主、市场调节作用为辅的原则。由于房地产市场在土地垄断和政府职能——住房保障缺失的约束下，存在市场失灵，自身无法解决房价泡沫严重、房地产金融风险加剧的问题，因此，在房地产金融风险管理方面，应该坚持以政府调控为主的原则。但是，着眼于长远目标，当前就应该积极推进市场化的改革试点，以积累经验，为真正实现市场机制发挥决定性作用打好基础。

二、中期阶段——以追求次优目标为主

（一）中期阶段的关键是一系列治本制度的确立

1. 次优目标的实现必须有赖于保障性住房市场的独立运行制度的确立。在完成近期阶段的主要任务、实现房地产金融风险防范和化解的目标后，为防止房地产市场再次过热和泡沫的再次形成，必须尽快着手常态化风险管理机制的构建。当前由于房地产市场处于相对过剩的局面，需要经过几年的逐渐消化过程，因此短期市场面临的主要矛盾已经不是供给不足了，而是中低收入者的住房保障问题。按照国家规划，要在“十二五”期间完成3600万套保障性住房的任务，保障性住房覆盖率达到20%的目标。2015年就是“十二五”的收官之年，即便达到这个目标，保障性住房占比也还是处于较低的水平，但毕竟也是一个进步。出于解决住房的民生问题，以及管理房地产金融风险等两方面的要求，在中期阶段就必须首先建立起保障性住房市场独立运行的制度，并且还需壮大保障性住房市场规模，扩大住房保障覆盖面，实现大部分中低收入者享受住房保障的目标。因此，必须尽快调整住房供应结构，提高保障性住房比例，为整个房地产金融市场的稳定发展提供坚实的保证。

2. 次优目标的实现还必须有赖于限制投机制度的确立。为了使汽车行驶

得又快又稳，必须具备良好的刹车性能。房地产市场也是一样，凡是建立强有力的投机制约机制的国家，其房地产价格就会保持平稳增长状态，如德国、新加坡以及2000年以前的美国。凡是缺乏强有力制约手段的国家，就难免不发生房地产价格泡沫现象。因此，要想实现可控的市场机制下的健康运行，在中期阶段就必须建立抑制投机、限制泡沫形成的强有力制度。需要注意的是，抑制投机并不仅仅限于税收手段，法律责任的承担、社会舆论的导向、理性投资的引导、新的投资渠道的放开等，都是非常必要的配套措施。在这些组合制度下，市场投机活动将大大减少，房地产市场价格的平稳就有了基本的保障。

3. 实现次优目标，还必须完成一揽子改革任务。主要的改革内容是土地制度改革、金融制度改革、房地产开发制度改革、房地产税收制度改革等房地产金融市场所涉及的所有领域的改革任务，将为建立市场化运行的房地产管理制度和金融制度打好基础，使房地产市场和房地产金融市场不再存在梗阻现象，使房地产市场有条件实现供求平衡，实现市场化运转的良性循环。

在房地产市场和房地产金融市场都基本实现有效配置资源的基础上，政府应该尽快构建法治化程序化的市场调控制度和危机处理机制，然后逐渐退出直接管理领域。在正常条件下，政府只针对市场失灵的因素如限制垄断的形成、维持市场秩序、保障性住房建设与分配等领域进行管理。在中期阶段，应该基本完成政府职能转变改革的试点工作，强化以市场为主进行资源配置的导向，政府调控起到辅助作用。房地产市场与房地产金融市场并行发挥资源配置主导作用。

（二）应该首先推进房地产市场化改革

房地产市场和金融市场的市场化改革，理论上应该同时推进，协同配合，才能使市场机制更好发挥优化资源配置的作用。但是，现实情况复杂多变，具体改革过程中必然有先有后，不可能绝对同步。这就产生了一个问题，是哪个市场条件成熟了就推进哪个市场的改革，还是应该有个先后次序？

假定首先推进金融市场的改革，而土地市场继续维持非市场化现状，理论上弊端重重。金融市场的改革，主要内容基本上是打破进入壁垒、取消国家信用背书、取消分业经营的限制、利率市场化、汇率市场化、人民币国际化、资本市场实现注册制、抵押贷款二级市场开放等，使原来的金融抑制形成金融深化，以及进一步的金融自由化。一方面，从国内视角来观察，金融市场必将展开激烈竞争，金融机构的生存压力增大，混业经营又为金融机构产品创新打开了方便之门，在动力和压力双重影响下，金融机构必然产生向高风险高收益领域投资的冲动。另一方面，本币国际化意味着本国金融市场将全面向国际投资者开放，国际游资进入将不再受限，理论上热钱的流动必然会频繁发生，为金融监管增添了非常大的难度。而按照美国经济学家克鲁格曼的“三元悖论”学说，在开放状态下，中国的货币政策独立性、汇率的稳定性、跨境资本的自由流动等三个政策目标不可能同时实现，必然要舍弃其中的一个。既然开放是主基调，那么资本的流动性目标首先得以保障，货币政策独立性与汇率稳定性之间就存在取舍。如果选择货币政策独立性，那么汇率波动幅度和频率就将放大，肯定会传导至宏观经济领域，尤其是国际贸易的波动将大大增加，不利于经济的稳定和健康发展。如果选择汇率稳定的政策导向，就必然丧失货币政策的独立性，国家的金融调控能力受到限制和削弱。敢于这样改革的一个重要前提条件是，经济领域已经完成经济结构调整，经济结构趋于合理，实现了完全的市场化，市场机制取代了政府调控，有能力将资源配置到更有效益的领域。否则，国家经济必将产生严重失衡、部分领域泡沫膨胀的恶果。在此情况下，如果土地市场依然被政府垄断，房地产市场依然为政府所主导，那么土地的稀缺属性和供给短缺的预期依然存在并得以强化，国际国内的流动性就会大量投机于土地市场和房地产市场，房价泡沫甚至金融危机的可能性就会从理论变为现实。日本这方面的教训引人反思。20 世纪 80 年代，日本在以外向型经济占主导地位的背景下，匆忙实现金融自由化和国际化，国内在出口受阻、急于拓展内需的不利局面下，无奈启动大规模“列岛开发计划”，被动加大基础设施投资，导致土地市场供求失衡，引发土地投机热潮，金融自由化又为投机者提供了源源不断的资金，从而使得泡沫不断膨胀，最终落得泡沫破灭、金融危机爆发的后果。

首先实行房地产市场化改革，为市场机制发挥作用创造条件，是一条可行的道路。房地产市场各要素从政府垄断或控制变为市场机制决定以后，市场供给和需求将主要受价格和资金的调节。如果市场供给短缺，那么必然存在开发者利润率过高的现象，刺激社会资本和金融资源快速涌入，供给将在短时间内得以填补市场空缺，房地产领域的利润率被平均化，供求关系趋于平衡。即便在短期有可能出现房地产市场泡沫，但是只要坚持严格的金融监管，金融活动坚持审慎发展的原则，就不会导致系统性房地产金融风险的发生。

李连仲教授“转轨时期的社会主义双重经济体制理论”认为，单项改革成果容易陷入众多旧体制的包围当中，容易被旧体制同化，难以同相关性高、力量雄厚的旧体制相抗衡。旧体制的惰性及利益诉求使得具有掣肘新体制的动力。只有坚持改革的协同性，才能形成合力，新体制才会有生命力。因此，应该坚持新体制目标的同步推进。当个别层次或环节的改革出现超前现象时，如果有利于整体目标的实现，就有必要调整其他层次和环节加快改革，与之跟进，但是如果不利于整体目标的实现，就果断将其退回到旧体制。住房的市场化相当于新体制的实施，而土地要素及金融要素并没有同步实施市场化，那么，到底是加快推进土地市场及金融市场的改革，还是将住房市场退回政府管制？“混合经济”模式在更大范围内普遍采用，就是对这个问题的最好回答。

（三）必须实施正确的制度变迁

由于中期阶段的主要任务是进行制度建设，而制度变迁的任务并非市场所能够完成的，或者说现阶段中国的改革尽管具有市场推动的因素，但是主要还是依靠政府推动，尤其是中央政府的推动。进行制度变迁的决策者必然还是政府及其组成人员，这就决定了该阶段的资源配置主导力量仍然是政府。如何使政府推动的制度变迁符合市场所需，有利于市场机制作用的发挥，是该阶段能否取得成功的关键。改革的顶层设计者应该建立必要的激励机制，以有效引导改革政策的具体制定者和执行者自觉起草和制定有利于发挥市场机制作用的制度，抑制制度变迁中的部门利益和个人利益。

三、远期阶段——以追求最优目标为主并最终实现总目标

（一）远期阶段中国房地产市场将出现两个新的变化

1. 中国房地产市场将由增量主导变为存量主导。2014 年，中国城镇房地产市场已经实现了住房总户数大于家庭总户数的目标。另外，按照保障性住房占新增市场比例越来越大的趋势，可以预想的是，商品住房新增量将会越来越少，存量住房比例将越来越大。参照国外住房金融市场的运行规律，在成熟市场，住房金融市场风险将主要取决于住房价格下跌的风险，而不是来自于商品房销售环节的风险。主要风险源就从开发商变为住房贷款的消费者个人。这就决定了远期阶段房地产金融风险防范的重点，是防止房价的大幅波动和保持房地产与金融的良性比例关系。房价的波动，不仅仅源于房价泡沫膨胀下的下跌，还来自于经济增长周期性波动引致房地产市场周期性波动的威胁。防范周期性波动下房地产金融风险最为有效的办法，是保持健康的房地产市场与金融市场的关系，具体来讲，一是保持较低的住房贷款抵押率，如不超过 70% 等，二是保持合理的住房贷款总比例，国外的经验是，住房抵押贷款不应该高于全部贷款的 30%，也不应该高于本国 GDP 的 50%。

2. 独立运行的保障性住房市场将对于房价稳定发挥重要作用。经过中期阶段的政策倾斜和大力发展，到远期阶段必须建成一个极具分量的保障性住房市场，让独立运行的保障性住房市场发挥出稳定整个房地产市场的作用。这就要求完成保障性住房市场在远期阶段实现总量和占比都大幅提高的目标。从国际上看，新加坡的公共住房市场占据总住房市场的 86%，中国香港接近 50%，英国接近 40%，德国大约 1/3，而中国 2015 年即便完成保障房建设目标也只有不到 20%。理论上，保障性住房应该至少达到德国的占比水平，保障性住房市场才有能力发挥稳定作用。如果我们坚持这样的指导思想，在远期阶段，一个强大的保障性住房市场就会形成，成为与商品住房市场分庭抗礼的力量。独立运行的保障性住房市场，就会发挥其成本低廉、价格稳定、政府信用背书、封闭运行的优势，有力地维持房地产市场的价格平稳，房地产金融市场的稳定健康局面将得到保障。

（二）最优目标将在法治诚信和市场为主政府为辅机制共同作用下实现

理论上，法治和诚信体系的建立，是房地产市场正常秩序的基础性保障。政策性住房市场的独立运行和有效管控是整个房地产市场价格保持稳定的关键。制约投机机制的确立，成为房地产市场过热阶段有效降温的自动稳定器。市场化运行的商品房市场体系将发挥更合理配置资源的作用，需求旺盛时的价格升高将迅速传导给开发商，顺畅的要素市场在房地产金融市场的指挥下，将做出及时反应，政府及时公开生产要素即将增加的消息，市场预期很快趋于稳定，房地产市场将随着经济增长平稳发展。房地产金融体系一二级市场，将为房地产市场提供成本合理的资金支持，也将为商业性房地产金融机构提供分散流动性风险的途径，房地产金融风险得以防范。

该阶段通过完成上述制度机制的建设，政府将彻底退出对市场微观活动的直接管制，将房地产金融发展的权力彻底交给市场。形成完全市场化机制发挥决定性作用的完善的房地产市场体系和房地产金融市场体系，政府注重做好金融监管的不断改善，提高住房保障水平，密切关注市场的非正常波动，及时消除危机隐患，以“有形之手”科学引导市场保持健康发展的势态。如果发生金融风险，则及时有力地按照预先设定的方案和现实情况采取措施加以解决。在这个过程中，房地产市场与金融市场的相互渗透不断加深，房地产资产存量中的金融杠杆不断提高，房地产逐渐金融化，房地产市场的资源配置将由金融市场起决定性作用，房地产市场从属于房地产金融市场，真正实现统一而完整的房地产金融市场。

本章小结

在充分学习国外成功经验的基础上，本章从理论层面研究了中国房地产金融风险管理的目标模式选择。在“混合经济”理论和“转轨时期的社会主义双重经济体制理论”的指导下，本书认为应该在理论上坚持市场化导向，在实践上坚持从中国实际出发，汲取历史教训，坚定市场化的改革方向，并且对总目标模式和分步实施的阶段目标进行了推论和探讨。认为总目标模式应该建立保障性住房市场与商品住房市场隔离运行的制度，注重发挥保障性住房金融体系的作用；商品住房市场应该建立市场机制对资源配置起决定性作用、金融市场对房地产市场起主导性作用、政府起辅助作用的系统性机制，以法治和诚信体系维持市场健康运行，以适应房地产市场日益金融化的客观要求。

建立保障性住房市场独立运行的制度并壮大保障性住房市场，可以有效发挥保障性住房价格稳定低廉、金融风险可控、抑制投机活动的独特功能，从而在确保自身市场稳定的同时，也对商品住房市场起着牵制作用，使得商品住房市场炒作不起来，相应的金融风险也相对可控。完善的政策性住房金融体系是住房保障成功的关键，依靠政策性金融手段并嵌入政府财政保障功能是解决住房保障问题的最优选择，这样可以将财政补贴通过金融间接化，既有利于保障效率和提高被保障者的福利，也有利于减少寻租腐败行为。

“转轨时期的社会主义双重经济体制理论”提出，政府调控间接化、经济参数规范化、市场体系完善化、企业行为市场化、产权主体多元化等新体制目标，必须同步实施。在当前经济参数规范化及企业行为市场化的背景下，必然要求市场体系应该完善，才能在理论上促进新体制的成功推进。因此本书提出必须建立资源自由流动的房地产市场体系和金融市场体系，实现土地资源、开发主体、金融主体的市场化配置与管理。在此条件下，房地产将会日益金融化，金融市场必将发挥出对房地产市场资源配置的决定性作用，届时，政府将通过对金融市场参数的调控，就可以实现对房地产市场调控的政策目标，进而实现完全间接化的调控新模式。

"转轨时期的社会主义双重经济体制理论"认为，旧体制向新体制转轨的过程，需要经过三个阶段，即新体制启动、旧体制势强阶段，新体制深化、旧体制势平阶段，新体制形成、旧体制势衰阶段。基于我国正在从不完全市场向完全市场改革的现实，本书提出总目标模式的实现，需要分层次、分阶段逐渐推进。首先，需要按照从低到高的次序划分具体目标，本书从理论和中国现实出发，规划为最低目标、次低目标、次优目标及最优目标等四个分目标。其次，需要按照从近期、中期到远期的分阶段、渐进式推进，即近期阶段推进最低目标和次低目标，以政府调控为主、市场机制为辅；中期阶段推进次优目标，以政府与市场共同发挥作用；远期阶段推进最优目标，以市场机制为主、政府作用为辅。最后实现总目标模式，建立起中国特色的房地产金融健康发展的长效机制。

本书认为，最低目标与次低目标必须在近期实现，两者是相互促进的关系，应该在以前者为重的情况下同步推进。梯若尔公共干预理论和住建部政策、福州市的具体做法都为解决问题提供了理论及现实指导。研究显示，政府有效干预可以在促进市场出清的前提下实现市场自身良性循环功能，这样的风险化解手段才是符合经济规律要求的。

本书研究发现，在各项改革客观上不可能做到完全同步推进和完成的情况下，一些相互关联的制度改革必须注意，应该按照先后次序有序推进，即首先实现房地产要素的市场化配置，然后才是金融体系的市场化机制的完成，不能颠倒，否则日本式的灾难就将难以避免。"转轨时期的社会主义双重经济体制理论"对此发挥了积极的指导作用。

本章的结论是，创建一个稳定而成功的房地产金融风险管理模式，要求我们必须在房地产市场管理、房地产金融制度、政府调控手段等方面进行全面改革和创新，清除不利于市场机制发挥作用的制度障碍，从而最后建成由房地产金融体系起支配作用的房地产市场体系，实现房地产金融化。

第六章

关于搞好我国房地产金融风险管理的若干政策建议

第五章的研究，明确了我国房地产金融风险管理的目标选择，明确了总目标模式和分阶段目标的改革方向、主要任务以及推进次序，为本章即将进行的具体改革建议提供了理论依据。本章共分为六节，第一节将对当前中国房地产金融面临的风险提出对策建议。第二节将在深化房地产市场改革方面提出对策建议。第三节将在加快住房保障制度和政策性住房金融制度改革方面提出对策建议。第四节将在完善房地产金融市场方面提出对策建议。第五节将在规范房地产市场调控方面提出对策建议。第六节将在加强房地产金融法治建设方面提出对策建议。需要说明的是，本章的第一节对应近期阶段，主要推进最低目标和次低目标，以政府调控为主、市场机制为辅；第二节至第六节对应中期阶段和远期阶段，推进次优目标直至最优目标，从政府与市场共同发挥作用逐渐过渡到以市场机制为主、政府调控为辅。

第一节　应对当前房地产金融风险的政策建议

一、中央政府统一部署化解房地产金融风险

当前，中国房地产金融市场不断曝出包括房地产开发商跑路危机、民间融资偿付危机、投资担保公司破产倒闭危机等现象，一则河北省最大、号称中国第二大的国有担保平台河北融投担保集团有限公司被拖垮的消息①，震动了市场的神经。据报道，河北融投集团作为担保公司，担保额高达500多亿元，并且还有部分自投业务，主要资金流向是房地产领域，坏账率至少10%以上，面临着资金链断裂、银行抽贷、债权人追债、法院诉讼等诸多困境，尤其是银行“顺周期”的抽贷行为，更加速了该平台的垮塌，曾经地位显赫的巨人无奈已经被同为本省国有企业的河北建设集团代管。危机似乎已经从民间融资领域逐渐向体系内金融机构危机进行演变，房地产金融风险呈现愈演愈烈之势。

面对巨大的房地产金融风险，在近期阶段，按照政府调控为主、市场调节为辅的策略，政府应该尽快实施先治标、后标本兼治的举措。

有梯若尔公共干预理论作指导，有福州市房地产调控实践做参考，建议中央政府立即着手实施以基于化解房地产金融风险为目的的市场干预措施，以政府之手促进房地产市场出清，从而恢复市场正常的交易活动。一是尽快出台指导性意见，明确以促进市场出清为目标的指导思想，统一安排部署各地的公共干预行动。其实，住建部已经于2014年末前出台政府可以收购部分商品房作为安置性住房的政策，李克强总理也在2015年的全国两会报告中予以重申强调，但是对于国家这样一个符合实际的措施安排，地方政府却没有几个能做到这一点，从而贻误了解决房地产问题的最佳时机。二是由于各地情况不一，应该允许各地方政府有权根据当地实际情况，进行有针对性的干

① 记者胡群、葛书晓：《谁拖垮了河北省最大担保平台》，载《经济观察网》，2015-04-20。

预措施。三是尽快制定房地产金融风险应急处理预案，以备局部金融危机发生时进行紧急处置，尽量将负面影响降至最小程度。四是在中央政府层面建立危机救助基金，以及时救助发生问题的准入类金融机构。五是采取适度宽松的货币政策和稳定的信贷政策，协调金融监管部门和各商业银行总行，不允许各地商业银行不负责任的争抢抽贷行为，而应该在各地金融办和银监局的统一协调下，进行资产的保全行动。六是及时公开信息，及时总结各地成功做法，并在适合的范围内进行推广。总之，中央政府的职责是守住不发生全局性、系统性金融风险的底线，也就是我们上一章提出的最低目标。

二、地方政府具体实施公共干预行动

福州市已经先行一步，并且立即见到了实效，以实际行动证明政府干预市场是有效的。其他地方政府，尤其是已经爆发民间融资危机或其他金融风险的城市政府，应该效仿福州市的做法，根据自身实际情况，主动采取干预措施。必须注意的是，地方政府不要简单救市，房地产市场的正常交易行为不是靠政府救市就能恢复的，购房人必须等到房价回落到合理价位以后，才会逐渐入市购买。仅靠市场自身调节的探底往往会经历复杂的过程，而且在底部常常会盘整相当长的时间，这时，市场上房价跌无可跌，投资者大部分持币观望，这种状况就可以认定为梯若尔理论中的市场冻结。对此，梯若尔开的药方是，政府应该以高于市场价的价格收购市场中最差的资产，引导投资者恢复正常交易，恢复市场的正常功能。

另外，地方政府还应该建立指导当地房地产市场平衡发展的机制，如根据当地人口流动情况、居民收入变化情况、家庭结构变化情况等因素，合理制定房地产市场供给计划，促进供求平衡。同时重点履行保障性住房供给的职责，打击投机行为，及时公开信息，以最大限度保持房地产市场和金融市场的稳定，从根本上遏制房地产金融风险的发生。

三、建立制度化的危机处理机制

日本在土地泡沫和资本市场泡沫破灭、金融危机爆发前后，接连出现了一系列政策失误。如在土地泡沫形成并且开始膨胀时，提高土地交易税，但却没有同时提高持有税，导致土地交易自发减少，投机者持有土地待价而沽，越发强化了土地的短缺预期，反而助长了土地投机。再如日本发现市场泡沫膨胀过度时，大幅度提高利率以抑制投机，但是却如一剂猛药，导致泡沫急剧破裂，促使危机过快爆发。危机爆发后，财政部又犯下对“僵尸”银行宽容有余、对健康银行支持不足的重大失误，导致金融市场不能恢复正常功能，加重危机并且延长了经济恢复时间。美国对金融危机的应急管理处置就相对成功，财政、金融及各种经济政策协调配合，有力地控制住危机程度，并且使得后危机时代经济实现健康恢复。我国由于缺乏金融危机的处置经验，鉴于金融危机过程中往往会出现超预期的急剧恶化局面，中央政府和地方政府都应该建立起完善的危机应急预案。具体方案可以借鉴美国经验和教训，结合中国房地产金融市场实际情况，形成适合我们自己的房地产金融危机应急处置体系。涉及的各个部门如财政、税务、金融、司法、土地和房地产产权登记主管部门、新闻舆论导向、社会救济等，应该建立良好的部门之间日常协调机制和危机协调机制，以便分工协作，杜绝矛盾政策的再次出现。

第二节 深化房地产市场改革的政策建议

一、逐步打破地方政府对土地的垄断制度

中央政府早在2012年的中央经济工作会议上，就已经明确土地改革的方向，即农村集体土地要与城市土地“同地、同权、同价”。改革的具体实施，需要从三个层面上进行突破。

（一）改革现行土地征收储备制度

首先，应该废除地方政府对城市建设用地和农村集体建设用地事实上的征收储备垄断。取消强制性土地征收储备制度以后，如果政府为了公共利益以及平抑土地市场非正常波动，需要储备土地，那么政府就可以成立土地银行，以发行债券的形式筹集资金，以市场公允价值为基准从土地占有者手中购买使用权。其次，为了避免政府在不对称信息条件下实施类似股票市场“内幕消息”式的突击征收，避免政府在土地征收以后随意改变城市规划来使土地升值，这就需要与城市规划的法治化、程序化相结合，必须制定长远规划，向社会公开发布，短期调整必须经过人民代表大会和政协委员会充分调研、讨论，然后再形成法规公布，这样，城市规划才具有权威性。应该容许集体土地自主决定入市，给予集体土地完整的权益。

（二）打破土地出让的政府垄断制度

按照土地要素自由流动的改革要求，应该允许集体用地和城市国有非建设用地在符合最新城市规划的前提下，通过政府土地管理部门备案登记后，自主在各地的土地交易中心公开挂牌出让。在此基础上，建成城乡统一的土地要素供给市场，实现农村集体土地与城市同类型土地的同权、同价，实现一元化的土地管理制度。在新的制度框架下，所有土地均纳入土地交易市场公开交易，真正实现以市场机制决定土地资源的配置。各地地方政府的土地交易中心，可以为各类市场主体提供服务。今后各类土地均可以自由地在土地交易中心公开招拍挂，只需要按照政府事先规定的收费标准缴纳费用即可。

在这种制度下，土地作为房地产市场最重要的生产要素，就基本实现了自由流动的目标，土地资源就不再由政府配置，而变成了市场化配置。政府也就不再是土地利益的主体，而变成了纯粹的市场裁判员，从制度上保证了政府执法的公平性。

（三）建立土地收益的社会分享制度

按照马克思经济学理论，土地增值来源于级差地租，因此土地收益应当由社会分享。应该通过必要的秩序，按照各类因素对土地价值的影响程度，形成合理的土地收益分配制度，最终以法律的形式确定下来。地方政府按土地性质、用途及地段价值，事先确定政府收费项目和标准，在土地变更登记时收取费用。政府收费仅限于税金、城市基础设施建设费、市政配套费等项目，用于提供水电暖等市政条件和道路等服务。社会大众也应该以合理的、可操作的方式，分享土地的增值收益。土地的实际占有者拥有土地交易的决策权和剩余索取权。

（四）建立社会第三方机构制定土地和房产合理“指导价”制度

在土地制度彻底改革之前，为了稳定土地价格，有必要借鉴德国土地定价方面的机制。德国的土地交易价格，并不仅仅由买卖双方确定，而是主要由专业协会、注册评估师等第三方估价机构评估确定。注册评估师需要对评估结果的合理性负责 30 年。这些第三方估价机构日常就制定出每个区域的土地和房地产合理价格，以“指导价”的名义对社会发布，形成了非常高的认同度，对稳定地价房价起到了独特的作用。法律规定，如果交易价格超出“合理价格”的 20%，就有可能面临高额罚款；如果超过 50%，就可能面临长达 3 年的监狱之苦。我国自 2003 年土地招拍挂制度强制执行以来，尤其是 2009 年以来，土地的“饥饿式”供应使得市场异常火爆，常常拍出“地价高过房价”的奇特现象，推动房价进一步上涨，形成恶性循环。假如当初引进第三方“指导价”制度和反暴利法规，建立倾向于保障性住房的土地归属决定机制，那么就可能避免“天价”土地的频频出现。

二、建立限制投机的组合制度

(一) 区别情况征收房产税，完善房地产税制

1. 征收房产税应该实行“新房新办法、老房老办法”。有的学者提出“房产税按面积征收”的建议。本书认为，如果这样征收，那不仅仅是中国中产阶层的灾难，也将成为城镇化、土地制度改革以及中国经济转型升级的绊脚石。

房产税思辨之一：不应该按面积征收

按照主流经济学和财政学理论，房产税是一种财产税，也是一种财富税，是对房地产的所有权人所持有的房产的公允价值征收的一种税。我国的具体情况是，按照1986年《中华人民共和国房产税暂行条例》，房产税适用于国内单位和个人的营业性用房，征收对象为非住宅。对个人所拥有的非营业性用房即住宅免征。计税方法有两种：一是在房屋原值基础上一次减除10%～30%后再乘以1.2%计征，也称从价计征；二是对出租房屋按租金收入的12%计征，也称从租计征。

如果即将推出的房产税按面积为征收依据，那么，本书只能说这种征收方式是不符合客观经济规律的。

第一，按面积征收违背了房产税的本质。首先，房地产属于非贸易品，具有不可移动性，具有鲜明的地域特征，同样面积的房子，所处地域不同，价值相差极大。其次，房产税属于从价税和财富税，是对房产公允价值征收的一种税。房产税的本质是向价值征收，房产的价值与地段、环境、面积等多种因素有关，但最重要的因素还是地段。即李嘉诚讲的房地产开发的核心是“地段，地段，还是地段”。最后，按照马克思商品价值理论，房产的价值可分为使用价值和投资价值，使用价值与面积有关，但是主要还是与地段关系更为密切，否则为什么许多人将老家农村的宽敞大院闲置，而在大城市租住狭小的房子呢？房产的投资价值更是与面积无关，而是与稀缺性息息相关。我们征收房产税的目的，如果不是仅仅为了扩大地方政府收入，而是包括调

节住房市场供给、合理配置土地和房地产资源的话，那么，房产税应该针对的主要是其投资价值，而非使用价值。综上所述，房产税的实质，应该向土地升值征税，而不是向“砖头”——即建筑本身征税。建筑本身每年都在折旧，是不断贬值的，但旧房子都在涨价，说明涨的是地价，只有房产所占土地是升值的。因此不应该以代表建筑本身的“房屋面积”为征税基点，而是应该以代表土地价值的房屋评估价作为征税基点。

第二，按面积征收违背了法理。房产税属于产权税，是针对房屋产权所有人而征收的。而中国商品房的拥有者所拥有的从来就不是房屋完整的产权，因为房屋所附着的土地只有使用权，并且其使用权也只有顶多 70 年。土地产权属国家，民众缴纳房产税，等于替国家交税。70 年以后国家有权收回土地以及地上附着物，彼时房屋拥有者将失去房产，当然不应该缴纳房产税了。

第三，按面积征收违背了经济学原理。马克思“级差地租”理论揭示，房产的价值差异源于土地价值的差异，而土地价值的差异在于地段及其稀缺程度和周边配套环境。而按面积征收，并没有体现出房屋价值的差异。

第四，按面积征收违背了税收的公平原则。首先，房产税征收时，不应该凡是别墅就认定是豪宅，因为地段差的别墅也许比市中心面积小得多的普通住房还要便宜。如果城市中心的 50 平方米住房比六环外的 300 平方米房子价值还高，到底谁的财富多？应该收谁的税？但如果按面积征收，形成价值高者不缴低者缴，税收原则是公平，而按面积征收反而越来越不公平了。其次，农村住房、小产权房等，诸多游离于管理之外的实际占领土地资源的房产，按照新闻报道是不在征收范围内的，还有许多经济适用房、军产房等，也是不在征收之列的，这又会导致新的不公平。

第五，按面积征收违背了标准统一性原则。一件事情只能采用一个标准，不能双重标准。如果新的房产税制度是按面积征收，其本质是针对建筑本身的；但是据报道，超面积部分还要按评估价征收，那么，到底是以价值为征收依据，还是以面积为征收依据？这是完全不同的两个概念，如果同时并存，则属于自相矛盾。

房产税思辨之二：按面积征收的副作用非常大

第一，郊区化本是符合城市发展规律的，如美国的逆城市化，有助于化解大城市病，缓解城市核心区的压力，缓解交通、空气、资源承载的负荷，有助于优化城市空间布局，缩小城乡差距，尤其是基础设施和配套条件等方面的差距。而按面积征收房产税，将破坏这种趋势，阻碍郊区化进程，阻碍郊区发展，不利于城市空间布局。

第二，如果按面积征收房产税，那么以后农村集体建设用地确权后的住宅征收不征收？我国的土地制度改革可是提出农村集体建设土地与城市建设用地“同地、同权、同价”，经济转型，向以内需、尤其是消费拉动为主转变，必然有一个农村城镇化的过程，撤村并镇是大趋势。在此过程中，农民的住房面积不可能减少，如果征收房产税，必然遭到农民的一致反对。而如果不征收，则“同地、同权、同价”岂不成了一句空话？

房产税思辨之三：国外怎么征收

国外具有可比性的国家，基本上都是按房屋的价值或收益征收，还没有一个国家是主要以面积为征收依据的。

首先来看欧美国家。建立在土地私人所有制基础上的美国，各州都是以房屋评估价值征收房产税，房产税是地方政府最重要的收入来源。

其次，日本在土地私有制基础上，也是按照房地一体的价值估值为依据，征收房地产持有税。不过，日本的持有税率相对于交易税而言是比较低的，而且，持有年限越长，税率越低，还有形形色色的抵扣和优惠，因此，其房产税的初衷是鼓励民众拥有住房，并非借房产税打压房地产市场。

新加坡的房产税是按房屋的价值以及房屋的市场租金收益即年值为纳税依据。新加坡征收房产税的主要目的是为了社会公平和鼓励居者有其屋，而不是为了增加政府税收。新加坡房产税制度有两个倾向，一是累进制，即房屋价值越高，需要交的税就越多；二是鼓励购房自住，对自住者征收较低的房产税，对投资性房屋则征收较高的房产税。

房产税思辨之四：房地产税改应该与房地产制度改革协同推进

现行土地出让制度与房产税的征收不应该同时并存。现行土地出让制度，一是集体建设用地与国有建设用地“同地不同价”，导致集体土地上的房屋包括“小产权房”在内，均游离于税收体制之外，既不合理，也不公平；二是国有建设用地一次性收取70年的土地出让金，没有理由再征收房产税。如果强制征收，则与暴力抢劫没有什么区别；三是现行最高70年的土地使用权制度，是征收房产税的最大障碍之一。中央政府早在2012年的中央经济工作会议上，就已经明确土地改革的方向，即农村集体土地要与城市土地“同地、同权、同价”。改革的具体实施建议，请参阅本书关于土地制度改革部分的相关论述。

房产税思辨之五：我国应该怎么征收

理论上，征收房产税应该与土地管理制度改革相结合，而不应该孤立地开征。合理的做法是，首先进行土地管理制度的改革，待新的土地管理制度实施后，由于政府不再是一次性收取70年（以住宅用地为例）的土地出让金，土地出让的年限由买卖双方自己确定，因此政府就可以理直气壮地征收房产税。

当前，如果要强行首先开征房产税，那么，本书建议应该按照成本—收益原则以及合法合理性原则，先征收增量房的房产税，即先从新房市场开始征收，而不要动存量商品房的主意。

一是对新的土地制度下的新房可以征收房产税。对在新制度下所出让的土地上开发的商品住房，可以每年征收房产税，不必考虑购房人是否首次购房，只需要拉开不同套数承担的不同税率即可，拥有房子的套数越多，应该缴纳的税率越高。

二是房产税可以首先对小产权房征收。具体原因见下页“2. 规范小产权产管理”。

三是对于老的商品住房，因为已经一次性缴纳了70年的土地出让金，不应该征收房产税。如果强制开征，则建议只对家庭拥有的第三套、个人拥有的第二套住房开始征收，拥有的套数越多，税率应该越高。因为，其一，居民家庭或个人购买首套住房不应该征收，否则会伤害大多数有房的中等及低收入群体，加剧收入分配不公的局面，不利于扩大内需和扩大消费。其二，居民家庭购买第二套住房也不应该征收房产税。如果个人购买首套房不征税，那么就可能驱使人们去办理假离婚手续，家庭一分为二，可以合法避税。但是这样就会出现许多社会问题，不但会给婚姻登记机构带来大量本不应有的工作量，增加社会成本，还有的可能趁机假戏真做，增加社会不稳定因素，也不利于社会诚信建设。

2. 规范小产权房管理。小产权房是不合理的土地管理制度的副产品，是农村集体对不公平的土地收益分配机制的抗争。在长期土地供应不足的背景下，对房地产市场起到了重要的补充作用，以及对房价起到了一定的约束作用。不可否认，小产权房的存在虽然有其合理性，但是不合法。鉴于这种现象已经既成事实，而且小产权房也是巨大社会财富的象征，应该将其纳入合法渠道加强管理。一是将其纳入产权管理系统，对凡是愿意在一定期限内补缴一定标准的土地出让金者，可为其补发房屋所有权证。二是对纳入产权管理系统的小产权房每年征收房产税。三是对在期限内不愿补缴土地出让金、不愿纳入产权房管理系统的，通过农村集体用地和宅基地确权方式清查小产权房，并出台惩罚性的制度。

3. 进一步完善房地产税制。房地产市场是一个大系统，仅仅依靠房产税不可能起到抑制投机的作用，需要进行系统的税收体系重建。在房产税开征后，还有必要进行配套的房地产税制改革，如增加征收遗产税、赠予税、房租收入所得税等，同时应该减少房地产开发环节的税收，清理不合理的、过高的税负。如应该取消营业税，保留增值税，设立暴利税，等等。在土地垄断制度取消以后，土地的占有者拥有了出让的自主权，这时还应该征收土地持有税和出让税，尤其需要避免日本式的教训。尽管各地情况差异较大，但是为防止地方政府在征税时出现就高不就低的倾向，还是应该出台统一的原则，各地可根据不同情况采取不同办法。总的来说，税收应该起到调节收入分配差距的作用，不应该使中低收入者加重压力。

（二）建立限制境外人士购房的常态化制度

对境外人群购房设置限制是国际上许多国家通行的做法。比如日本规定外籍人士不准贷款购房。严格限制境外人士购房，可以有效抵制国际热钱对我国房地产市场的冲击，有利于房地产市场的稳定，也有利于规划和计划的实际执行。对境外人群购房设置限制，一般是通过对其在国内固定工作年限、缴纳社保医保年限、购房套数限制、贷款条件提高等多方面抬高门槛的方式，以此达到限制热钱炒作的目的。

三、改革房地产开发管理制度

（一）鼓励集资建房、合作建房等多种供应模式

德国的经验证明，只有形成多元化的供给主体，才能稳定市场供给，从而稳定房价。发端于英国、成就于德国、存在于许多国家的合作建房模式，以其成本低廉、供求对应、供给稳定、互助合作等优势，获得了广泛的认可，德国的住宅合作社提供的住房一度占到市场供给量的30%左右。

对于中国来说，这种互助形式的建房模式更应该提倡。客观上，如此泱泱大国，如此众多的消费者，按照马斯洛的消费层次理论，不同的消费群体对房屋的消费需求也必然大相径庭，处于每个不同消费层次的群体都不在少数。只有实行多元化的供应，才能满足多元化的需求。实际上，集资建房或合作建房的模式在我国存在过多年，其定向开发、成本低廉、人房对应的优点，深受广大普通群众欢迎，与德国的住宅合作社有类似之处。无论过去还是现在，无论国内还是国外，由民间力量或私人资本购买土地使用权，然后依法合资建房、合作建房，从而降低房价的成功案例很多。政府只要对建筑资质和建筑质量加以管制，同时以优惠供应土地的措施给予扶持，就可以促进合作建房模式迅速发展，可以有效增加平价住房供应，满足更多中低收入家庭的住房需求。

通过制度改革，使开发商、民间合作建房、住宅合作社、职业经理人团队代理建房、房地产信托投资基金（REITs）开发经营等模式共存，形成多层次的

房屋供给渠道，对实现房地产市场的长期稳定健康发展，是非常有意义的。

（二）建议取消一批重复审批、无效审批环节

当前中国的固定资产投资管理体制，还没有摆脱计划经济的束缚，存在较多的行政管制，应该尽快予以改革清理。一是具体在房地产领域，建议对民营企业投资主体，取消固定资产投资备案登记审批，改为真正的备案；二是取消可行性研究报告和环境评价报告等，将环境保护的内容列入项目规划方案审核中即可；三是政府不再对建设用地限定具体用途，只规定负面清单，在满足城市整体规划和不突破负面清单的前提下，具体建设内容和形式交给市场决定，政府不再审批干预；四是政府应该加强对建筑工程质量的监督检查，对质量问题予以严惩，使违法违规成本大到足以让其破产倒闭的程度。

第三节　加快住房保障制度及政策性住房金融制度改革的政策建议

按照中国人口众多、财富积累有限、地域差异很大的国情，住房政策应该坚持“主要救助低端、适当扶助中端、完全放开高端”的指导思想，建立多层次的住房保障体系和有效的政策性住房金融体系。

一、彻底改革现行住房保障管理体制

（一）逐渐废除政府建设和实物分配保障性住房的制度

目前我国廉租房、公租房、经济适用房等三大类保障性住房的供应，都是以财政出资、政府委托自己的开发公司进行建设、分配及后期管理为主的模式，当然有的城市还存在商品住房中嵌入保障性住房指标的做法。以政府建设为主的模式带来了多方面的弊病。一是由于财政资金有限，存在资金短缺、供应不足的问题。二是存在保障效率低下、寻租腐败、资源错配、分配不公等弊端。美国、德国在经历政府直接建设公共住房效率低下的过程后，都不约而同地转向政府资助私人开发商或个人建设和提供公共住房，并且按照政府规定的低价出售或出租，均取得了良好的保障效果。美国市场化的租金补贴制度执行结果显示，货币化的补贴制度，其管理成本较低，与建设公共住房计划相比大约可以节省8%～19%的费用。

应该澄清一个误区，即保障性住房必须由政府直接建设和分配的认识。毫无疑问，政府应该承担住房保障责任。但是，并不意味着必须由政府直接兴建。从国内外正反两方面的案例中可以发现，政府出资激励私人公司建设和管理公共住房的效率更高，保障效果更好。

另外，当前中国住房市场已经迈过了住房短缺的阶段，并且在一定程度上显示出供给相对过剩的现象。因此，从节约社会资源的角度考虑，应该停止政府直接建设保障性住房的政策。

建议在现有保障性住房建设完成以后，政府完全退出直接建设和分配保障性住房的领域，代之以发放财政补贴与发挥政策性住房金融体系住房保障的职能。政府应该将本来用于保障房建设投资的资金投入到中低收入者的购房及租房补贴当中。

受保障家庭不论是购房还是租房，都可以采取财政补贴的方式。同样额度的财政支出，投入到保障房建设领域，极易在寻租腐败泛滥、管理成本高企、工程成本高企、跑冒滴漏损耗等诸多环节中被大量浪费，财政支出效果大大衰减。如果直接以货币化的补贴形式发放，辅之以公开透明的监督机制，则一方面没有什么寻租空间和在途浪费，另一方面，购房者或租房者直接到市场中解决自身住房问题，不会形成资源错配，这种情况下得到的福利可以实现最大化。

应该建立市场化的租房补贴制度，同时构建保护双方合理权利的租房市场。对于即便享受政府购房补贴也缺乏购房能力的低收入家庭，可以通过租房解决住房问题。现阶段中国主要采取政府建设廉租房的办法，政府直接提供廉价的公共租赁住房。这种政策一方面造成廉租房不符合部分低收入家庭生活、就业、孩子上学等具体需求，另一方面还造成了成本不低、质量不高、缺乏客户入住的窘境。美国的市场化租金补贴制度值得借鉴。

（二）保留并推广商品住房项目嵌入公共住房的做法

在商品住房项目中强制性嵌入公共住房的做法，德国和美国都有成功的先例。美国法律要求，开发商在建设市场化的商品住房时，必须将至少 10% 的面积低价销售给为当地提供公共服务的人群，如社区管理人员、教师、图书馆工作人员等。德国法律规定，商品住宅小区的 20% 面积必须用作公共住房，由政府低价回购，提供给中低收入者。这种做法，一是政府投入有限的财力，就可以实现放大的效果。二是促进了各种阶层的融合，避免出现人为的“贫民窟”，有利于社会稳定。

近年来，我国部分城市也有类似的做法。北京市规定，每一个通过招拍挂出让土地的商品房项目，必须配套建设如公租房、廉租房、自住型商品房等具有保障性质的住房，前两类住房由政府在建成后回购并提供给低收入者，自住型商品房则由政府按标准筛选出符合条件的中低收入人群，然后由他们按顺序选购，房价低于市场价。中央政府可以适当推广此类做法，也可以将此做法与本书下面将要提出的新的住房储蓄银行体系相结合配套运行，从而使住房保障手段多样化，以更好满足不同群体的住房需求。

（三）保障性住房与商品住房必须隔离运行

新加坡住房保障制度的成功，在于其将保障性住房市场与商品住房市场截然分开、独立运行的制度安排。从而使得保障性住房市场增量不断增加、存量不断壮大，确保真正符合条件的群体有足够的房源选择，也保证了房价的稳定。德国的公共住房市场，也是相对独立的，而且实行动态管理，收入提高后必须搬出租住的公共住房，或者必须按市场价缴纳房租。我国经济适用房制度的不成功，在于经济适用房出售后，基本上完全进入了商品住房市场，成为少数人牟取暴利的工具，导致“建多少都不够”的尴尬。据统计，从 1998 年至 2009 年间，我国经济适用房累计投资近 8000 亿元，建成面积 4. 1 亿平方米 521 万套，但是保障作用没有发挥出来。应该借鉴德国和新加坡将保障性住房市场与商品住房市场隔离运行的做法，使保障性住房回归其居住本性，严格限制市场化交易，并且实行动态管理，真正使住房保障政策惠及低收入家庭，从而也平抑市场波动，维护房价的稳定和房地产金融的健康发展。

二、健全政策性住房金融体系

（一）对当前有关住房公积金制度改革观点的评议

2015 年 4 月 5 日，住建部公积金监管司司长张其光等在媒体发文《设立国家住房银行条件已成熟》，引起了社会热议。该文认为，鉴于住房公积金中心不能发挥政策性住房金融的职能，商业银行受资金来源和利率驱使又不愿积极支持居民住房贷款，为了在当前房地产市场调整压力下，守住不发生系统性风险的底线，建议将住房公积金中心整体改组为国家住房银行，以扩大中低收入者住房消费能力，稳定房地产市场需求①。应该说，该文有理有据，抓住了当前住房公积金制度存在的问题，提出的建议具有创造性。但是，该

---

① 张其光、崔勇：《设立国家住房银行条件已成熟》，载《山东商报》，2015 - 04 - 05（B15 ~ 16）。

文的观点存在五大缺陷。一是出发点值得商榷，该文将新的国家住房银行设立的目的是为解决商业银行“顺周期”操作形成的“贷款难”、解决房地产市场需求不足等这样的定位，有违政策性住房金融的初衷，并且在商业银行因房价过高、风险过大、普遍不愿介入住房贷款市场的情况下，加大政策性住房金融的贷款力度，必将导致不良贷款率的提升，创造出新的金融风险；二是国家住房银行属于政策性住宅金融机构，需要从事的却是商业银行领域的信贷业务，不禁使人联想到四大国有银行在股改前不良贷款率高达20%以上的困境。背靠国家信用，风险由国家兜底，不受约束的经营行为和道德风险，就是当年四大国有银行真实情况的集中反映，我们不应该再去重蹈覆辙；三是服务群体主要为中低收入者，目的是提高他们的购房消费能力，这难以避免美国式次贷危机的再次重演；四是将农民工纳入住房公积金体系，实行个人缴存、单位补助、国家支持相结合，凑足城镇购房首付款，然后由国家住房银行提供低息贷款，贷款月供以住房公积金支付。不知作者算过账没有，在全国房价尚处高位的情况下，农民工需要缴存多大的比例、国家需要补贴多少，才能攒足首付款？作为后续还款来源的农民工公积金账户不足以支撑还款怎么办？五是作为互助性质的住房公积金制度，不应该违反“存一贷一”的原则，如果主要支持中低收入者的住房贷款，那么其他的公积金缴存者其权利就会受到侵害，并且在国家住房银行风险加大的同时，他们的公积金账户资金也面临损失的风险。这就促使这类人群提取公积金存款，导致国家住房银行入不敷出，面临坍塌的威胁。如果凡是公积金缴存者均可以获得低息贷款，那么国家住房银行又失去了作为政策性住房金融机构存在的理由。因此，有关“国家住房银行”的建议并不具有可操作性。但是，文章作者作为全国住房公积金主管部门的领导，坦诚住房公积金制度存在的问题，以及该制度已经失去了继续存在的价值，此观点应该说具有权威性。

（二）改革住房公积金制度

1. 中国目前还没有真正建立起政策性住房金融体系。对于仅有的两类接近于政策性住房金融机构——住房公积金中心和置业融资担保公司来说，其实目前都不是政策性住房金融机构，或者说都没有发挥政策性住房金融的职能。住房公积金制度是一个不分收入、不分阶层的系统，而且早已沦为“劫贫济富”的工具。置业融资担保公司目前全国只有93家，大部分城市没有设置，并且其中大多数机构早已没有个人住房贷款担保的业务了，成为了完全商业化运行的公司。新加坡中央公积金制度成功的核心，并不在公积金制度本身，而是主要在于占据住房市场绝对份额的政府公共住房的低价提供、建屋发展局既作为建房者又作为贷款者的特殊制度，以及其廉洁高效的政府组织、极小的国土和极少的人口、极低的房价收入比（通常为2~4倍）、政府财政补贴等一系列的制度配套。显然，作为13亿多人口的大国，中国并不具备为绝大多数人提供廉价公共住房的能力，也无法维持4倍以下的房价收入比。单靠一个没有国家财政参与的住房公积金制度，没有相应的配套措施，最终注定逃脱不了失败的命运。

2. 德国住房储蓄银行制度值得借鉴。德国住房市场长期保持价格稳定的局面，得益于独特的住房储蓄银行体系。一方面，以“存一贷一、存贷定息、封闭运行、国家激励”为主要运营特点的合同储蓄制度，分散并稳定了住房需求。另一方面，该体系能够以优惠的低息资金支持开发商定向为自己的客户提供低价房屋，形成了供与求的直接对接。

（三）建立新型住房储蓄银行制度

1. 将住房公积金管理中心整体改制为住房储蓄银行体系，承担政策性住房金融和政府住房保障的职责。第一，新的住房储蓄银行体系的运作方式可以借鉴德国“合同约定、存贷对等、存贷定息、政府补贴、封闭运行”的具体做法，其资金来源以目前存量住房公积金存款为主，国家适当注资。第二，将个人住房公积金账户直接转移至住房储蓄银行，承接原住房公积金由个人和单位同时缴存的制度，单位和个人继续缴纳，个人可以额外多存，何时存足约定的额度何时可以获得贷款。第三，关于国家补贴，德国采取住房储蓄奖励和储蓄购房奖励同时发放的政策，对年收入在一定标准以下的个人或家庭，奖励标准分别为个人储蓄存款额度的10%左右，上有封顶。借鉴这项制度后，国家不必再大规模建设公共住房，而是以购房或租房补贴的形式替代。购房补贴通过住房储蓄银行体系向应保障群体发放，租房补贴需要另外的渠道解决，这里就不展开论述了。购房补贴标准按照居民家庭年收入不同而有所区别，凡是没有住房的家庭，不分户籍，只要在当地有固定工作和缴纳一定年限的个税，一律享受购房分级补贴，凡是政府补贴支持下购买的商品住房，对其转让必须实行严格的限制。第四，实施封闭运行，该体系一方面可以发挥资金和利率优势，可以指定开发商或代理建房团队为其量身定做项目，取得房屋成本优势；另一方面，政府应该提供成本价的土地，加上以减免税的方式提供政策救助，就构建了完美的政策性住房金融与住房保障相结合的模式。居民可以在住房储蓄支持的项目中自主选择购房，取得福利最大化。这样，既实现了对低收入家庭的住房救助，也为中等收入家庭提供了住房扶助。

2. 住房储蓄银行体系应该与互助建房模式相结合。新的体系应该优先选择住房合作社、合作建房等社会组织委托代理建房，房屋建成后以成本价加计5%销售给储蓄银行体系的购房者，采取相对封闭运行的方式，实现保障房商品化、市场化，可以实现多赢局面。建议政府将目前部分城市在商品住房项目中嵌入保障性住房的做法与住房储蓄银行体系相结合，以实现短时间增加低价住房的目标。为了服务于中高收入家庭，住房储蓄银行还可以参照市场化的方式，以提供优惠利率贷款为条件，确定合作的开发项目，使房价明显低于市场价，以吸引客户资源，扩大资金来源，实现良性循环。通过住房储蓄银行体系可以较好地解决大多数人的住房保障问题，可以节省大量费用，减轻财政压力，增加社会福利。新的国家住房储蓄银行体系不但可以消除目前住房公积金制度的弊病，重要的是可以提高住房保障效率，大幅度节省管理成本，更是一种市场化的运作模式，对于从制度上消除腐败具有积极意义。中德住房储蓄银行在天津的试点比较成功，说明这种模式在中国具备推广的价值。如果能够将住房公积金体系和政府公共住房投资都有机接入到住房储蓄银行体系中，将会增加该体系的规模效应和吸引力，使该模式成为政策性住房解决之道的主力军。

（四）建立住房金融辅助手段

住房置业担保机构、互助住房金融机构等多层次政策性金融体系，对于更好地实现住房保障的目标，有效分散和化解房地产金融风险，也是非常有必要的。我国地域宽广，人口众多，住房需求千差万别，任何单一的政策性住房金融模式，均无法满足中低收入家庭的需求。美国、荷兰等国家，都拥有高覆盖的住房融资担保体系，美国的三大政策性住房金融机构，其主要职责就是为中低收入家庭提供置业融资担保，荷兰还引入了人寿保险公司参与抵押贷款的担保，极大地提高了中低阶层的信用，对较好地解决中低收入家庭的住房问题，降低商业性住房金融的风险，起到了重要的作用。

一是我国有必要建立政策性的住房贷款担保或保险类金融机构，主要为中低收入家庭抵押贷款购房提供担保、保险等增信服务。在这类家庭出现收入下降、还贷困难的情况下，给予阶段性的救助代偿，以避免信用违约导致房产被银行收回拍卖。待到借款人收入提高，贷款偿还能力恢复正常后，逐渐归还代偿的款项。

二是建立或鼓励民间开办互助型的住房合作金融机构。建立如类似于德国的住宅合作社和中国之前存在过的建房集资基金等形式，可以由大型企业的工会、居委会等团体牵头组织，政府给予其合法地位，给予适当的政策扶持。在集资建房的业主中的中低收入者达到一定比例，政府就可以提供平价建设用地和税收减免等优惠政策，以支持这类机构更好发挥以民间力量解决中低收入者住房的积极作用。

第四节　完善房地产金融市场的政策建议

一、加快改革逐步实现商业性金融体系的市场化

（一）加快放开一级市场并鼓励扩大二级市场

首先，要放开房地产金融一级市场。目前，房地产金融一级市场还存在政府管制多、金融机构缺乏经营自主权等诸多问题，如政府规定商业银行发放住房贷款时，要按照首套房贷、二套房贷、多套房贷执行差别利率及差别抵押率，在“限购、限贷”期间，第三套房甚至不准给予贷款，等等，实际上是以行政命令代替商业原则，商业银行事实上承担了部分政策性金融机构的职责。这些做法都不符合商业银行应该自主经营、自负盈亏的宗旨，非常不利于房地产金融市场的健康发展。这种限制，与金融监管无关，建议尽快取消戴在商业银行头上的诸多不合理的“紧箍咒”，还商业银行自主经营的权利。

其次，建议尽快完善房地产金融资产证券化的相关法规制度，加快放开和鼓励抵押贷款资产证券化业务的开展，实现房地产金融二级市场的正常运行，为房地产金融市场提供资金和分担风险。中国版的资产证券化应该汲取美国的教训，不能照搬美国的模式，而应该借鉴以德国为代表的欧洲模式，即以严格真实的资产债券作抵押，并且不允许商业银行将住房抵押贷款移出资产负债表，商业银行应该继续承担道德风险、经营风险和信用风险等非市场风险，二级市场购买者只承担房地产市场风险，这样有利于商业银行采取审慎的经营作风，有利于控制道德风险和操作风险，也有利于金融二级市场的健康发展。

（二）鼓励金融向社会资本开放和金融创新

美国、德国的金融领域完全以民营金融机构为主导，真正实现了市场化的资源决定机制。我国应该尽快放开民营银行、民营信托投资公司、民营保险公司、民营房地产信贷公司、民营融资担保公司等民营金融机构的市场准

入，实现金融机构自由进入和退出市场，实现金融市场要素的自由化流动。诚然，由于金融的强外部性，因此金融开放应该坚持必要的审慎原则，但是绝对不能在审慎原则的幌子下故步自封，形成对社会资本的“玻璃门”。

由于REITs产品都是持有型的金融工具，美国的REITs对抑制炒作、维护房地产市场的稳定起到了非常好的作用。我国应该尽快出台对房地产信托投资基金（REITs）的扶持政策，从法律、税收、资产证券化等方面为这项具有现实意义的创新创造宽松环境，帮助其快速成长起来，使其成为房地产市场的“定海神针”，积极推进房地产金融由银行主导型逐渐向市场主导型和行业主导型转变。

（三）建立多元化的房地产金融体系

世界发达国家的房地产金融工具都非常丰富，尤其是都有风险补偿和分担机制，如荷兰将住房抵押贷款与人寿保险联动，充分发挥保险机构对住房贷款进行还款履约保险的增信作用，有力地促进了房地产金融市场的健康发展。我国应该充分发挥保险机制的作用，使抵押贷款、地产基金、二级市场、债券等房地产金融工具借助保险的力量，保持正常安全运行，进一步提高房地产的金融化水平。

美国的成功经验显示，大国的房地产金融市场，仅靠单一的金融机构是不能满足庞大市场需求的。应该放开金融机构经营房地产金融业务尤其是住房抵押贷款的限制，鼓励更多的如保险公司、信托公司、券商的资产管理公司、金融资产管理公司等金融机构开展房地产金融业务，同时鼓励发展新型金融市场服务中介，促进房地产金融服务更加专业化。最终建成多元化工具、多元化机构、多元化经营的完善的房地产金融体系。

二、改善对“影子银行”体系尤其是房地产民间融资的监管

（一）加强对准入类“影子银行”体系房地产融资的监管

凡是现阶段需要前置审批的影子银行机构，不论是金融牌照的信托公司、金融租赁公司等，还是非金融牌照的如典当行、融资类担保公司、小额贷款公司等，都比较容易监管，因为它们的牌照还是属于稀缺资源，而且资本金

都比较大，有一定的实力。只要加大监管处罚力度，这些机构都必须配合。对此类机构的监管，一是加强房地产行业融资统计，及时向社会公开此类机构涉及房地产融资的信息真实情况，以引起社会的关注和监督，是维护金融市场平稳、有序发展的重要保障。二是实行分类监管，对于金融创新活动，应该适当予以鼓励，对明显规避监管的、容易引发系统性金融风险的业务活动，应当予以严格监管。三是打破银行理财、信托计划等理财类房地产金融产品事实上的刚性兑付，合理引导市场投资心理，唤起社会资本的风险意识，降低投资收益的心理预期，引导社会资本流向低风险低收益的投资领域，使过高的资金成本彻底降下来，形成健康的投融资环境，以支持实体经济健康发展。四是监管机构应当加强监管配合，信息共享，各负其责，对容易造成监管真空的领域，人民银行应该起到协调监管的作用。

（二）对于民间融资应该疏堵结合以疏为主

政府应该承认民间融资存在的客观性及合理性，但是应该教育和提醒双方树立必要的风险意识，建立必要的风险防范措施。可以要求借贷双方将借贷行为阳光化，最好政府在金融办专门成立一个部门，对借贷双方的协议及其执行情况做登记备案，对当地的民间融资信息及时向社会公开，以便提醒投资风险，为广大投资人提供参考。在房地产民间融资到期出现偿还危机时，政府不能一味地为了稳定而迁就投资人，在处理问题项目时，应该更多采取市场化的手段，使投资人承担一定的损失，倡导“风险自担”的投资文化，让失败的教训为社会起到警示作用。

三、改进金融监管，建立房地产金融稳定机制

（一）国外教训表明金融监管必须加强

美国次贷危机的诱因很多，其中一个因素就是金融监管出了问题。一方面，在多头监管制度下存在监管真空，另一方面，监管机构也存在放松监管的问题。日本的教训同样存在金融监管过于宽松的问题。在金融开放的背景下，金融机构出于经营业绩和股东回报的要求，以及管理层自身利益的诉求，都存在做大经营规模的冲动。近几年来的“存款立行”及贷款大规模投放的

事实就充分说明了这一点。理论显示，个体的理性往往导致群体的不理性，金融机构在竞争中，常常会陷入群体不理性。因此，金融监管必须加强。

（二）金融监管体系必须适应新的环境

中国当前正在进行金融深化的改革，存款保险制度已经实施，利率市场化程度逐渐提高，金融机构混业经营趋势已经显现，民营银行已经破冰，信贷资产证券化正在路上。与此同时，社会融资体系如火如荼，影子银行大行其道，互联网金融也已经得到广泛认可，普惠金融体系正在建立。但是，近年来，金融领域问题频发，如民间借贷危机已经在许多城市上演，并且存在扩大并蔓延的态势。融资担保类机构、互联网金融平台倒闭、跑路事件不断涌现，影子银行风险正在逐步变为现实。

金融监管体制应该建立适应当前变化的新体系。中国金融监管方面存在着几类主要问题，一是立法滞后。目前的金融监管体系实行分业经营分业监管的原则，但是现实中正在出现大量“集团混业、子公司分业”的金融综合经营模式，对此类模式难以找到对应的监管法律依据。二是存在交叉监管现象。如银监会不仅要对银行业进行监管，还要对它们的非银行业务进行监管，这就必然会出现监管手段与业务性质不匹配的问题，制约被监管者的业务发展。三是存在监管真空。在金融创新不断涌现的形势下，许多新型金融工具超出现行监管标准，难以明确归类，也就难以确定监管责任，客观上容易形成监管放松的情形，这就为金融机构打“擦边球”创造了便利条件，也为金融风险扩大化埋下了隐患。因此，当前的监管现状并不适应金融改革与创新的要求。应该尽快着手完善并优化金融监管体系，在金融自由化和金融机构混业经营新常态下，提高监管水平，既要保留分业经营的隔离墙，又要鼓励混业经营的多元化和创新；既要坚持审慎监管，又要适应房地产金融市场发展的要求。一是必须坚持一元监管的原则，不能留下监管的空白。美国次贷危机中，商业银行等金融机构对次级借款人过度支持的背后，是制度留有空白，存在二元监管现象。二是监管当局应该对金融创新区别对待，分类监管。对具有实体经济基础的、支持经济发展的金融创新，应该予以适当宽容。对于缺乏基础价值支撑的所谓创新，应该加强监管。如美国资产证券化链条中

的许多金融衍生产品，早已脱离了实体经济和基础价值的支撑，而监管手段并没有同步跟上，以至于过于虚拟化的金融产品，最后放大了风险。三是应该建立与金融市场发展相适应的监管体系。明斯基认为，金融市场因为不受存款准备金率、资本充足率、类似银行业的业务限制等束缚，其业务创新能力比商业银行更强，扩展速度过快，信用创造效率更高，因此必须加强对金融市场的监管。从现实看，美国次贷危机的加重，与金融市场的过度创新、过度发展不无关系。

（三）建立科学的风险预警指标体系

应该建立科学的市场波动预警指标体系，配合预警指标建立配套的调控预案，使调控在市场可预期的状态下运行，以增强市场预期的稳定性。由于房地产价格的不易确定，客观上造成泡沫程度的难以界定。在这方面，许多国家都有比较可行的房地产金融风险预警指标体系。我国应该借鉴国外经验，尽快建立适合自身特点的指标体系。建议主要应用开发企业负债率、开发企业资金周转率、房价收入比、房价租金比、家庭还款能力指数、房地产贷款集中度等六大指标，进行房地产市场预警。最关键的是，必须测定与中国实际相符的预警标准。

通过开发企业负债率，可以检测房地产开发商的负债变化，负债率提高，说明融资杠杆加大，金融风险变大。开发项目资金周转率指标，可以反映出房地产开发项目的去化能力，该指标降低，就说明金融风险在加大。房价收入比是一个最常用的指标，关键是确定合理的参数，得出的结论才是符合实际的。房价租金比指标以租金与房价的比值说明住房投资回报率，还是比较可信的。家庭还款能力指标，通过测定新老贷款购房家庭其还款能力的变化来预测，如果新的购房贷款者，其每月用于归还住房贷款月供的支出比例不但高于老的购房贷款者，并且该比例超出家庭月收入的30%，就说明金融风险处于较大程度了。房地产贷款集中度指标可以反映出宏观金融风险状况，按照国际经验，如果房地产贷款占GDP的比重超出50%，或占全部贷款的比重超出30%，房地产金融风险就处于高度警戒甚至高度危险的状态了。

第五节　规范房地产市场调控的政策建议

一、政府应该尽快取消对房地产市场的行政管制

在计划经济思维的影响下，近年来政府以加强调控为名，对房地产市场实施了过度的行政干预，如“限购、限贷、限价”、“90/70”政策等，不少临时性的干预手段至今还没有完全退出，还保留着浓厚的行政管制色彩。这种计划经济的路径依赖弊端很多，不但容易使得市场主体无所适从，还可能对正常市场交易行为造成冲击。建议尽快完全取消“限购、限贷、限价”等限制措施，取消关于住房开发项目方面“90/70”的强制性规定，彻底清理不符合市场化规则的行政管制法规文件，使房地产市场完全由市场机制发挥资源配置的决定性作用。

二、合理引导理性消费心理

以下几个存在矛盾的指标，在一定程度上可以说明，不切实际的住房消费心理也是导致中国住房问题不可忽略的因素。一是住房自有率过高与城市住房问题突出的矛盾，二是中国住房置业年龄与欧美发达国家相比越来越年轻的趋势。不少尚未走出校门的大学生，就在父母及亲属的呵护下有了自己的城市住房。大多数刚刚结婚的年轻夫妻在双方家人的资助下，也购买了属于自己的私属空间。他们尚未开始人生的奋斗历程，就已经享受到了西方社会中年家庭才应该享受的房车生活。多年来，社会舆论和中央政府不切实际的引导，使社会大众对住房消费越来越失去理性，对住房的追求远远超越社会和经济发展阶段，呈现超前过度的不健康现象。当然，过低的住房保障程度，也使年轻的城市打工族缺乏必要的廉租房选择权利，成为社会舆论焦点过度集中于住房问题的基础性因素。应该制定合理的住房政策目标和住房保障标准，引导社会住房消费趋于理性。

三、建立法治化、制度化的政府调控体系

美国、德国政府对房地产金融市场的调控，都是严格依据法律规定实施的。不存在政府单方面直接进行干预的情形。而法律的出台，需要经过议会严密的论证与多方博弈流程，最终以多数表决通过。因此，一是不会出现政府频繁调控干预的情况，因为程序决定了每一个干预政策必然要经过较长时间才会履行完流程，这就避免了社会预期被频繁干预政策扭曲情况的出现。二是经历充分的论证与博弈过程后出台的政策，一定不是轻率的、盲目的和与其他政策相互矛盾的，因此有效程度比较高。

近年来的房地产市场调控，集中体现了政府干预市场的随意性、频繁性、矛盾性。建议尽快将我国政府干预市场的权力以法律的形式明确下来，同时也有必要将政府出台调控政策的流程以法律形式确定。政府的权力应该严格限制在有限的领域，主要是市场失灵的领域，而对应该由市场机制发挥作用的地方，禁止政府越位。政府只能行使法律赋予的权力，政府干预政策的前提是，必须履行正当的程序。厉以宁认为，政府的调控只能在特殊情况下偶尔使用，而不应该长期采用。政府不应该过分依赖宏观调控，必须摒弃经济离不开调控手段的错误认识①。

四、合理确定政府与市场的边界

房地产金融市场健康运行的重要前提，是处理好政府与市场的关系。市场机制可以有效提高资源配置的效率，但是也存在失灵的地方，如自身不能解决低收入者的住房问题以及信息不对称问题，因此需要政府干预。应该明确，政府的作用是弥补市场不足，而绝不是取代市场机制。如果政府权力过大，必然会直接干预市场机制，扭曲市场主体的行为，给市场增加不确定性信息，从而容易导致市场混乱、腐败寻租等现象的发生，这就是政府失灵。明斯基的主张是，既反对自由放任的市场经济，也反对凯恩斯主义的需求管

---

① 厉以宁：《反对过分依赖宏观调控》，载《房地产导刊》，2012（6）。

理理论，萨缪尔森“混合经济”理论显示，以市场机制为主、政府作用为辅的“有限折衷”主义是大多数成功国家的普遍做法。美国、德国的成功经验就是这种理论的实践。

应该按照建立服务型政府、政府去利益化、重在弥补市场失灵的政府定位，分别在东、中、西部以及大、中、小等各类城市进行布局，以“行政权力正面清单”的方式进行试点，凡是清单中没有规定的权力，政府一律不得行使。真正以制度约束政府，让权力在阳光下运行。总结试点经验，梳理问题，完善政府职能转变的长效制度，确定政府与市场的合理边界，使政府在边界内行使职权，限制政府行为的滥用。真正确立市场机制对资源配置的决定性作用。

五、房地产不再承担拉动经济增长的重任

明斯基认为，“把强调投资和经济增长而不是就业作为政策目标是个错误”①，如果为了经济增长而刺激投资，不仅经济得不到实际增长，而且会带来诸如收入分配不公、不利于技术进步、增加债务杠杆、加大金融不稳定等的副作用。就业的实际增长，也会带来经济增长，而且是真实和健康的增长。

美国次贷危机的教训再次证明，如果房地产过多承担经济增长的拉动重任，政府必然会给予其厚望，并且在房地产市场过热时患得患失，左右为难，既担心泡沫膨胀的风险，又顾忌其回落时拖累经济增长，往往会导致刺激有余而抑制不足，这也是中国房地产价格泡沫得以顽固生存的重要因素。

中国的房地产业对经济增长的作用尤为显著，因此政府在对房地产市场调控中，常常陷入调控过严会影响经济增长速度、调控过轻难以达到目标的两难境地。最根本的原因是，房地产业客观上已经成为拉动经济增长的主力，政府顾忌房地产市场低迷对宏观经济可能的负面作用。另外，惯常思维也陷入了一个误区，即拉动经济增长就必须保持房地产市场繁荣，房地产繁荣就是维持高房价。其实，低房价的房地产市场照样可以起到对经济增长的促进

① 明斯基：《稳定不稳定的经济》，石宝峰、张慧卉译，258 页，清华大学出版社，2010。

作用。德国的房价一直保持低价水平，德国经济却保持了强劲的态势。因此，必须割裂经济增长与房地产业发展之间的联系，使房地产业回归其居住本性，弱化其经济属性和投资属性。只有做到这一点，政府才能真正摆脱利益主体的地位，站在公正的立场上。

六、建立信息公开制度以引导市场形成理性预期

信息经济学理论显示，市场失灵往往与信息不对称有很大关系，房地产金融市场尤为突出。有的专家曾经以“囚徒困境”模型来说明中国老百姓购房的矛盾心理，其实就是信息不对称的问题在作祟。信息不对称甚至可以诱发“羊群效应”并进而发生“挤兑”，从而将经营状况良好的银行短时间击垮。

为了尽可能减少房地产市场的不良“噪音”，维护市场的预期稳定，非常有必要建立信息公开制度，完善统计数据收集，将影响房价的主要因素所涉及的重要信息及时公布。对房价的影响因素中，人口流入情况、收入变化情况、土地供应与开发情况、住房市场供应计划、供求历史数据及当前情况对比（一手房新增数量、二手房的数据等）、房地产租售价格变化等信息，都要定期公开，以打破少数人垄断信息牟利的不公平现象，引导居民理性购房，引导开发商理性开发投资。同时，还应该改善房地产分析手段，形成科学的分析体系，取消有可能误导消费者的数字游戏，如当前实行的所谓全国平均房价、城市平均房价等方式，就是一种不科学的容易误导消费者的统计方法，应该以地区加权平均价格或重复交易价格指数的方式向社会公布，以反映房价变动的真实情况，有利于消费者做出与市场发展相符合的判断。

第六节　加强房地产金融法治建设的政策建议

一、法治建设是房地产金融市场有序发展的保证

（一）法治建设滞后是导致房地产金融诸多不良现象的重要原因

近年来，我国房地产金融领域出现了诸多不良现象，主要表现在，一是民间融资呈现基本失控的局面，集资时没有约束，到期不能按时归还本息就会引起投资人群体闹事，围攻政府和开发商，阻断城市道路等过激行为。问题的出现，在于缺乏民间借贷方面的法律法规约束。二是银行贷款面临申请企业财务报表不真实、抵押物过高估值、贷款后恶意逃废债等种种“逆向选择”与“道德风险”，在于缺乏法律的严厉约束。三是房地产市场暴利现象频繁出现，如土地招拍挂中不断出现的“地王”、“面粉贵过面包”等怪象，也与缺乏法律约束有关。德国的《经济犯罪法》对超出市场合理价的20%即予以处以罚款，超过50%即面临牢狱之灾的威胁。四是土地招拍挂过程中的操纵市场行为，一般情况是开发商依靠行贿，取得相关决策人的支持与默许，雇请相关公司来围标，并以种种办法阻止其他竞争者正常报名竞标，这种情况难以受到应有的惩处，存在激励不相容问题，即获得的预期收益远远大于预期风险。五是房地产开发商在销售过程中发布虚假概念广告、发布虚假销控信息、花钱雇人排队人为制造紧张局面、囤积居奇等，从而达到哄抬物价、牟取暴利的目的，缺乏法律约束。六是购房者群体中频繁出现打砸开发商售楼处的现象。一旦开发商新推出的房价低于前期房价，就特别容易引发前期已购房客户的群体性过激反应，往往是围攻、打砸开发商的售楼处，导致开发商一旦实现前期销售，即便在后期面临市场调整的压力，也由于顾忌前期业主闹事而不敢轻易降价销售。上述种种不良现象，归根结底是法治不健全、执法不严、约束不力造成的。

（二）加强法治建设是房地产金融健康发展的重要保证

2014年10月召开的中国共产党十八届四中全会通过了《关于全面推进依

法治国若干重大问题的决定》，第一次以执政党最高政治文件和最高政治决策的形式对全面推进依法治国做出了深刻论述和战略部署，对于推进国家治理体系和治理能力现代化、保障包括经济体制在内的各项改革在法治轨道上积极稳妥地推进，具有极其重要的战略意义。

司法公正是社会公平的最后屏障，法治建设是市场经济体制改革的内在要求。市场经济的本质就是法治经济。市场经济运行的核心，是在公平竞争和等价交换的正常市场秩序下，通过价格和利益手段调节市场供求关系，发挥市场机制在资源配置中的基础性决定性作用。公平竞争和等价交换的正常市场秩序，只有完善的法律体系和严格公平的执法环境才能给予保障。

按照“转轨时期的社会主义双重经济体制理论”，市场经济要求政府必须实行间接调控，间接调控必须要求经济参数规范化，经济参数规范化又要求市场体系完善化，市场体系完善化又要求市场主体行为合理化，市场主体行为合理化还要求所有权多元化，所有权多元化又进一步要求宏观调控间接化。因此，实现市场机制建设的关键，是要规范和约束政府行为。法治建设是规范政府权力、改革政府职能的有效途径。多年来，各级政府都不同程度地存在权力随意运用、政策朝令夕改、选择性执法、选择性执政的问题，如在十年来的房地产市场调控中，随意性政策不断出现，部门政策相互矛盾，地方政府沉迷于追求政府最不应该索取的土地经济利益，而把自己应该做好的住房保障工作抛到了脑后，等等，这一切的背后，与法治不健全、没有按照法治精神约束政府有着很大关系。依法治国强调宪法和法律的权威性和约束力，政府权力只能在法律规定的范围内使用，法律没有赋予的权力禁止滥用，对于有效规范政府执政权力、提高执政能力具有重要意义。

（三）加强房地产金融法治建设的具体政策建议

本书第四章重点研究的四个国家都有一个共同的特点，就是非常注重立法，房地产市场和金融市场立法工作走在了政策目标具体实施的前面。

市场经济改革必须首先完善法律体系。在房地产市场和房地产金融领域，政策性金融法规、保障性住房管理法规、金融二级市场法规、问题金融机构市场退出法规、房地产金融中介法规等方面，尚存在大量空白。应该尽快着手新的立法工作，建议在国家“十三五”规划期间出台我国第一部《房地产金融法》和《住房保障法》，解决目前房地产金融领域许多方面无法可依的问题，以法律规范房地产市场各个主体的行为，使政府依法行政，企业依法经营，公民依法做事。还有一些涉及房地产金融的法律，存在明显缺陷，如对只有一套房的借款者，在其住房贷款违约的时候，不允许金融机构强制性拍卖抵押物，而是要求先给予借款人解决合适的住房，才能处置所抵押的房屋。这就留下了制度漏洞，导致一些没有诚信的借款人容易钻法律的空子，形成道德风险。诚然，作为社会主义国家，出于人本关怀的意图，对消费者给予适当的保护是非常必要的。但是这种关怀属于一种社会责任，应该是政府应尽的职责，而不应该由商业性的金融机构承担。所以此类不利于市场化改革、不利于诚信社会建设的法律法规，应该对其进行彻底的清理和修改。正是由于法律存在空白及漏洞，导致我国房地产价格泡沫愈演愈烈，得不到有效治理，违法者也得不到有效的惩治。

亟待改善房地产金融领域的执法环境。当前，房地产金融方面的违约案件，困扰金融机构最大的问题就是执行难。客观上，作为抵押物的房地产有的被居住，有的被经营占用，处置抵押物必然牵涉法院大量的人力物力和时间成本。主观上，不少法院的执行承办者存在权力寻租的潜规则要求，在抵押物拍卖公司确定方面，表面上看似允许选择，实际上大多是由内部确定，利益输送成为普遍现象。许多抵押物被超低价处置，金融机构面临贷款实际损失的风险。

二、社会诚信体系建设是房地产金融市场健康发展的基础

（一）社会诚信缺失导致交易成本提高

社会诚信缺失会放大信息不对称问题，破坏市场公平交易原则，扭曲市场主体行为，使交易成本提高，严重时甚至会导致交易链条的中断，给经济社会带来极大的危害。美国诺贝尔奖经济学家斯蒂格利茨认为，个人声誉及其他配套制度的完善，有助于缓解困扰不完全竞争市场国家的信息不完全及信息不对称问题，而没有建立这些制度的欠发达国家，其资源配置状况表现

得非常糟糕[①]。近年来，我国社会信用缺失表现得尤为严重，民营企业假冒伪劣产品层出不穷，开发商向银行申报不实财务报表、过高估值抵押物、贷款后恶意逃废债、“假按揭”等问题频发，也在于社会诚信体系不健全。地方政府诚信缺失问题也不在少数，如借助平台公司参与土地竞标抬高地价、与开发商合谋推高房价、野蛮拆迁、不履行承诺等现象常见于报端。个人诚信缺失问题不容忽视，如备受诟病的“开奔驰宝马住经济适用房”、向银行提供假材料等，甚至社会名流也存在诚信问题，如2014年绿城宋卫平毁约融创孙宏斌股权收购事件等。凡此种种，使得社会上人与人之间、企业与企业之间、银行与企业之间、政府与公民之间良好的信任关系不能得到制度上的支持，不利于社会福利。

（二）社会诚信体系是市场经济的基石

市场经济也是契约经济，社会诚信体系与法治体系是市场经济的基石，两者相辅相成，缺一不可。依法治国战略的推进，必须强调社会诚信体系的建设。市场经济的发展与活力，社会生产力的提高，建立在社会分工越来越专业之上，建立在市场主体活跃的商业交易活动之上。而活跃的市场交易活动，必然要求良好市场秩序的形成；公平交易而非强买强卖的市场秩序，又要求一个法治和诚信体系的建设与完善。因此，加强社会诚信体系建设，是我国市场经济改革目标顺利实现的必要条件，是促进法治中国目标实现的重要因素，也是促进市场交易活动良性循环的关键环节。本书第四章论述的日本、美国、德国、新加坡等国家，无一不是非常注重社会诚信建设的，尤其是美国和德国，建立了一整套完善的公民及企业信用管理制度与操作系统，为经济的良性发展提供了必要保证。

（三）对社会诚信体系建设的具体建议

当前，非常有必要建立包括民营企业、居民个人或家庭在内的全社会各类经济主体的诚信档案，形成奖诚罚劣的制度安排及社会舆论，重塑国民的价值观，让谎报、瞒报、违约、造假等不诚信行为受到最严厉的惩罚，让他

① 斯蒂格利茨：《经济学（第二版）学习指导》，574页，中国人民大学出版社，2000。

们付出不能承受的代价。具体建议：

一是建立统一的信用记录平台，将分散在如公检法系统的经济案件被告信息、工商造假信息、偷税信息、行贿受贿信息、交通违法信息、电话欠费信息、社会债务恶意拖欠信息、单位违纪信息、金融债务恶意拖欠信息等一系列与个人企业信用相关的信息，归集到一个平台上，以便完整反映个人甚至担任法定代表人的企业存在的不良行为。可以借鉴美国的社会保险号统一记录个人所有经济和社会信息，这样个人的所有违约、失信、不良记录等信息均在一个信息平台显示。凡是出现不良记录的，对其出国出境、兴办企业、个人授信、甚至乘坐飞机头等舱、火车商务座等事项均造成很大影响，使其成为信用不良者时刻难脱离的“紧箍咒”，形成无形但有效的威慑力量。

二是尽快设立规范民间征信机构的法规，以鼓励民间征信机构的发展壮大，以便更加有效地补充个人尤其是民营企业主没有进入社会信用平台的其他信息，如参加黑社会情况、民间借贷诚信情况、个人道德品行、个人求学深造情况、随地吐痰乱扔垃圾违规抽烟等、社会奖励或处罚情况等，形成无处不在的社会监督网络。大多数时候，社会监督要远比国家监督有效得多。这样就可以形成让没有信用者处处受限、寸步难行，使诚实守信者畅通无阻的社会机制和舆论氛围。

综上所述，推进市场经济体制改革，就必然要求政府退出直接管制，采用间接手段进行市场调控，这就必然要求有替代力量发挥作用来维护市场秩序。理论和实践告诉我们，这种替代力量必须依靠法治手段和诚信体系。法治和诚信两者互为补充，相互依存，互相协调，相辅相成，才能更好地维持市场的公平正义和公正交易，是现代市场经济不可或缺的两种手段。

本章小结

本章的研究重点是在上一章所提目标模式的基础上，对搞好我国房地产金融风险管理提出六个方面的若干政策建议。

对于当前愈演愈烈的三四线城市房地产民间融资危机及其引发更大风险的威胁，提出必须高度重视，建议以梯若尔公共干预理论为指导，在全国推广住建部有关政府可以收购部分商品房用于安置房的政策及福州市政府以适当价格收购部分商品住房的做法，以政府之手促市场短期出清，推动房地产价格合理回归，帮助市场恢复正常交易行为。中央政府与地方政府应该明确分工，中央政府重点管控全局性系统性房地产金融风险，地方政府重点落实当地化解房地产金融风险的具体任务，以尽快解决当前我国面临的房地产金融风险。

在深化房地产市场改革方面，建议政府逐步打破土地垄断制度，实行土地供应的市场化，合理划分土地收益的具体分享比例，给予建设用地的占有者充分的自主权。在抑制房地产投机方面，建议完善房地产税制，并且可以借助房产税的建立，规范小产权房的管理。建议改革房地产开发管理体制，鼓励合作建房模式等新的供应方式，以满足多样化的需求，打破开发商对市场的垄断。并且提出借鉴德国第三方“指导价”的土地价格确定模式，杜绝“地王”现象的再次发生。

在住房制度和政策性住房金融制度改革方面，建议学习混合经济理论和借鉴德国成功做法，提出政府应该退出直接投资建设保障性住房的传统做法，在住房公积金的基础上建立全新的住房储蓄银行体系，并且将政府住房保障功能嵌入住房储蓄制度中，形成政府保障、社会互助、住房保障与住房金融相结合、住房储蓄银行与开发企业相结合的全新的模式，以提高住房保障效率。同时应该做大保障性住房市场并将其独立运行，以隔离房地产金融风险。

在完善房地产金融市场方面，提出应该尽快建立和扩大房地产金融二级市场，扶持房地产信托投资基金（REITs）的发展，以有效分散金融体系过重的流动性风险，同时为房地产市场的发展增加低成本的资金来源。还在放开金融市场准入、加强金融监管、规范影子银行的管理、实现商业性金融市场化等方面提出建议。

在规范房地产市场调控方面，提出应该尽快取消对房地产开发的诸多行政管制、确立合理的住房政策目标、引导社会大众树立住房理性消费观念、政府调控应该法治化和制度化、政府与市场应该划分合理边界、房地产不应该再承担经济增长的重任等政策建议。

在加强房地产金融法治建设方面，提出一是要加快完善房地产立法，建议出台我国第一部《房地产金融法》和《住房保障与住房金融法》，同时提高法律的执行效率。二是要加强社会诚信体系建设，借鉴美国经验，建立统一的公民信用记录平台，以法治和诚信为基本手段，保障房地产金融市场的健康发展。

结　语

房地产金融风险管理研究，本不是一个新课题，但是由于新常态下的中国的房地产金融风险，表现出新情况、新问题、新特点、新变化，现有理论难以对其作出合理的解释，缺少正确理论指导的中国实践，也难以找到解决问题的最优办法。本书“急中国之所急，忧风险之所忧”，试图在现实基础上，以更为广泛的理论指导实践，以丰富的实践发展现有理论，丰富现有理论，创新现有理论，超越现有理论，努力提出新概念、新思想、新思路、新举措，真正认识中国新情况的内涵，发现新阶段的特征，掌握新变化的趋势，最终找到解决新问题的办法，形成一整套关于中国房地产金融风险管理的理论体系，为确保房地产金融市场标本兼治和长治久安，作出自己应尽之责。

本研究的完成，首先得益于六大方面不凡理论的指导，金融不稳定假说以对金融脆弱性的深刻解释及其对市场调控的政策含义，对本书理解和研究房地产金融风险一般规律、对中国现实问题进行深入解读、对国外房地产金融风险尤其是美国次贷危机形成的认识、对形成中国自己的目标模式以及对策建议等方面，均给予了有益的指导；资产泡沫化理论模型对房地产价格泡沫的形成和破灭所做出的理论解释，尤其是从信息不对称角度对金融支持过度所做的解释，对本书认识房地产价格泡沫的形成机制、形成环境和条件、泡沫破灭引致金融风险的演变规律，具有指导作用；“混合经济”理论对设计中国房地产金融风险管理的目标模式、对本书提出住房保障混合经济模式的主张等方面，都提供了强大的理论指导；“转轨时期的社会主义双重经济体制理论”对转轨期间市场不统一所导致的一系列问题的原因所做出的理论解释、对双重体制与混合经济所做的比较分析、对新体制目标模式构建和分层次分阶段渐进式实施、对新体制必须注重协同推进等的理论思想，对本书相关方面的研究给予不可替代的指导作用；制度变迁理论在本书对中国土地制度变迁及其路径依赖的理论解读、对本书所推出的一系列制度改革建议等方面，提供了有力的指导作用；梯若尔市场冻结情况下的公共干预理论对理解美国次贷危机的处理做法、对解决当前中国房地产金融风险提供了积极的理论依据。可以说，没有上述理论的指导与启发，就没有本书的研究成果。但是本书并没有囿于上述理论，而是以这些理论作为研究的工具，力图在他们的指导下，努力形成自己独特的理论观点和理论体系。简要总结全文六章研究的创新观点，择其要点如下：

第一，房地产市场也遵循市场供求规律。供求关系的失衡才是房地产价格泡沫形成的主要因素。房价长期处于上涨趋势是世界各国的普遍规律，经济景气周期是房价泡沫形成的环境条件，房地产的多重属性是其容易形成价格泡沫的内在因素，政府失灵导致的供应不足是房价泡沫形成的必要条件，信用膨胀、金融支持及社会流动性追求投资收益等外部因素是房价泡沫形成的充分条件。在需求属于客观事实的前提下，供给因素就成为决定市场价格走势的主导力量。由于市场供给因素往往都是由政府所主导，抑或市场失灵的因素也只有政府能够解决，所以政府失灵是泡沫产生的必要条件。解决政府失灵，是化解房地产价格泡沫的关键性措施。房地产金融风险的形成，首先表现在房地产价格泡沫的不断膨胀，在房地产价格存在刚性、与实体经济相互正反馈、房价上涨激励供应加大、投资成本升高、外部冲击等因素的影响下，泡沫膨胀到难以为继时必然破灭，引发房地产金融风险。

第二，中国房地产价格泡沫形成的主要原因在于长期供给不足。按照“转轨时期的社会主义双重经济体制理论”对转轨期间市场不统一所导致的一系列问题的原因所做出的理论解释，土地供给制度和效率、房地产开发管理制度和效率、房地产项目审批制度和效率、房地产金融政策和效率、房屋开发建设效率、项目销售审批制度和效率、政府对房地产市场供给方面的调控政策效应等，都是影响房地产市场供给的主要因素，其中土地供给制度和效率是最主要的决定性因素。在制度变迁及其路径依赖理论指导下，发现中国现行政府职能是形成土地垄断制度、金融垄断制度的重要原因，要彻底化解房地产泡沫与金融风险，必须实施政府职能转变和土地垄断制度的改革。

第三，中国当前房地产金融最大风险在于人为维持房地产市场表面稳定。明斯基认为，稳定是不稳定的出发点，建立在刺激基础上的稳定，最终都会导致风险的发生。由于当前中国房地产市场处于增量房主导的阶段，房地产价格泡沫并不与金融风险对等，金融风险并不取决于泡沫大小，而是取决于房地产市场的去化能力；房地产金融面临的最大风险，并不是房价下跌的风险，而是房地产市场表面稳定、实则运行不畅带来的流动性风险。在梯若尔教授公共干预理论的启示和明斯基主张的指导下，本书认为化解当前中国房地产金融风险，绝不应该以小幅刺激的政策维持市场稳定，而是应该采取“创造性破坏”的措施，引导市场短期完成出清，以恢复市场自身的良性循环。

第四，发现并总结了国际房地产金融风险管理的成功做法及经验教训，为构建中国房地产金融风险管理模式提供了理论依据。通过国际比较与借鉴研究，发现了日本、美国、德国、新加坡四个国家在房地产市场管理和房地产金融风险防范等方面的成功做法及失败教训，以此形成对我国防范和管理房地产金融风险的启示。日本的三大住房政策支柱和与之配套的特殊投融资体制等；美国的市场化房地产金融和政策性住房金融体系、健全的法律和房地产税收体制、完善的社会信用管理机制、市场化的住房保障制度等；德国嵌入国家住房储蓄补贴政策的住房储蓄银行体系、地上权保护制度、社会法团及协会评估“合理价格”的机制、发达的租房市场、合作建房模式、市场化决定资源配置的模式；新加坡将政府组屋制度与中央公积金制度的有机结合，以及公共住房市场独立运行的模式。日本与美国在金融危机期间的不同做法，导致两国后危机恢复期的差异化表现。上述经验教训的总结，均对中国目标模式的创建提供了理论依据。

第五，提出了中国房地产金融风险管理的总目标模式和分目标及其实现路径。总目标模式是建立保障性住房市场与商品住房市场隔离运行、建立市场化决定资源配置的商品房市场、主要以法治和诚信体系维持市场健康运行、政府起弥补市场失灵作用的制度。实施总目标模式，需要设置由低到高的四种分目标，即最低目标、次低目标、次优目标、最优目标。李连仲教授“转轨时期的社会主义双重经济体制理论”认为，旧体制在向新体制转轨的过程，需要经过三个阶段，即新体制启动、旧体制势强阶段，新体制深化、旧体制势平阶段，新体制形成、旧体制势衰阶段。基于我国正在从不完全市场向完全市场改革的现实，本书提出实施总目标模式需经历三个阶段，即近期以政府调控为主、市场机制为辅，实现最低目标和次低目标；中期以政府调控与市场机制共同主导，实现次优目标；远期以市场机制为主、政府调控为辅，实现最优目标，最终实现总目标模式的渐进式推进思路。

第六，首次提出一系列关于化解当前风险、构建房地产金融健康发展长效机制的政策主张。

一是提出在全国推广住建部有关政府可以收购部分商品房用于安置房的政策及福州市政府以适当价格收购部分商品住房的做法，以政府之手促房地产市场短期出清，推动房地产价格合理回归，帮助市场恢复正常交易行为，以化解当前面临的房地产金融风险威胁。

二是建议在合理划分土地收益分享比例的基础上实行土地供应的市场化，给予建设用地的占有者充分的自主权；建议改革房地产税制，明确反对按面积征收房产税，规范小产权房的管理；建议鼓励合作建房模式等新的供应方式；建议引入第三方“指导价”的土地价格确定模式，杜绝“地王”现象的再次发生。

三是提出在住房公积金的基础上建立全新的住房储蓄银行体系，并且将政府住房保障功能嵌入住房储蓄制度中，形成政府保障、社会互助、住房保障与住房金融相结合、住房储蓄银行与开发企业相结合的全新的模式，政府应该退出直接投资建设保障性住房的传统做法，以提高住房保障效率；建议壮大保障性住房市场并将其独立运行，以隔离房地产金融风险。

四是提出应该提高房地产金融化水平，以房地产金融市场作为房地产市场资源配置的主导力量，尽快建立和扩大房地产金融二级市场，扶持房地产信托投资基金（REITs）的发展。

五是提出应该尽快取消对房地产开发的诸多行政管制、确立合理的住房政策目标、引导社会大众树立住房理性消费观念、政府调控应该法治化和制度化、政府与市场应该划分合理边界、房地产不应该再承担经济增长的观念等政策建议。

六是提出加快完善房地产立法、制定我国第一部《房地产金融法》和《住房保障与住房金融法》的建议；建立统一的公民信用记录平台，以法治和诚信为基本手段，保障房地产金融市场健康发展的建议。

学术研究永无止境，我将在今后继续进一步深入研究，在实践中进一步完善和发展房地产金融风险管理理论。

参考文献

［1］董鸿波、李倩：《房地产税收转嫁及其对房地产价格的影响》，载《哈尔滨市委党校学报》，2007（1）。

［2］金德尔伯格：《新帕尔格雷夫经济学大辞典》，经济科学出版社，1996。

［3］金德尔伯格：《疯狂、惊恐和崩溃：金融危机史（第四版）》，中国金融出版社，2007。

［4］项卫星等：《银行信贷扩张与房地产泡沫：美国、日本及东亚各国和地区的教训》，载《国际金融研究》，2007（3）。

［5］陶海波、楚东坡：《房地产价格泡沫与金融危机关系的理论分析与现实考察》，载《贵州财经学院学报》，2010（2）。

［6］约翰· 梅纳德·凯恩斯：《就业、利息和货币通论》，商务印书馆，1999。

［7］史永东、陈日清：《不确定性条件下的房地产价格决定：随机模型和经验分析》，载《经济学季刊》，2008（8）。

［8］罗迈：《基于 DEA 的房地产业投入效率分析》，载《管理世界》，2014（9）。

［9］宋勃、高波：《利率冲击与房地产价格波动的理论与实证分析：1998～2006》，载《经济评论》，2007（4）。

［10］郭科：《我国货币政策影响房地产价格的实证分析》，载《济南金融》，2006（7）。

［11］张涛、龚六堂、卜永祥：《资产回报、住房按揭贷款与房地产均衡价格》，载《金融研究》，2006（2）。

[12] 丁晨、屠梅曾：《论房价在货币市场传导机制中的作用——基于VECM分析》，载《数量经济技术经济研究》，2007（11）。

[13] 梁云芳、高铁梅、贺书平：《房地产市场与国民经济协调发展的实证分析》，载《中国社会科学》，2006（3）。

[14] 夏斌：《房地产进入三年调整期》，载《中国房地产业》，2014（8）。

[15] 张晓晶、孙涛：《中国房地产周期与金融稳定》[J]，载《经济研究》，2006（1）。

[16] 沈悦、刘洪玉：《住宅价格与经济基本面：1995—2002年中国14个城市的实证研究》，载《经济研究》，2004（6）。

[17] 周京奎：《货币政策、银行贷款与住宅价格——对中国4个直辖市的实证研究》，载《财贸经济》，2005（5）。

[18] 苏爱军：《由信息不对称导致的房地产金融风险与防范》，载《中国房地产金融》，2004（6）。

[19] 许昭晖：《当前我国房地产金融生态问题分析及其对策研究》，载《经济学动态》，2008（3）。

[20] 李迅雷：《库兹涅茨周期下行暗示房价下跌为期不远》，载《财经》，2014-03-04。

[21] 洪银兴：《虚拟经济及其引发金融危机的政治经济学分析》，载《经济学家》，2009（11）。

[22] 张同耀：《房地产泡沫与金融危机的关联机制及对我国的启示》，载《经济纵横》，2009（6）。

[23] 刘莉亚：《新兴市场国家（地区）金融危机理论研究》，上海财经大学出版社，2004。

[24] 曲世军：《中国房地产金融风险判断及防范体系架构研究》，东北师范大学博士论文，2008。

[25] 胡俊：《我国房地产金融风险研究》，西南财经大学博士论文，2010。

[26] 邹瑾：《关于市场化手段化解我国房地产金融风险问题研究》，西南财经大学博士论文，2009。

［27］谭晓红：《我国房地产价格波动与金融风险研究》，西南财经大学博士论文，2012。

［28］曾龙：《中国住房金融风险分析及防范机制研究》，武汉大学博士论文，2010。

［29］主父海英：《金融负外部性研究》，辽宁大学博士论文，2010。

［30］野口悠纪雄：《泡沫经济学》，生活·读书·新知三联书店，2005。

［31］文红星：《经济泡沫研究》，光明日报出版社，2013。

［32］罗伯特．席勒：《非理性繁荣与金融危机》，中信出版社，2014。

［33］海曼·P. 明斯基：《稳定不稳定的经济》，石宝峰、张慧卉译，清华大学出版社，2010。

［34］托马斯·索维尔著，吴溪译：《房地产的繁荣与萧条》，机械工业出版社，2013。

［35］董藩、赵安平：《房地产金融》，清华大学出版社，2012。

［36］萨缪尔森著，肖琛主译：《谈效率、公平与混合经济》，商务印书馆，2012。

［37］马克思：《资本论》，人民出版社，2004。

［38］王维澄、李连仲：《社会主义市场经济理论和实践》，中共中央党校出版社，1993。

［39］李连仲：《转轨时期的社会主义双重经济体制及发展趋势》，中国卓越出版公司，1989。

［40］刘明远：《马克思主义经济危机理论与当代现实》，经济科学出版社，2009。

［41］田春生、郝宇彪：《国际金融危机：理论与现实的警示》，中国人民大学出版社，2010。

［42］王志伟：《失衡背景下的房地产市场：泡沫与风险管控》，经济管理出版社，2010。

［43］左婷、郑春荣：《德国住房政策的转变及其原因分析》，载《中外企业家》，2011（10）：282。

［44］余南平：《欧洲住房模式——以欧洲住房政策和住房市场为视角》，华东师范大学出版社，2009。

［45］许超：《国外住房金融政策的借鉴》，载《商场现代化》，2005（7）。

［46］张菁、屠梅曾：《房地产金融制度国际比较与借鉴》，载《上海管理科学》，2005（2）。

［47］［德国］比约恩·埃格纳：《德国住房政策：延续与转变》，载《德国研究》，2011 年，第 3 期，第 26 卷，总第 99 期。

［48］住房和城乡建设部住房改革与发展司等：《国外住房数据报告 No. 1》，中国建筑工业出版社，2010。

［49］魏后凯、李景国主编：《中国房地产发展报告（2014）》，社会科学文献出版社，2014。

［50］陈玉京：《中美住房金融理论与政策：房地产资本运动的视角》，人民出版社，2009。

［51］李新、周琳杰：《中国转型金融风险问题研究》，首都经济贸易大学出版社，2013。

［52］斯蒂格利茨：《经济学》，中国人民大学出版社，2000。

［53］埃格特森：《新制度经济学》，10～11 页，商务印书馆，1996。

［54］荣兆梓：《新制度经济学的理论范式为什么是适用的》，载《经济学家》，2004（2）。

［55］道格拉斯·诺斯：《理解经济变迁过程》，中国人民大学出版社，2013。

［56］让·梯若尔：《克服逆向选择：公共干预如何恢复市场功能》，董华然译，载《经济社会体制比较》，2014（6）：1～20。原载于《美国经济评论》2012 年，102 卷，第一册，29～59 页。

［57］余建源：《中国房地产市场调控研究》，上海社会科学院博士论文，2009。

［58］魏埙等著：《政治经济学》，陕西人民出版社，2005。

［59］陈玉京：《中美住房金融理论与政策：房地产资本运动的视角》，

人民出版社，2009。

［60］全国工商联房地产商会房地产金融课题组：《我国房地产宏观金融风险研究》，载《财贸经济》，2006（5）。

［61］赵善华：《虚拟经济视角下我国房地产泡沫生成机制研究》，华南理工大学博士论文，2010。

［62］哈尔·R. 范里安著，费方域等译：《微观经济学：现代观点》，格致出版社，2011。

［63］吴松年：《经济结构性失衡与住宅价格关系研究》，复旦大学博士论文，2011。

［64］闫海琪：《对当前发达国家房地产周期及影响的思考》，载于中国信息报网络版，2010－05－24。

［65］王蕾：《国内留学生家长抄底伦敦楼市 清晨五点半排队购房》，载《第一财经日报》，2014－07－07。

［66］殷波：《房地产泡沫与金融危机》，华中科技大学博士论文，2011。

［67］张彬斌：《信用扩张、资产价格泡沫与金融危机的关系研究》，东北财经大学博士论文，2011。

［68］齐讴歌：《房地产风险传染机制及其动态效应研究》，西北大学博士论文，2011。

［69］李玉梅：《我国房地产价格变动特征及其影响因素的实证研究》，吉林大学博士论文，2012。

［70］文学国主编：《政府规制：理论、政策与案例》，中国社会科学出版社，2012。

［71］邢成：《中国影子银行的特征》，载《中国金融》，2014（4）。

［72］杜宇：《截至8月末全国住房公积金个人住房贷款余额达2.43万亿元》，载新华网，2014－10－14。

［73］中国房地产协会金融专业委员会：《2014年度中国房地产金融报告》。

［74］萧辉：《湖南娄底全民放贷　一人自杀引百亿借贷挤兑潮》，载

《新京报》，2015 - 03 - 17。

［75］王维维：《中国地方债务风险管理研究》，中国社科院研究生院博士论文，2014。

［76］建设部课题组：《住房、住房制度改革和房地产市场专题研究》，中国建筑工业出版社，2007。

［77］新京报：《河南重镇楼市崩塌　数位投资人死亡》，2015 - 03 - 18。

［78］陈哲：《43 个调控政策与 10 倍房价上涨》，载《经济观察报》，2013 - 07 - 22。

［79］陈淮主编：《地产　中国：引导我国房地产业健康发展研究》，企业管理出版社，2008。

［80］邓念：《政府作用下的中国房地产市场理论与实证研究》，复旦大学博士论文，2010。

［81］《2014 年中国房地产市场政策汇总及 2015 年展望》，中商情报网，2015 - 01 - 01。

［82］《中国经济周刊》评论，2011 - 01 - 25。

［83］徐晓明：《中国房地产行业风险分析研究》，吉林大学博士论文，2012。

［84］李忻忻：《土地资源配置及其对房地产市场均衡影响研究》，河北工业大学博士论文，2013。

［85］范恒山主编：《土地政策与宏观调控》，175 页，经济科学出版社，2010。

［86］张孝德：《化解房地产泡沫，从根源上解决产能过剩》，载《行政管理改革》，2014（3）。

［87］董经纬：《中国房地产市场价格“虚高”的制度经济学分析》，吉林大学博士论文，2013。

［88］王文斌：《 我国房地产价格波动形成机制及影响因素研究》，南开大学博士论文，2010。

［89］甘藏春主编：《土地宏观调控创新理论与实践》，中国财政经济出

版社，2009。

［90］社科院研究员张斌：《中国经济转型综合症》，载《南方都市报》，2014－09－07。

［91］余永定：《更迫切的问题是实体经济效益下降》，载《第一财经日报》，2014－06－27。

［92］洪偌馨：《中国超发的货币去哪儿了：成高房价最大驱动力》，载《第一财经日报》，2014－07－04。

［93］顾哲瑞：《著名经济学家吴敬琏近日接受本报专访时称——高房价因货币超发可发房票解决居住难》，载《华商报》，2014－6－16。

［94］林建设：《中国地方政府债务问题研究》，东北财经大学博士论文，2011。

［95］科斯、王宁：《变革中国——市场经济的中国之路》，133 页，中信出版社，2013。

［96］费滨海：《发展型产业政策与中国房地产业的变迁（1992～2012)》，上海大学博士论文，2012。

［97］蔡继明：《小产权房也是一种产权，不是偷来的》，载于人民网—理论频道，2012－10－24。

［98］黄振宇：《1998～2007 中国住宅市场价格上涨原因分析》，山东大学博士论文，2010。

［99］证券时报网字号：1214，2015－01－20。

［100］《第三轮救市呼之欲出 哪些城市将率先出手?》，载《每日经济新闻》，2015－01－30。

［101］项峥：《今年楼市调整仍将持续》，载《证券时报》，2015－01－20。

［102］民生证券管清友、朱振鑫：《谁来接住下落的刀?》，载搜狐财经，2015－03－30。

［103］张平：《后危机时代宏观政策转变：从需求扩张转向供给激励》，2010。

［104］刘迎秋、吕风勇：《中国宏观经济运行报告 2012》。

[105] 夏斌:《我国经济系统性风险与对策》,载《中国市场》,2014－06。

[106] 谢苏妮:《房地产宏观调控政策回顾》,载《中关村》,2010－10－05。

[107] 千寻:《河北融投陷担保风波 百亿资金谁来兜底》,载央广网,2015－04－11。

[108] 周小明:《中国信托业刚性兑付风险及策略》,载《中国市场》,2014－06。

[109] 夏斌:《中国经济困难陷入严重萧条》,载《华尔街见闻》,2014－11－26。

[110]《中国金融安全报告(2014)》,56页,上海财经大学出版社,2014。

[111] 余南平:《世界住房模式比较研究——以欧美亚为例》,上海人民出版社,2011。

[112] 杨明秋:《国际住房金融制度分析》,57页,上海财经大学出版社,2011。

[113] 邹永华:《中国住房政策要向美国学习什么?》,载《中美住房政策与金融比较》,上海社会科学院出版社,2011。

[114] 孟艳:《我国住房金融的体系重构与政策优化》,经济科学出版社,2013。

[115] 曼瑟·奥尔森:《国家的兴衰》,李增刚译,上海世纪出版集团,2012。

[116] 厉以宁:《反对过分依赖宏观调控》,载《房地产导刊》,2013(6)。

[117] 胡群、葛书晓:《谁拖垮了河北省最大担保平台》,经济观察网,2015－04－20。

[118] 张其光、崔勇:《设立国家住房银行条件已成熟》,载《山东商报》,2014－04－05(B15～16)。

[119] 崔裴:《中美房地产业比较研究:内涵、属性与功能》,光明日报

出版社，2010。

[120] Abreu, D. and Brunnermeier, M. K. 2002. Synchronization Risk and Delayed Arbitrage. *Journal of Financial Economics* 66, 341 –60.

[121] Abreu, D. and Brunnermeier, M. K. 2003. Bubbles and crashes. Econometrica 71, 173 –204.

[122] Blanchard O J, Watson M W. Bubbles, rational expectations and financial markets [J]. 1982.

[123] Kindleberger, C. P. 2005. Manias, Panics and Crashes: A History of Financial Crises, 5th edn. Newyork: Wiley.

[124] Allen, F., Morris, S. and Postlewaite, A. 1993. Finite bubbles with short sale constraints and asymmetric information. *Journal of Economic Theory* 61, 206 –29.

[125] DeLong, J. B., Shleifer, A., Summers, L. H. and Waldmann, R. J. 1990. Noise trader risk in financial markets. *Journal of Political Economy* 98, 703 –38.

[126] Shleifer, A. and Vishny, R. W. 1997. The limits of arbitrage. *Journal of Finance* 52, 35 –55.

[127] Ofek, E. and Richardson, M. 2003. DotCom mania: the rise and fall of Internet stocks. Working Paper No. FIN –01 –037 58 (3), 1113 –38. New York University, Stern School.

[128] Miller, E. M. 1977. Risk, uncertainty, and divergence of opinion. *Journal of Finance* 32, 1151 –68.

[129] Scheinkman, J. and Xiong, W. 2003. Overconfidence and speculative bubbles. *Journal of Political Economy* 111, 1183 –219.

[130] Koh W T H, Mariano R S, Pavlov A, et al. Bank lending and real estate in Asia: Market optimism and asset bubbles [J]. *Journal of Asian Economics*, 2005, 15 (6): 1103 –1118.

[131] Blanchard O J, Watson M W. Bubbles, rational expectations and finan-

cial markets [J] . 1982.

[132] Allen F, Gale D. Bubbles and crises [J] . *The economic journal*, 2000, 110 (460): 236 -255.

[133] Hitoshi, S. The Us Real Estate Bubble: a Comparison to Japan [J] . Japan and World.

后　记

本书是在我的博士论文《中国房地产金融风险管理研究》基础上稍加改编完成的。

在论文选题阶段，就经历了曲折。起初，并非选的本课题，在开题阶段，指导老师们对我的选题进行了批评，进而又指导了修改方向。房地产金融风险方面的问题，既有现实意义，又有理论价值，再加上我本是学金融的，具有金融系统18年的工作经历，还有房地产开发行业8年的实践经验，因此，无论是对于本课题还是对于我，都是非常适合的。

本课题是在我的恩师李连仲教授的指导下独立完成的。多少个白天与夜晚，老师不辞辛苦，忍饥挨饿，毫无保留地倾注了全部心血，即使再愚笨之人也会懂得，唯有老老实实将纷乱的思绪收回，唯有扎扎实实把浮躁的心气沉下，才能不辜负老师的一片期许！

恩师师从我国著名经济学家卫兴华教授，业经中央政策研究室经济局局长多年，学识渊博，眼界高远，为人师表，幽默风趣，严师慈父，不仅传授给我们理论知识和做人做事的道理，重要的是教会我们独立思考问题、研究问题、解决问题的思路和方法，对论文的指导，总是像外科手术一样精准，直接切中问题要害，是非分明，毫无左顾右盼之感，令学生方向明确，思路清晰，常常收到醍醐灌顶之效，实为我们三生所幸。借此机会，还要特别向师母道一声感谢！师母承担了家庭全部的劳琐，默默但坚定支持老师为我们付出，她的关心与鼓励，也为我们增强了动力！

我要特别感谢给予开题指导以及论文答辩指导的吕虹教授、谢朝斌教授、白津夫教授、景学成教授、马庆泉教授、宋泓均教授、李新教授、何茂春教授、崔民选教授、范德胜教授等，正是他们以其严谨的治学作风、严格的学术要求、宽广高深的学识水平，给予我很多灵感启发和思想升华。

感谢我的学校——中国社会科学院研究生院，“笃学、慎思、明辨、尚行”的校训给我们以激励和鞭策，如云的大师们解开了我们多年来实践的困惑，独特的精神家园使我再次感受到知识的力量。黄晓勇院长、文学国副院长等老师所付出的心血，永远值得我们尊敬。

回顾攻读博士研究生三年来，许许多多的良师需要特别感谢。刘迎秋教授给予我无私的教诲与帮助，多少次的深谈细究，帮助我解除疑惑，指导我学习和研究方法，感激之情溢满心田；刘克龙主任负责的精神、周到的服务、悉心的关怀，令我有一种家的感觉；王红领教授深入浅出的解疑，常常使我茅塞顿开，还有许多……

我还要感谢我的同门师兄、师姐、师弟、师妹们，是他们的鼓励、讨论与鞭策，为我的研究增添了勇气和力量。

三年来我与我的同学们朝夕相处，结下了深厚的友谊，我也从他们身上学到了许多做人做事的道理，感谢你们！

二十年多来，金融领域许多领导、专家、同事如张振华行长、宋文虎书记、白希芳行长、晋晓玲行长、杨国英行长、文天恩行长、贾天兵行长、宋晋生行长、霍临生行长、马先书记、赵爱鑫行长、赵爱民行长、樊三星行长、雷友行长、赵化明行长、王智勇行长等，他们在我从学校走向社会的经历中，给予我无数的教导、提携、支持与帮助，值此表达我的感激之情！

八年来，房地产领域的诸多专家、教授、行家，也给予我不同程度的支持与帮助，尤其是通过中国社科院及清华大学房地产投资与金融总裁班，聆听了诸多大师的教诲，如住建部专家谢家瑾老师、陈淮教授、秦虹老师，国务院发展研究中心金融所所长张承惠研究员，全国工商联房地产商会会长聂梅生教授，北师大房地产研究中心主任董藩教授，中国房地产行业开拓者之一的孟晓苏教授，清华大学刘红玉教授，中国房地产业协会朱中一副会长、中国房地产业协会老年专业委员会江书平秘书长和唐全副主任、中国房地产业协会金融专业委员会荆兰竹主任，房地产法律专家、京师律师事务所高级合伙人文秀峰博士和北京国度律师事务所主任李长青律师，知名房地产专家任志强、房地产金融专家章华、国内知名房地产营销专家苏鑫，等等，从他们身上，我学到房地产专业理论、专业知识和专业技能，指导了我的房地产开发管理实践，在此向你们表示诚挚的谢意！

多年来，我的姨父、姨妈给予我无私的关爱和教诲，在我的求学道路上起到了决定性的作用。滴水之恩，当涌泉相报！在此一并表达我深深的感激之情。

我的岳父岳母、我的妻子、我的两个儿子，默默地支持着我的学习、我的研究，照料我的生活，解除了我的后顾之忧，我也要对他们说一声感谢！

本书的完成，使我有一种脱胎换骨的感觉。耕耘后收获的喜悦，再次增添了令我继续进一步深入研究的勇气、信心和动力。

曹全旺
2015 年 5 月于北京